COMO ESCREVER UM LIVRO
DE SUCESSO USANDO O

MÉTODO SCRIBE

TUCKER MAX E ZACH OBRONT

TRADUÇÃO
UBK Publishing House

ubook UBK Publishing House

Publicado mediante acordo com DropCap Rights Agency. Edição traduzida do livro *The Scribe Method: The Best Way to Write and Publish Your Non-Fiction Book*, publicado por Lioncrest Publishing.

ubook UbK
Publishing House

COORDENAÇÃO Alessandra Brito
EDIÇÃO Fernanda Barreto
COPIDESQUE Christian Danniel
REVISÃO Fernanda Lutfi e Vivian Sbravatti
DIAGRAMAÇÃO Joyce Matos
CAPA Clarissa Duarte
IMAGEM DE CAPA alexandre17 | iStock.com
Ezthaiphoto | Dreamstime.com

Dados Internacionais de Catalogação na Publicação (CIP)
(Câmara Brasileira do Livro, SP, Brasil)

Obront, Zach
Como escrever um livro de sucesso usando o método scribe / Zach Obront, Trucker Max ; tradução UBK Publishing House. -- Rio de Janeiro: Ubook Editora, 2021.

Título original: The scribe method : the best way to write and publish your non-fiction book
ISBN 978-65-5875-560-9

1. Autoria. 2. Autoria - Marketing. 3. Não-ficção criativa - Publicação. I. Max, Tucker. II. Título.

21-72820 CDD-808.3

Ubook Editora S.A
Av. das Américas, 500, Bloco 12, Salas 303/304,
Barra da Tijuca, Rio de Janeiro/RJ.
Cep.: 22.640-100
Tel.: (21) 3570-8150

SUMÁRIO

PARTE 6: TERMINE SEU ORIGINAL

PARTE 7: CONCEBA SEU LIVRO

PARTE 8: PUBLIQUE SEU LIVRO

PARTE 9: MATERIAL DE REFERÊNCIA

POR QUE ESCREVER UM LIVRO?

Eu sei por que você quer escrever um livro.

Talvez não literalmente, é claro.

Mas darei um palpite.

Se eu estiver certo: isso significa que este é o livro perfeito para você.

Se eu estiver errado: então eu simplesmente lhe poupei muito tempo. Você pode deixar este livro para lá; ele não é ideal para você.

Eis meu palpite. Veja se ele se adéqua à sua situação:

Você tinha um problema.

Provavelmente um problema difícil, que o fez sofrer.

Esse problema pode até ter definido você como pessoa, pelo menos por algum tempo. Você dedicou tempo, energia e esforço a ele. Talvez até tenha dedicado sua carreira a resolvê-lo.

Finalmente, após muito esforço e empenho, você resolveu seu problema. E a solução encontrada tornou sua vida melhor.

Mas você não encontrou apenas a solução para esse problema, você a dominou. Alcançou a excelência ao implementar essa solução. Sim, há momentos em que duvida de si mesmo — como todos nós duvidamos —, mas parte de você está até um pouco orgulhosa de si e do que você conquistou. Você sabe algumas coisas (pelo menos sobre esse problema).

Embora nunca tenha escrito um livro antes, continua pensando em fazê-lo, por duas razões principais:

1. Desejo de compartilhar seus conhecimentos, que são difíceis de adquirir, para ajudar as pessoas a resolver o mesmo problema que costumava ter. E de oferecer essa sabedoria aos outros, para que ela possa impactá-los. Basicamente, você quer ajudar as pessoas com seu livro.
2. Conquistar reconhecimento por algo que fez. Não estou insinuando que o reconhecimento é mal-intencionado, pelo contrário. É natural e correto querer que seus colegas, familiares e amigos o conheçam verdadeiramente e vejam o que realizou. É natural esperar que esse reconhecimento realmente o ajude de alguma forma, provavelmente em sua carreira (e talvez até mesmo em sua vida pessoal).

Aposto que você pensa em escrever um livro há algum tempo. Provavelmente, algumas pessoas já lhe disseram "Você deveria escrever um livro". Mas você não reconheceu isso, porque o próximo passo — escrever um livro — parecia muito assustador.

Afinal, você não sabe por onde começar, ou como estruturar seu livro, ou se sua ideia é boa o bastante, ou se tem o suficiente para dizer, ou se alguém se importará com isso após tê-lo escrito.

Ainda, há o pior medo de todos, aquele sobre o qual você não quer falar, mas que sempre persiste.

E se escrever um livro *ruim*?

Você *pode* até ter começado a escrever o livro em algum momento, mas parou. Provavelmente teve ânimo no início e achou muito gratificante passar as ideias da cabeça para o papel. Pensou em como o livro seria recebido pelas pessoas e, talvez, tenha imaginado eventuais futuros elogios.

Porém, encontrou um empecilho e isso o paralisou, trazendo à tona toda sua dúvida e ansiedade. Sem um plano para superar este obstáculo (ou obstáculos), você perdeu seu ânimo e estagnou.

É possível que tenha se sentido frustrado por não estar escrevendo seu livro. Você teve ciência de outras pessoas — algumas delas que nem sabem tanto quanto você sobre seu tema — que escreveram livros e obtiveram credibilidade e autoridade em sua área. Conquistaram mais visibilidade, atraíram mais clientes e oportunidades, tudo por conta do livro delas.

Acima de tudo, você viu o impacto que os livros dessas pessoas causaram nos outros e sabe que poderia causar o mesmo efeito — se conseguisse escrever o seu. Seu livro pode não salvar o mundo, mas pode mudar a vida de algumas pessoas para melhor... se você pudesse ao menos levá-lo até elas.

Isso soa familiar?

Isso o descreve?

Se for o caso, ***este é o livro perfeito para você***.

Ele foi escrito especificamente para pessoas como você, que estão prestes a embarcar em uma jornada para escrever e publicar seu livro.

Se seguir as dicas sugeridas, este livro o levará onde deseja chegar.

Se o que abordei não se aplica a você, então, como eu disse, este livro provavelmente não é adequado para você. Guarde-o e escolha uma obra que seja mais adequada (se este livro não tiver nada a ver com você, mas já pagou por ele, então envie um e-mail diretamente para mim e lhe devolverei seu dinheiro: tucker@scribemethod.com. Estou falando muito sério).

Digamos que você leia este livro, siga as instruções, comece a agir, domine seus medos, escreva um livro do qual você se orgulha e o publique.

O que acontecerá quando ***realmente terminar o livro?***

Por mais que eu queira dizer que você venderá um milhão de exemplares, aparecerá em várias listas de best-sellers e se tornará famoso… sabemos que isso é uma fantasia.

Sim, isso acontece com um pequeno número de pessoas, assim como ganhar na loteria. No entanto, você não pode planejar ou esperar isso.

Mas tudo bem, porque a realidade do que de fato acontece é muito legal. Eu sei; já vi isso se desenrolar com literalmente milhares de autores. Normalmente, ocorre algo parecido com isto:

Você começa a "entender" quando vê a página de pré-venda na Amazon. Seu nome, seu livro, na Amazon, ao lado de todos os outros livros e autores que respeita e admira.

Então, começa a ficar impaciente, a ter esperança e… finalmente, recebe o primeiro exemplar pelo correio.

Não é como segurar seu bebê recém-nascido, mas, caramba, é uma sensação muito boa.

Você escreveu esse livro. Ele é uma parte de quem você é. É permanente. É algo real oferecido ao mundo. É um registro do que sabe, do valor que ofereceu aos outros, do que deixou para trás no mundo e do impacto que causou. É uma prova do que você fez para tornar o mundo um lugar melhor.

Em primeiro lugar, seus amigos e familiares veem seu livro. Eles ficam animados, fazem elogios e dizem o quanto estão orgulhosos. Você pode odiar admitir, mas agora mesmo os elogios de seus pais (e da família) significam muito mais do que o esperado. Em alguns casos, eles finalmente compreendem o que você faz e por que isso importa.

Em seguida, seus colegas de trabalho e rede profissional descobrem que você publicou um livro. Eles ficam quase tão empolgados quanto seus amigos e familiares. Os elogios que eles fazem também são ótimos, e você os aprecia muito mais do que podia imaginar.

De repente... as pessoas começam a falar com você sobre o livro. Sobre suas ideias. Elas leram a obra e querem discuti-la com você, porque você é o autor.

Então, as pessoas começam a se referir a você como "autor". Sim, você é um autor, mas ainda assim... parece estranho.

Depois, você começa a receber críticas sobre seu livro, publicadas on-line, de pessoas que nem conhece. Elas realmente gostaram do que escreveu e comentam sobre o impacto que isso teve em suas vidas.

Os clientes começam a procurá-lo... por causa de seu livro. Eles já sabem quem você é, como trabalha e no que acredita. Não é mais necessário vender seus serviços, os clientes buscam um acordo com você. Eles ficaram tão impressionados com o livro, que já sabem que querem trabalhar com você.

Você passa a receber convites para dar palestras. Alguns deles são até pagos. Você dá as palestras, e as pessoas começam a lhe olhar de uma maneira diferente. Elas escutam quando você discursa, aplaudem quando conclui e querem falar com você depois.

Em seguida, os meios de comunicação se interessam. Você participa de alguns podcasts. O *host* quer falar com você sobre as ideias apresentadas no livro. As pessoas conversam com você sobre sua participação em um podcast ou sobre uma postagem de blog referente a seu trabalho.

Surgem todos os tipos de novas oportunidades que, sinceramente, você jamais cogitaria. Coisas que sequer eram de seu conhecimento antes do livro agora são apresentadas. Pedidos de consultoria, propostas, ofertas de emprego — todos os tipos de oportunidades que você nem sabia que existiam.

E, é claro, aparecem cada vez mais clientes.

Quando tudo enfim se estabelece, e você atinge um novo patamar que se tornou habitual, acostumando-se a ser chamado de autor, percebe algo... você passou a se ver de uma forma diferente.

Você compreende que realmente tem algo importante para contribuir. Desconhecidos tiveram suas vidas transformadas para melhor só porque você compartilhou seu conhecimento e sua história em um livro.

Você tem a certeza de que seu trabalho é importante para as pessoas. Sabe que deixou um legado que jamais poderá ser esquecido.

Já vi esse exato cenário ocorrer centenas e centenas de vezes.

O site da Scribe está repleto de depoimentos e vídeos de autores reais que contam histórias exatamente como essa. A próxima pode ser sua.

É possível... basta seguir as dicas contidas neste livro.

Não será fácil, e exigirá muito esforço, mas vale a pena.

Você só precisa fazer acontecer.

O QUE ESTE LIVRO ENSINARÁ A VOCÊ

Nesta obra, ensinamos tudo o que você precisa saber para escrever um bom livro: um que compartilhe sua história e seu conhecimento, que impacte a vida dos leitores e que concretize seu legado. Você aprenderá como:

- Escolher o tema perfeito, que tanto mostra seu conhecimento quanto impacta a vida do leitor.
- Certificar-se de que haverá um público ansioso para comprar seu livro, antes de escrevê-lo.
- Escrever um livro para construir sua marca.
- Garantir que seu livro lhe proporcione um ROI.[1]
- Preparar-se para o sucesso antes mesmo de começar a escrever seu livro.
- Descobrir o quanto de sua história pessoal deve estar no livro.
- Estruturar seu livro da melhor forma possível, mas também de modo que seja fácil para você escrevê-lo.
- Identificar e enfrentar os obstáculos de escrita mais comuns.
- Certificar-se de que seu público vai adorar seu livro.
- Aplicar técnicas de edição para garantir que seu livro soe da maneira correta.
- Manter-se motivado e inspirado para escrever todos os dias.
- Encontrar o título perfeito.
- Precificar seu livro para maximizar tanto as vendas quanto o impacto.

---

1 Sigla para *Return on Investiment*, em português: retorno sobre o investimento.

- Saber exatamente quem acionar para ajudar a publicar seu livro.
- Escrever um texto de marketing que promova o livro.
- Conseguir uma capa de livro impactante.
- E, claro, o mais importante, que a maioria dos autores entende errado: o que fazer para tornar seu livro um sucesso.

O QUE ESTE LIVRO NÃO LHE ENSINARÁ

Há muitos livros sobre como escrever e publicar um livro e, para ser sincero, a maioria deles não são bons. Isso por si só não é grande coisa; o problema é que eles só vendem porque fazem todo tipo de promessas surreais e afirmações exageradas. Deixe-me ser bem claro sobre o que este livro não lhe ensinará, para que você não nos confunda com os outros:

- Você não aprenderá um truque para escrever seu livro em uma semana ou em um mês. Qualquer livro escrito nessa velocidade será terrível. Livros são difíceis e levam tempo para serem escritos, por isso são valiosos.
- Você não aprenderá como se tornar milionário no primeiro mês. Um livro é uma parte importante da construção de seu negócio ou marca, mas nunca será um grande gerador de dinheiro por si só.
- Você não aprenderá como se tornar famoso. Seu livro o ajudará a ser mais conhecido para as pessoas de quem gosta, mas não haverá paparazzis esperando por você do lado de fora da sua casa para tirar fotos exclusivas suas (você não iria querer isso de qualquer forma).
- Você não aprenderá como conseguir um TED talk (mas seu livro pode ajudá-lo a conseguir um TEDx talk).
- Você não aprenderá o segredo para ser um queridinho da mídia e receber a Oprah ou a Ellen na sua casa (mas você definitivamente aprenderá como conseguir mais atenção da mídia).

- Você não aprenderá como resolver todos os seus problemas com um livro. Sem enganação aqui, desculpe.

Eu sei, provavelmente você não esperava por nada disso. Estou apenas me certificando de estabelecer expectativas realistas para este livro (o que eu faço ainda mais profundamente no primeiro capítulo).

POR QUE ME OUVIR?

Porque eu sei escrever, publicar e promover livros.

Meu nome é Tucker Max. Sou cofundador da Scribe (com o coautor deste livro, Zach Obront) e o principal autor desta obra.

Escrevi quatro best-sellers do *New York Times*, três deles alcançaram o primeiro lugar. Esses quatro livros juntos me fizeram passar quase dez anos na lista de best-sellers e venderam mais de 4,5 milhões de exemplares em todo o mundo (até 2019).

Sou uma das quatro pessoas, junto a Malcolm Gladwell, Michael Lewis e Brené Brown, que já teve três livros na lista de best-sellers de não ficção do *New York Times* de uma só vez. Já estive na lista de pessoas mais influentes da revista , e um filme baseado em um de meus livros foi produzido.

Antes de abrir minha empresa atual, trabalhei com autores como Tim Ferriss, Robert Greene, Peter Thiel, James Altucher, Dave Asprey, Seth Godin e dezenas de outros em seus livros.

Ao todo, estive diretamente envolvido na escrita, edição, publicação ou marketing de mais de 22 best-sellers do *New York Times* ou *Wall Street Journal*, que juntos venderam mais de vinte milhões de exemplares em todo o mundo.

Muitos desses livros foram escritos e publicados usando exatamente este método. Na Scribe — em apenas cinco anos — trabalhamos com mais de 1200 autores, e o processo que estou prestes a detalhar para você vem diretamente da experiência de trabalhar com eles. Publicamos alguns dos maiores sucessos e best-sellers dos últimos cinco anos, utilizando este exato processo.

Literalmente, tudo o que você lerá neste livro foi testado e funciona de forma comprovada, tanto no mais alto nível de escrita e publicação quanto com pessoas comuns como você, que não são escritoras profissionais.

Não digo isso para me gabar, mas apenas para fazer uma simples observação: *você está em boas mãos*

Se a história que acabei de contar ressoou, este é o livro certo para você.

Vamos começar.

PARTE 1

PREPARE-SE PARA ESCREVER SEU LIVRO

1.1

AS EXPECTATIVAS ADEQUADAS PARA ESCREVER SEU LIVRO

"A arte de tomar boas decisões é olhar para frente e celebrar os dilemas, e não fingir que eles não existem."

— SETH GODIN

Antes que comece a escrever seu livro, falaremos sobre o que você pode esperar durante essa jornada.

Na Scribe, já ajudamos mais de 1200 autores a escrever seus livros (até setembro de 2019). Provavelmente, a primeira coisa que separa aqueles que terminam seus livros daqueles que não o fazem são as expectativas adequadas. Por quê?

Porque escrever um livro é difícil e, se você não estiver preparado, é muito mais provável que pare e até mesmo desista. Mas, caso conheça a dificuldade do que está por vir, é possível se preparar mentalmente para superar esses obstáculos quando eles chegarem (e *eles virão*).

Estas são as principais expectativas que você deve ter ao escrever seu livro:

1. ESPERE DIFICULDADES

Quem diz que escrever um livro é fácil está tentando vender algo, nunca escreveu um livro ou escreve obras realmente ruins.

É difícil escrever livros. Escrever um de qualidade é ainda mais difícil.

Para superar isso, você precisará trabalhar duro. Sim, parece óbvio, mas muitas pessoas parecem pensar, ainda que subconscientemente, que existe algum "truque" para facilitar o processo.

Não. Não há macetes nem truques ou atalhos.

Se quiser escrever um bom livro, então esteja ciente de que isso exigirá muito empenho de sua parte.

2. ESPERE FICAR CANSADO

Escrever é cansativo (especialmente se fizer isso corretamente).

Espere ficar cansado quando escrever e esteja preparado para se sentir esgotado. Certifique-se de tomar as medidas necessárias para estar descansado e com energia quando escrever.

Não posso dizer exatamente o que fazer para implementar uma rotina adequada de autocuidado; tudo depende de você. Talvez passear com seu cachorro seja bom, talvez precise dormir mais.

A questão não são os detalhes; é saber que há algo a ser feito e que você precisa se preparar — se preparar de verdade.

3. ESPERE SE CONFUNDIR

Escrever um livro é intrinsecamente confuso. Não é fácil posicioná-lo e estruturá-lo corretamente, sem mencionar a escrita propriamente dita. Além disso, direi para fazer coisas que você provavelmente nunca ouviu antes ou darei conselhos que parecem contraintuitivos.

Porém, o que você descobrirá ao utilizar o Método Scribe é que, embora algumas das coisas que recomendamos possam *parecer* incomuns, elas realmente funcionam muito bem, o que é, em última análise, o mais importante.

Se você seguir as instruções como Daniel Larusso fez em *Karatê Kid*, se sairá bem. Caso não tenha visto o filme, na trama, osr. Miyagi ordenou que Daniel fizesse várias tarefas isoladas que pareciam não ter relação com o caratê: pintar cercas, encerar carros etc. Daniel sentiu-se frustrado e irritado. Mas, quando começou a lutar caratê, ele percebeu que aqueles movimentos aparentemente desconexos formavam a base dessa arte marcial.

Este livro causará um efeito semelhante. Os exercícios apresentados podem parecer desconexos no início, mas nenhum esforço é desperdiçado. Eles foram feitos para ajudá-lo a preparar seu livro de modo eficiente e a partir do zero. Desde que tenha a disciplina para progredir e fazê-los da forma correta, eles darão resultado.

4. ESPERE SE SENTIR SOBRECARREGADO ÀS VEZES

Muito está por vir. Será como abraçar o mundo com as pernas. Você se sentirá sobrecarregado às vezes.

Entenda o seguinte: sobrecarregar-se é NÃO SABER O QUE FAZER A SEGUIR — é exatamente por isso que você está lendo este livro. Nós resolvemos essa questão para você.

Se você prosseguir, e fizer o que dizemos, SEMPRE saberá o próximo passo. Fizemos este processo para que não houvesse surpresas.

5. ESPERE SE SENTIR EMOCIONALMENTE DESCONFORTÁVEL (E TALVEZ TEMEROSO)

Este ponto é importante. Escrever um livro vai, inquestionavelmente, pressioná-lo de forma emocional e expor seus medos e ansiedades.

Isso nunca é fácil nem divertido, mas, se quiser escrever um livro, é quase certo que será uma necessidade (não se preocupe, nós diremos a você quais medos estão por vir e como lidar com eles).

Não desconsidere ou minimize essa questão. O medo virá e, se você não lidar com isso corretamente, ele se tornará o assassino do livro.

Esse medo é normal e está tudo bem senti-lo; você precisa se preparar e depois aprender a lidar com ele.

Na verdade, o medo é um assunto tão importante que o próximo capítulo será totalmente dedicado a ele.

"Não vale a pena ter ou fazer nada neste mundo, a menos que signifique esforço, dor, dificuldade."

— THEODORE ROOSEVELT

REFERÊNCIA: se você quiser saber o que esperar de seu livro, leia a seção 9.1: Expectativas realistas e irrealistas para um livro.

1.2

OS SEIS MEDOS QUE VOCÊ PODE ENFRENTAR AO ESCREVER SEU LIVRO

"Seus conflitos internos se expressam como desastres externos."

— KRISHNAMURTI

Agora que você se tornará um autor, terá que lidar com todos os medos e ansiedades que vêm com a escrita.

Você não está sozinho. Todos os autores começaram onde você se encontra agora. Começamos inseguros, incertos e temerosos. Começamos com medo e, às vezes, até nos sentimos aterrorizados.

Infelizmente, para alguns autores, tais medos os impedem completamente de escrever.

Escrevo profissionalmente há 15 anos, e os medos que estou prestes a detalhar são os mesmos com os quais tive que lidar no passado (e ainda lido no dia a dia).

Este capítulo detalhará medos comuns de autores, explicará como esse receio é destrutivo para os livros e fornecerá um insight de como você pode ressignificar esses medos para ajudá-lo. Você pode não ter cada um dos seis que eu listo a seguir, mas é provável que lide com pelo menos quatro em algum momento do processo.

(No próximo capítulo, mostrarei um conjunto específico de táticas para lidar com os medos que você enfrenta enquanto escreve, para que seja possível terminar seu livro.)

MEDO: "EU NÃO TENHO UM LIVRO DENTRO DE MIM"

MANIFESTAÇÕES ALTERNATIVAS DESSE MEDO:

- Receio que não haja um livro dentro de mim.
- Receio não ter nada a dizer.
- E se eu não for um autor?
- Quem sou eu para escrever um livro?

COMO ESSE MEDO AFETARÁ SEU LIVRO

É muito comum que um autor tenha medo de não ter dentro de si o conhecimento para escrever um livro. Ou, pior ainda, o receio de que ele não mereça ser autor.

Para a maioria das pessoas, essa é uma versão da chamada Síndrome do Impostor.

A Síndrome do Impostor ocorre quando alguém — mesmo uma pessoa muito realizada, com diversas experiências e credenciais — acredita não ter o conhecimento que todos pensam que ela tem. O indivíduo acredita que suas ideias são erradas ou inválidas, ou que todos já possuem conhecimento daquilo que ele tem a dizer. As pessoas com Síndrome do Impostor pensam que todos os outros são incríveis, mas elas são impostoras.

Nos casos mais extremos, a Síndrome do Impostor acontece quando os autores sentem que seu livro irá expô-los como fraudes ou farsantes.

EXEMPLO DE UM AUTOR COM ESSE MEDO

Trabalhamos com um consultor, Jonathan Dison, em seu livro, *The Consulting Economy* [A economia da consultoria, em tradução livre]. Ele é consultor de gestão e tinha sua própria empresa de consultoria que estava indo muito bem. Centenas de pessoas com quem ele trabalhou ao longo dos anos lhe pediram para escrever um livro que detalhasse o método que ele utilizava para ajudá-los na transição de funcionário corporativo para consultor independente.

Apesar de todas essas pessoas pedirem o livro, ele o postergava porque não se considerava especialista o suficiente para escrever profissionalmente. Mesmo tendo literalmente feito essa transição anteriormente em sua vida e orientado centenas de pessoas por esse caminho — de alguma forma, *ele não acreditava que realmente soubesse de alguma coisa.*

Perdi a conta de quantas vezes Jonathan disse: "Tucker, não tenho ideia do que estou fazendo."

Em seguida, decidi acompanhar como ele ajudava as pessoas na transição de funcionário corporativo para consultor independente. Pedi que me explicasse seu processo, que falasse sobre as pessoas que ajudou e me dissesse o que elas achavam de seus conselhos (elas sempre o elogiavam).

Eu sei, é engraçado rir disso vendo a situação de fora — até mesmo Jonathan ri disso hoje, mas esse foi um verdadeiro problema quando ele estava começando seu livro.

É isso que é tão bom nesse medo — geralmente é fácil de entender se for baseado na realidade. Basta se perguntar: *as pessoas estão vindo até você pedindo, ou pagando, por seus conhecimentos?*

Se for assim, então claramente há um livro dentro de você, desde que o livro seja apenas você compartilhando esse conhecimento com as pessoas. É possível superar sua Síndrome do Impostor ao se concentrar somente nesse fato.

MEDO: "RECEIO QUE MEU LIVRO NÃO SEJA ORIGINAL O SUFICIENTE"

MANIFESTAÇÕES ALTERNATIVAS DESSE MEDO:

- Acho que não tenho nada novo a dizer.
- Tudo o que tenho a dizer são assuntos que todos já sabem.
- Receio que isto já tenha sido dito.
- Meu livro não será diferente de outros livros sobre este tema.

COMO ESSE MEDO AFETARÁ SEU LIVRO

O engraçado com Jonathan Dison (do exemplo anterior) é que, quando ele admitiu que sabia algo, disse: "Mas isto é óbvio, ninguém precisa ser informado sobre isto!"

Esse é um sentimento comum e está quase sempre errado.

Muitos autores acreditam que um livro relevante deve apresentar um novo insight que ninguém jamais considerou.

Isso é ridículo. Poucos livros são profundamente originais — e os poucos que são tendem a não ser tão valiosos (porque a verdadeira originalidade exige que a ideia seja muito esotérica para ser útil para a maioria das pessoas).

Um livro é valioso se *o conhecimento contido nele for acessível e útil ao público.*

Se você pode escrever um livro sobre um tema profundo, apresentando uma perspectiva única que lança uma nova luz sobre o assunto e ajuda seu público a *compreender algo que estava faltando*, isso é muito valioso.

Mesmo que você sinta que não tem uma nova perspectiva sobre o assunto, se você tem uma voz e uma visão única em torno de conceitos-chave, adaptados para seu público, e pode fazer a curadoria de ideias antigas de uma maneira nova, você ajudará as pessoas a ver conceitos antigos de uma maneira que finalmente faça sentido para elas.

Nenhum leitor se importa se a ideia é nova ou velha. Leitores apenas querem saber se a ideia é ÚTIL PARA ELES.

EXEMPLO DE UM AUTOR COM ESSE MEDO

Meu exemplo favorito disso é o *Meetings Suck* [Reuniões são um saco], de Cameron Herold.

Quantos livros de negócios existem sobre reuniões? De acordo com a Amazon, são cinquenta mil.

Certamente, se houvesse um livro sem necessidade de ser escrito, seria esse, não é mesmo?

Foi o que Cameron pensou no início.

Analisamos o que ele sabia e o ajudamos a perceber que, embora sua metodologia para reuniões não tivesse uma visão única que fosse de fato original, a maneira como reunia todos seus insights e apresentava um plano completo de como conduzir uma reunião foi profundamente útil para todos que treinou e ensinou.

Com 105 avaliações e 45 mil exemplares vendidos, é óbvio que seu trabalho está envolvendo as pessoas de uma forma que nenhum dos outros livros sobre reuniões conseguiu.

Foi por isso que o *Meetings Suck* se saiu tão bem: explicou muitas ideias antigas de uma maneira que ninguém havia feito.

Esse é um aspecto-chave do Método Scribe (entraremos em detalhes em breve). Nossos autores analisam profundamente quem recebe valor de seus conhecimentos, o que os ajuda a definir o próprio público. Uma vez que eles conhecem seu público, podem pensar: "O que eu ensinei àquelas pessoas que elas acharam valioso para suas vidas?" Isso o forçará a definir claramente seu público e o valor que você entrega, garantindo assim que seu medo não se torne realidade.

MEDO: "RECEIO QUE MEU LIVRO NÃO SEJA BOM O SUFICIENTE"

MANIFESTAÇÕES ALTERNATIVAS DESSE MEDO:

- Receio que meu livro não seja perfeito.
- Receio ter colocado informações demais.
- Receio não ter colocado informações o suficiente.
- Tenho medo de esquecer tudo o que quero dizer.
- Tenho medo de deixar informações de fora.

COMO ESSE MEDO AFETARÁ SEU LIVRO

Para abordar essa questão, é preciso compreender como o perfeccionismo está relacionado ao medo.

À medida que o autor se aprofunda no livro, se torna obcecado por cada detalhe. Preocupa-se com cada palavra, cada sinal de pontuação e cada frase.

Nesse ponto, os livros podem estagnar de várias maneiras:

1. O autor tentará colocar tudo o que sabe no livro. Isso faz com que a obra cresça e se torne incontrolável.
2. O autor não se apega a um assunto e expõe várias ideias diferentes.
3. O perfeccionismo do autor torna-se uma desculpa para o atraso ou o impossibilita de escrever.

4. O autor edita e acrescenta conteúdo em ciclos intermináveis, andando em círculos sem nunca terminar o livro de fato.

Não é sobre tentar tornar o livro tão bom quanto possível. A obsessão excessiva com cada detalhe — além da razão — é uma forma de mascarar o medo de que *o livro não seja bom o bastante*. Os autores estacionam no perfeccionismo para que possam assim evitar publicar seu livro.

EXEMPLO DE UMA AUTORA COM ESSE MEDO

Deb Gabor é um grande exemplo disso. Ela é uma brilhante estrategista de marca. Trabalhou com empresas como Dell, NBC e Microsoft em estratégias de branding e escreveu um livro chamado *Branding Is Sex* [Branding é sexo], que conta como as empresas podem usar o branding de maneiras novas e inovadoras.

Ela começou o livro confiante em seu conhecimento e no valor do texto para os leitores. Mas, à medida que avançava no processo de escrita, a insegurança tomou conta de Deb. Ela se perguntava se alguém o acharia valioso e, para compensar, ela incluía mais e mais informações no livro.

Como resultado, o texto, sem nenhuma intenção consciente, tornou-se muito extenso e incontrolável. Como tentou inserir tudo o que sabia no livro, em vez de se concentrar apenas no que seu público valorizava e queria saber, Deb acabou escrevendo um livro muito longo. A fim de compensar sua insegurança, ela se tornou perfeccionista, o que quase arruinou o próprio livro.

Felizmente, Deb é inteligente e autoconsciente. Uma vez que conversamos sobre o que ela estava fazendo, ela pôde reconhecer seu erro; e foi capaz de reorientar seu livro e deixá-lo mais claro.

Outra coisa que explicamos a Deb foi o ditado: "A arte nunca está terminada, é apenas abandonada." A questão é que ser perfeito é literalmente impossível. Tudo o que você pode fazer é o melhor trabalho possível no momento, oferecê-lo a seu público e pronto.

Isso é o que há de bom nesse medo: ele o obriga a definir muito especificamente as necessidades de seu público e como seu livro as atende. Ao usar esse receio produtivamente, você se força a se concentrar exclusivamente no público e no que ele quer — e para de pensar em si mesmo.

Isso permite que você escreva um livro melhor, que ofereça ao público o que ele procura e, assim, consiga o que você deseja.

MEDO: "RECEIO QUE NINGUÉM SE IMPORTE COM MEU LIVRO"

MANIFESTAÇÕES ALTERNATIVAS DESSE MEDO:

- E se ninguém ler meu livro?
- E se não houver público?
- E se meu livro não impactar ninguém?
- E se meu livro for um desperdício do meu tempo e esforço?
- Sentirei vergonha se as pessoas criticarem meu livro.

COMO ESSE MEDO AFETARÁ SEU LIVRO

Esse é um medo bastante simples e geralmente surge em pessoas que buscam uma maneira de evitar outros medos mais profundos (como o receio de "parecer estúpido", abordado em seguida). Normalmente, esse medo se manifesta quando um autor se convence de que ninguém se importará com seu livro.

Paradoxalmente, esse medo é quase sempre sentido por autores que têm os livros mais impactantes (os autores que *deveriam* se preocupar com isso, quase nunca o fazem — é a vida, certo?).

EXEMPLO DE UM AUTOR COM ESSE MEDO

O dr. Douglas Brackmann cresceu com TDAH e ouviu durante toda sua vida que tinha uma deficiência, mas ele se recusou a ver as coisas dessa maneira. Passou sua vida procurando entender de onde vinha o TDAH (na verdade, é um transtorno genético e serve a um propósito adaptativo) e como utilizar a energia e o foco que o transtorno provoca para melhorar sua vida.

Ele controlou esse problema em sua vida e passou a orientar profissionais de alto nível — empresários, CEOs, atletas profissionais, inventores e Navy SEALS[2]— para ter um desempenho ainda melhor usando as técnicas que ele próprio precisou aprender para lidar com seu TDAH.

Entretanto, quando chegou a hora de escrever um livro, Douglas não estava certo de que alguém se importaria.

Pense nisso por um segundo: ele JÁ estava orientando alguns dos melhores profissionais do mundo, mas ainda não tinha certeza de que alguém se importaria com seu livro.

Esse tipo de coisa acontece porque quando um autor conhece seu assunto tão bem, muitas vezes, pensa que é óbvio ou fácil e por isso duvida de seu conhecimento. Tais autores esquecem que as pessoas para as quais escrevem são exatamente aquelas que não têm esse conhecimento — e muitas vezes estão desesperadas atrás de informação.

No caso do dr. Brackmann, isso aconteceu. Veja uma avaliação da Amazon:

> As ferramentas que o dr. Brackmann me apresentou, todas as quais você encontrará em seu livro, me permitiram encontrar paz interior, felicidade e perceber meu verdadeiro potencial...

2 Navy SEALS constituem uma força especial da Marinha estadunidense.

> Pude reconhecer minha alma, elevar-me e projetar a vida com a qual sempre sonhei. O dr. Brackmann me ajudou a entender como minha mente funcionava e me ajudou a aproveitar os impulsos característicos que eu tinha para que em menos de um ano eu pudesse abrir um negócio sem ajuda externa, encontrar a garota dos meus sonhos e buscar uma vida de maestria em muitas áreas diferentes. Recomendo fortemente este livro para qualquer pessoa que tenha o desejo de encontrar mais paz enquanto realiza seu potencial.

Esse medo pode se transformar em motivação se você o usar corretamente. Caso tenha medo de que ninguém se importe, encontre alguém na vida real que *realmente* se importe com o que tem a dizer. Ensine o que você sabe e, então, olhe para a transformação em sua vida.

Se puder, veja o impacto que isso causa nas pessoas. Assim, deve ser muito mais fácil terminar seu livro, porque não é mais sobre você — é sobre esses indivíduos e outros como eles.

MEDO: "TENHO MEDO DE QUE MEU LIVRO ABORREÇA AS PESSOAS"

MANIFESTAÇÕES ALTERNATIVAS DESSE MEDO:

- Receio que este livro enfureça alguém.
- Tenho medo de ser julgado.
- Não quero que meu livro aborreça meus clientes atuais.
- Não posso dizer essas coisas sobre as pessoas.
- E se meus amigos lerem e odiarem?
- E se eu parecer irritado?

COMO ESSE MEDO AFETARÁ SEU LIVRO

Esse medo é um grande assassino de livros. O medo de ser julgado é devastador para muitos autores e os impede de escrever seu livro, ou de escrever o que realmente querem, ou de contar as histórias que desejam.

Este é um simples fato sobre os livros: *se ninguém discorda do que está dizendo, então você não diz nada que valha a pena colocar em um livro.*

Se eu escrevesse um livro sobre como o céu é azul, por que alguém se importaria? Todos já sabem disso. Um livro deve fazer novas afirmações, reformular informações antigas, tomar uma posição oposta à sabedoria convencional, ou ensinar algo novo, diferente, oposto.

Este é o objetivo de um livro: ajudar as pessoas a encontrar uma nova maneira de pensar ou fazer algo.

Deixe-me dizer novamente: **é impossível escrever um bom livro sem correr algum tipo de risco e dizer algo que alguém, em algum lugar, possa discordar.**

EXEMPLO DE UM AUTOR COM ESSE MEDO

Shannon Miles é um grande exemplo disso. Ela escreveu *The Third Option* [A terceira opção], um livro que explica como as mulheres não precisam escolher entre carreira e família. Elas podem realmente criar uma vida que ofereça ambos.

Muitas mulheres afirmam que a carreira feminina deve vir em primeiro lugar; muitas outras dirão que a família deve ser prioridade. Shannon decidiu que nenhuma das opções é correta. Para ela, uma mulher pode escolher as duas alternativas — o que incomoda ambos os posicionamentos.

Como Shannon sabia que seria fortemente criticada e atacada de ambos os lados, ela hesitou em escrever seu livro. E, mesmo após tomar a decisão de seguir em frente, ela ainda se viu censurando seus pontos de vista e se retraindo.

Eventualmente, Shannon superou essa preocupação. Ela concentrou-se não em si mesma, mas em suas leitoras, e percebeu que, ao reter suas opiniões ou histórias, não estava servindo a elas; estava falhando com elas — e traindo a si mesma.

Como resultado, ela escreveu um livro que tem sido extremamente bem recebido. Ela recebeu alguns feedbacks negativos, é claro, mas eles foram ofuscados por todas as respostas positivas e agradecimentos de mulheres que sentiram que Shannon entendia e falava com elas de uma maneira que ninguém mais havia feito.

Não há problema em admitir que você se sente mal quando as pessoas dizem coisas ruins a seu respeito. Mesmo que o que elas digam seja errado e injusto, e mesmo que estejam mentindo sobre você — isso ainda dói.

Não há problema em admitir nem em sentir todos os sentimentos terríveis que vêm com isso. O cérebro humano é projetado de tal forma que interpreta a violência social quase do mesmo modo que a violência física. Dói quando as pessoas lhe atacam, e eu jamais direi para negar isso e fingir que nada o incomoda. Isso não funciona.

Entretanto, se esse é um medo que você enfrenta, tem a opção de vê-lo como um presente. Caso algumas pessoas critiquem sua posição, isso pode forçá-lo a examiná-la de todos os ângulos e garantir que seus argumentos sejam sólidos.

Ademais, a oposição lhe ajuda a encontrar e fortalecer seu próprio público, tal como Shannon fez. Se há pessoas barulhentas e irritadas em apenas um lado de um debate, provavelmente significa que o outro lado simplesmente não tem um porta-voz. Seu livro o coloca nesse papel.

Além disso, use esse medo para ter certeza de que está sendo justo com as pessoas e com os outros argumentos. Não há problema em estar consciente sobre as palavras que você usa e como elas impactam as pessoas. Isso não significa que você não mantém sua posição — na verdade, seu argumento é fortalecido quando se leva em consideração pontos de vista alternativos.

Finalmente, lembre-se da icônica citação referente a isso de Steven Pressfield:

> Fazer um julgamento, se posicionar e depois agir contra uma injustiça ou agir para apoiar a excelência é típico do herói do homem comum. Se você é um aspirante a artista e deseja evitar "julgamentos", descobrirá que não tem nada a dizer.

MEDO: "TENHO MEDO QUE MEU LIVRO ME FAÇA PARECER ESTÚPIDO"

MANIFESTAÇÕES ALTERNATIVAS DESSE MEDO:

- Tenho medo de parecer estúpido.
- E se eu receber avaliações ruins?
- E se todos que lerem meu livro, o odiarem?
- O que as pessoas vão pensar se houver um erro ortográfico?
- Tenho medo de que algo esteja errado com meu livro e de parecer estúpido para todos que conheço.

COMO ESSE MEDO AFETARÁ SEU LIVRO

O maior medo implícito que eu acredito (virtualmente) que todos os autores têm é que os livros lhe trarão vergonha. Guardei esse para o final porque quase todos os medos anteriores se resumem a ele.

Esse medo é muito racional. Para diversos profissionais, escrever um livro ruim é na verdade pior do que não escrever nenhum livro. Isso ocorre porque *um livro ruim pode prejudicar a carreira* de alguém que tenha adquirido certo status.

Para outros, ainda vai além. Para alguns autores, o livro é muito atrelado à sua identidade. Eles veem o livro como uma extensão de si mesmos e se preocupam que, caso o livro não seja bem recebido, eles terão uma identidade social ruim. Ninguém quer parecer um fracassado para seus colegas, especialmente com algo tão pessoal como um livro.

Esse medo pode piorar tanto que as pessoas literalmente renunciam às dezenas de milhares de dólares que nos pagam para ajudá-las a escrever um livro — tudo porque temem apertar o último botão: "Publicar livro."

Não estou exagerando. Tivemos autores que se empenharam durante meses, fizeram todas as edições e revisões difíceis, passaram por todo o processo de publicação e, quando não havia literalmente mais nada a fazer além de dar a aprovação final, eles passaram a nos ignorar completamente.

Esses autores não conseguem enfrentar o medo que sentem de que seu livro não seja bom, por isso evitam até mesmo falar sobre ele.

EXEMPLO DE UM AUTOR COM ESSE MEDO

Todos os autores com quem trabalhamos — sem exceção — tiveram alguma versão desse medo (inclusive eu).

Joey Coleman é meu exemplo favorito. Ele até escreveu sobre seu medo no livro *Never Lose a Customer Again* [Nunca perca um cliente de novo]:

Mas, não muito tempo depois disso, comecei a duvidar de mim mesmo e a questionar minha decisão de escrever um livro.

Será que eu realmente tinha uma mensagem suficientemente boa para render um livro?

Será que os leitores encontrariam tanto valor no processo de oito fases quanto meus clientes encontraram nos últimos vinte anos?

Eu seria capaz de explicar todas as nuances da estrutura adequadamente em trezentas páginas?

Eu me faria passar por estúpido?

À medida que tais pensamentos de medo, dúvida e incerteza encheram minha cabeça, tornei-me distante. Comecei a remarcar as ligações telefônicas planejadas com a equipe, cancelando-as tanto por razões reais quanto por razões fabricadas. Usava qualquer desculpa que pudesse pensar para adiar a próxima etapa do processo.

Isso se prolongou por vários meses até uma noite, quando meu celular tocou inesperadamente. O identificador de chamadas indicava que era o celular de Tucker, e uma rápida vasculhada mental em minha agenda me fez saber que aquela era uma ligação inesperada. De qualquer modo, eu decidi atender.

Tucker fez com que eu me abrisse e admitisse que estava sentindo remorso e arrependimento; então me assegurou que as emoções que eu estava sentindo eram naturais para qualquer autor. Ele me contou uma história sobre como se sentia da mesma forma quando lançou seu primeiro bom livro, que ironicamente passou a ser um best-seller do *New York Times*, vendendo mais de um milhão de exemplares em todo o mundo desde seu lançamento.

Tucker me ajudou a ver que eu tinha de fato um livro dentro de mim e que acreditava que meu texto teria valor para muitas pessoas. Ele me persuadiu a confiar no processo, a voltar à normalidade e a continuar o trabalho. Esse é o poder do remorso do comprador.

Apesar de *ter* compreendido profundamente os perigos da dissonância cognitiva que marca esse sentimento, e de *ensinar isso às empresas*, não pude me dissociar dessas emoções quando estava naquela posição.

Opa: eu também sou humano.

Lembra como eu disse que o medo não é por si só algo ruim? Se você permitir que o medo o torne mais concentrado e vire a motivação para você se concentrar e se esforçar mais, então ele pode ajudá-lo. Pode servir como um incentivo e contribuir para que você faça tudo o que for necessário a fim de escrever o melhor livro possível.

Mas e quando esse medo se torna avassalador? E quando parecer que seu medo, qualquer um desses medos, é demais? O que fazer então?

O próximo capítulo trata exatamente desta questão: como lidar com seus medos quando eles surgirem e não desaparecerem?

1.3

COMO VENCER SEUS MEDOS (E TERMINAR SEU LIVRO)

"A vida é crescimento. Ou você cresce, ou morre."

— PHIL KNIGHT

TODOS OS AUTORES ENFRENTAM O MEDO

Em algum momento, e em algum nível, você terá medo de escrever seu livro.

Não se sinta mal. TODOS os autores sentem isso (inclusive eu). Escrevi sete livros (até hoje), mas deveria ter escrito dez (talvez mais). Deixei de escrever pelo menos três livros por ter medo.

Eu entendo. Já passei por isso. É uma sensação horrível saber que eu tinha livros dentro de mim e nunca dei vida a eles, só porque tinha medo de escrevê-los.

O PROPÓSITO DO MEDO

A primeira coisa a se lembrar sobre o medo é que ele não é necessariamente ruim. O medo serve a um propósito.

Em um nível primário, o medo é uma resposta adaptativa que nos ajuda a sobreviver, motivando a nos protegermos do perigo. É ao mesmo tempo *natural e útil* em muitos casos. Você chega a ter medo de coisas que podem prejudicá-lo, e o medo pode servir para ajudar a mantê-lo seguro.

O problema do medo é quando você deixa que receios pequenos ou irracionais o impeçam de fazer algo que deveria estar fazendo. Então, ele é destrutivo, não protetor.

Alguns dos medos que você enfrenta farão sentido, enquanto outros parecerão ridículos se você os analisar racionalmente. Isso é normal. Os medos nem sempre são racionais (nem se espera que sejam).

Não tenha vergonha caso sinta algum dos medos listados, mesmo se achá-los irracionais. Porque, mesmo que o sejam, o sentimento ainda é real, e você deve enfrentá-lo para poder seguir adiante com seu livro.

Não se sinta derrotado se o medo estiver lhe segurando. Já me senti assim antes, quase todos os autores já experienciaram isso em algum momento ou em outro.

COMO VENCER SEUS MEDOS

Você pode vencer a luta contra o medo. Mas como fazer isso? E, ainda mais importante, como evitar esse medo no futuro?

Você treina o lado emocional do seu cérebro para ressignificar o medo que sente e depois o utiliza como um incentivo para agir, em vez de se sentir paralisado.

Mostrarei, passo a passo, o método específico que usamos para ajudar nossos autores a superar seus medos. Porém, primeiro vamos realmente ressignificar o que é o medo.

Estes são os sintomas de ansiedade:

1. Aumento do ritmo cardíaco (aumento da adrenalina).
2. A reação de lutar ou fugir entra em ação, você fica nervoso e começa a suar frio (pico de cortisol).
3. Você tem visão em túnel, e não é capaz de ver ou pensar além de seu medo (aumento da norepinefrina).

Estes são os sintomas de empolgação:

1. Aumento do ritmo cardíaco (aumento da adrenalina).
2. A reação de lutar ou fugir entra em ação, você fica nervoso e começa a suar frio (pico de cortisol).
3. Você tem visão em túnel, e não é capaz de ver ou pensar além da sua empolgação (aumento da norepinefrina).

Medo é empolgação... de uma perspectiva negativa.

Empolgação é medo... de uma perspectiva positiva.

Pense em uma montanha-russa. Algumas pessoas gastam centenas de dólares e passam horas esperando em uma fila para andar na mais assustadora montanha-russa que puderem encontrar. Outras têm um ataque de pânico só de pensar em andar em uma montanha-russa.

O mesmo brinquedo do parque de diversões. Apenas uma perspectiva diferente.

Agora você está começando a ver como vencer seu medo? Eis os passos a seguir para combatê-lo:

PASSO 1: LISTE TODOS OS SEUS MEDOS

Pergunte-se quais são seus temores em relação a escrever um livro. Coloque no papel os medos que você está sentindo. Escreva qualquer medo ou ansiedade.

Não fuja, negue ou minimize seus medos.

Realmente tire um momento e faça uma pausa para pensar em TODOS os seus medos. Reconheça-os, tenha ciência deles e identifique-os.

Se você estiver com dificuldades para articular seus medos, no último capítulo discutimos os mais comuns; ele deve servir como um bom guia.

Não se preocupe se sua lista for extensa. Ela deve ter pelo menos alguns medos e, se tiver muitos, que assim seja. Na verdade, quanto mais você listar (e que seja verdadeiro), melhor. Isso significa que você está sendo sincero consigo mesmo.

PASSO 2: PERGUNTE-SE: "ISSO É POSSÍVEL?"

Para cada medo, pergunte-se: "Este medo é possível? Há alguma chance de que isso aconteça?"

Muitas vezes, as pessoas sentem-se ansiosas sobre medos vagos e indefinidos. Se for esse o caso, forçar-se a nomear o medo e perceber que ele sequer é possível pode fazer com que ele desapareça.

Por exemplo, alguns autores que trabalham conosco dizem: "Tenho medo de escrever este livro e não conseguir publicá-lo." Esse não é um medo realista. Eles nos pagaram para publicar o livro deles e nós faremos isso.

Dito isso, a maioria dos medos será possível, mesmo que haja apenas uma pequena possibilidade. Por exemplo, continuando com o exemplo anterior, você poderia dizer, em vez disso: "Tenho receio de escrever um livro ruim e ter minha reputação profissional prejudicada."

Esse é um medo legítimo com consequências reais: se você escrever um livro ruim, *vai* parecer ruim. Sim, é altamente improvável que o livro seja ruim, mas é *possível* .

Para medos impossíveis, desconsidere-os e risque-os da lista.

Para aqueles que possam vir a acontecer, prossiga.

PASSO 3: PERGUNTE-SE: "SE ESSE MEDO ACONTECESSE, QUAIS SERIAM AS CONSEQUÊNCIAS?"

Não há problema em pensar no pior cenário possível aqui. Na verdade, é preferível. Ao articular a pior coisa que poderia acontecer, você pelo menos saberá identificá-la. Então, pode prosseguir com um claro entendimento do que há a perder.

Não há nada de errado com isso: ser realista é uma grande parte de vencer o medo. Portanto, escreva quais são as consequências.

Para alguns dos medos, as consequências serão menores. Por exemplo, se o medo for "Eu temo parecer irritante", as consequências disso serão provavelmente benignas.

Para outros medos, as consequências poderiam ser maiores. Por exemplo, se o medo for "Tenho receio de escrever um livro ruim e ter minha reputação profissional prejudicada", as consequências podem ser substanciais.

Não diminua o impacto da consequência. Caso tenha medo de que algo assim aconteça: "Escreverei um livro ruim, as pessoas pensarão que sou estúpido, minha empresa afundará, me tornarei uma piada e ficarei falido. Perderei minha casa e minha família, passarei fome e morrerei de frio e sozinho nas ruas", então escreva.

Sejam quais forem as consequências, escreva-as.

PASSO 4: PERGUNTE-SE: "QUANDO ESCREVER MEU LIVRO, QUE BENEFÍCIO TRAREI A MIM MESMO?"

Você poderia dizer: "Se eu escrever meu livro, então aumentarei minha autoridade e visibilidade em minha área, conseguirei dar mais palestras e serei capaz de fazer meu negócio crescer."

Observação: você definirá especificamente esses benefícios como a próxima parte do processo, mas defina algo agora, mesmo que decida voltar e refinar isso mais tarde.

Depois, fale esses benefícios em voz alta, certificando-se de sentir-se empolgado quanto a eles.

Diga literalmente: "VOCÊ deve sentir-se empolgado, porque este livro lhe trará mais autoridade, mais oportunidades de palestras e maior visibilidade nos negócios."

Faça isso três vezes.

Você DEVE dizer isso em VOZ ALTA. Certifique-se de dizer como se estivesse falando consigo mesmo.

Eu sei, parece estranho, mas dizer em voz alta causa um impacto muito diferente em você do que apenas pensar. Sem ir muito fundo na explicação psicológica, dizer o que você conseguirá em voz alta tornará tudo mais real para o seu cérebro.

(Se desejar saber por que falar em voz alta faz tanta diferença, pesquise no Google "diálogo interno e regulação comportamental" ou "efeito Von Restorff". Aviso: isso abrirá seus olhos para novas possibilidades).

PASSO 5: PERGUNTE-SE: "QUEM SERÁ AJUDADO PELO LIVRO, E O QUE ELES CONSEGUIRÃO?"

Você notou alguma tendência nos medos que mencionou? O que todos eles tinham em comum?

Na verdade, é muito simples: *todo medo é egoísta*

Quando sente medo, você foca apenas a si mesmo e suas próprias necessidades. O medo o coloca no modo de sobrevivência; torna impossível olhar além de si mesmo; e o aprisiona dentro de si.

Não quero dizer isso para afirmar que o egoísmo é ruim. Não é. Como o medo, o egoísmo tem sua importância na vida. Digo isso para ajudá-lo a focar uma razão principal pela qual você provavelmente queira escrever seu livro: oferecer algo em troca e causar impacto em outras pessoas.

Imagine as pessoas que você ajudará. Pense nelas de forma muito específica. Imagine a dor que elas têm agora. Sinta o sofrimento que elas têm porque não leram seu livro.

Quanta diferença seu conhecimento fará na vida delas?

Seu livro é importante para elas. É importante para a vida do seu público. É por isso que você o está escrevendo. Elas *precisam de seu livro* .

Pense no quanto as pessoas precisam do conhecimento que você tem. Imagine seu público depois de ler seu livro. Como serão suas vidas? Como elas vão melhorar por causa dele? Conecte-se a esse sentimento. Você pode fazer isso por elas?

Você quer escrever seu livro para ajudar outras pessoas a resolver um problema que você costumava ter, um problema que é muito doloroso para você. Ajudar essas pessoas é uma grande parte de sua motivação. Imaginar essas pessoas necessitadas, e você as decepcionando se não escrever seu livro, é um motivador muito poderoso.

O uso dessa motivação se revela como a ferramenta definitiva para vencer o medo: *a maioria das pessoas que não podem ser corajosas para si mesmas podem facilmente ser corajosas para outras pessoas.*

E, é claro, se você apenas pensar em quem seu livro ajudará, poderá se concentrar nessas pessoas. Caso faça isso, se concentrar no leitor, acabará realmente parecendo melhor. (Falaremos muito mais sobre isso a seguir, na seção de posicionamento do livro).

PASSO 6: PERGUNTE-SE: "E SE EU SIMPLESMENTE DESISTIR?"

Pergunte-se: "Se eu NÃO escrever meu livro, o que acontecerá? Quem sofrerá e como?" e escreva tudo o que acontecerá se desistir do livro. Trata-se de usar sua ansiedade contra si mesmo. Caso trabalhe essas perguntas, seu cérebro começará a cogitar escrever o livro.

Isso funciona por causa da forma peculiar como os cérebros humanos funcionam. Agora que você "viu" os benefícios que pode obter ao escrever um livro, imaginar a si mesmo desistindo desencadeará uma das mais fortes reações psicológicas nos humanos: a aversão à perda.

Uma vez que você se imagina com todos esses benefícios e se vê perdendo-os, as coisas mudam no seu cérebro. Seu medo não vai necessariamente embora. Ele apenas fica para trás, perdendo para a aversão.

Essa é uma das descobertas mais replicadas na ciência social: as pessoas sentem-se muito mais motivadas ao perder do que ao ganhar algo. Após ter se imaginado com benefícios e ganhos, agora você quer mantê-los.

PASSO 7: TOME SUA DECISÃO

Esse passo é muito simples. Reveja tudo o que você escreveu até agora e depois decida: você vai seguir em frente com seu livro? Vale a pena?

Não se engane, essa é uma decisão; e NÃO presuma que você deve escrever o livro. Na verdade, muitas vezes, as pessoas olham para suas listas e percebem que os riscos das consequências potenciais superam os benefícios e decidem não escrever o livro. Sem problemas.

Nos workshops de orientação a leitores que ministramos, tenho pessoas que literalmente leem as partes principais de cada passo em voz alta e, depois, se comprometem ou não em voz alta diante de todo o grupo. Funciona muito bem como uma forma de tirar isso da cabeça e tornar tudo real.

Enfatizo que você realmente deveria falar em voz alta sua decisão. Dizer e ouvir sua decisão tomada tornará tudo diferente.

PASSO 8: PERGUNTE-SE: "QUAL É O PLANO PARA EVITAR ESSAS CONSEQUÊNCIAS?"

Agora que você se comprometeu com seu livro, para superar seu medo, é preciso expor com precisão qual é o plano para evitar ou minimizar as consequências.

Um plano fraco, ou a falta de um plano, muitas vezes desencadeia uma reação subconsciente que pode ser, em parte, responsável por originar os medos (é também de onde vem a procrastinação).

Por exemplo, se o medo for: "Tenho receio de escrever um livro ruim e ter minha reputação profissional prejudicada", é altamente provável que ele venha, em parte, do fato de que você não está confiante em sua habilidade de escrita e ainda não tem uma ideia clara de quem lhe ajudará a editar seu livro. O plano pode ser tão simples quanto ter um editor profissional e dois colegas revisando o original antes de você decidir publicá-lo, para ter certeza de que se sairá bem.

Talvez você tenha que voltar para completar partes desta seção mais tarde, e não há problema. Por exemplo, se o medo é: "Receio não ter tempo de escrever o livro", bem, isso significa que neste momento você não tem um plano para ter tempo de escrever o livro (chegaremos a essa parte posteriormente).

Mas não se preocupe — quando terminar este livro, você terá um plano específico, detalhado e acionável, para ter certeza de que, se o seguir, terá seu livro pronto.

PASSO 9: PERGUNTE-SE: "COMO POSSO USAR ESSE MEDO PARA ME AJUDAR?"

O medo pode realmente ajudá-lo, se você tiver a perspectiva correta sobre ele.

Lembre-se do exemplo da montanha-russa. Você não pode escolher sua resposta fisiológica a uma montanha-russa, mas, com alguma prática, PODE escolher como *interpretar* essa resposta fisiológica. Sua experiência subjetiva pode ser "assustada" ou "emocionada", porém o corpo trata a resposta física da mesma maneira.

Isso significa que você pode transformar o medo em empolgação e reprogramar seu cérebro para não ter medo de escrever seu livro. É possível, de fato, aproveitar essa energia para ajudá-lo a seguir em frente com seu projeto.

Agora olhe para cada medo que você escreveu e se pergunte: "Como posso usar esse medo para me ajudar?"

Por exemplo, se o medo é "Tenho receio de escrever um livro ruim e ter minha reputação profissional prejudicada", então você pode usar a energia desse medo para motivá-lo a escrever um livro realmente bom, a fim de garantir que você não se saia mal.

Isso é possível para cada medo. Todo medo tem, dentro de si, as sementes de sua solução, se você puder encontrá-las e usá-las.

PARTE 2

POSICIONE SEU LIVRO

2.1

O QUE É POSICIONAMENTO DO LIVRO (E POR QUE ISSO IMPORTA)?

"A tarefa não é tanto ver o que ninguém viu ainda, mas pensar o que ninguém pensou sobre o que todos veem."

— SCHRÖDINGER

O posicionamento é a parte mais crucial tanto da escrita quanto do marketing de seu livro. Se posicionar sua obra corretamente agora, colherá os benefícios por anos.

O que é o posicionamento do livro?

Em termos simples, o posicionamento é **o lugar que seu livro ocupa na mente do leitor e qual a impressão que esse leitor tem do papel do livro na satisfação das necessidades dele.**

Essa é a definição técnica, do setor, de posicionamento. Mas, na verdade, posicionamento é responder às perguntas que os leitores fazem sobre cada livro:

"Por que eu deveria ler este livro?"

É importante entender que *não é possível usar a escrita ou o marketing para se livrar de um problema de posicionamento.* Se você fizer isso certo, o posicionamento facilitará tanto a escrita quanto o marketing do livro e fará com que você consiga o que deseja de sua obra.

Se não levar isso a sério e se enganar no seu posicionamento, então, quase nada que possa fazer salvará seu livro ou fará com que ele tenha sucesso.

UMA HISTÓRIA (MUITO) BREVE SOBRE O POSICIONAMENTO DE LIVROS

Durante cem anos no antigo modelo editorial tradicional, cada agente literário devia discutir o posicionamento com um editor antes de comprar um livro.

A rigor, nos círculos editoriais tradicionais, a discussão de posicionamento girava apenas em torno de como o livro se encaixava nas categorias de vendas tradicionais. É daí que vem o termo. É literalmente uma discussão de qual *posição* nas estantes das livrarias o livro deveria ficar. Afinal, no século XX, o mercado livreiro era essencialmente sinônimo das necessidades das livrarias.

Obviamente, esse não é mais o caso. A maioria dos livros agora são vendidos on-line, e as categorias não importam tanto. Do mesmo modo, grande parte dos livros físicos não são vendidos em livrarias, mas em lojas de varejo não livreiras, como Costco e Walmart, que não têm nem mesmo prateleiras categorizadas.

Além disso, quando toda a publicação de livros era feita por editoras tradicionais, a única decisão de posicionamento com a qual elas se preocupavam era se os livros seriam vendidos, porque era assim que ganhavam dinheiro.

POSICIONAMENTO MODERNO DO LIVRO

Nada disso é verdade hoje em dia. Atualmente, a maioria dos livros é publicada fora dos antigos modelos tradicionais, e a maior parte dos livros de não ficção não é monetizada diretamente.

Eis a realidade moderna: **a maioria dos autores de não ficção ganha a maior parte de seu dinheiro com outras coisas que um livro oferece e *não com a venda de seus livros*.**

Você sempre pode ganhar dinheiro vendendo exemplares, é claro. Mas ganhar dinheiro indiretamente de um livro significa que está usando sua obra como uma ferramenta de marketing para obter algo a mais que produz receita.

Por exemplo, um livro o ajudará a elevar sua autoridade, aumentar sua visibilidade e lhe trará mais clientes. Essa estratégia muda fundamentalmente a forma como os livros são concebidos e posicionados (mais sobre isso adiante).

Na Scribe, adaptamos o antigo processo de posicionamento para que, em vez de servir às necessidades da editora, sirva às suas necessidades como autor.

UM BOM POSICIONAMENTO GARANTE QUE SEU LIVRO TENHA SUCESSO

Nas próximas três seções deste livro, vou guiá-lo pelo nosso processo de posicionamento, a partir das mesmas etapas e perguntas que usamos para ajudar os autores a refinar e esclarecer suas ideias em livros bem posicionados que geram resultados. Estas são as três etapas para o posicionamento de seu livro:

1. DETERMINE SEUS OBJETIVOS

Que resultado o livro deve produzir para que você obtenha sucesso?

2. ATINJA SEU PÚBLICO

Qual é o público que deve ser atingido para que seu objetivo seja alcançado?

3. ATENHA-SE À IDEIA DE SEU LIVRO

Do que se trata seu livro, e por que seu público se importará com ele?

Tudo está conectado.

Os objetivos necessitam de um determinado público.

O público tem suas necessidades que devem ser atendidas pelo livro.

E a ideia do livro deve atrair e dar valor ao público, para que você atinja os objetivos que deseja alcançar.

Tudo isso se resume a uma fórmula simples. Se a seguir, escolherá um assunto que trará valor tanto para você quanto para o público.

Este é o ponto fundamental que você precisa lembrar sobre seu livro: ***ninguém se importa com você ou com seu livro. Os leitores só se preocupam com o que o livro pode fazer por eles.***

Esse ponto é tão importante que eu vou começar e terminar essa parte com ele:

O posicionamento responde à pergunta na mente de seu leitor:

> ***"Por que eu deveria ler este livro?"***

Se você não souber a resposta a essa pergunta antes de começar a escrever, é provável que você escreva um livro que não sirva a um público... ou a você.

2.2

DESCUBRA OS OBJETIVOS DO SEU LIVRO

"Concentre-se no alvo e você o atingirá. Isso lhe dará o troféu. Concentre-se no troféu e você errará o alvo. Isso não lhe dará nada."

— JEREMIE RUBY-STRAUSS

Na Scribe, começamos o posicionamento dos livros com objetivos. Isso porque, uma vez que você saiba o que deseja alcançar com seu livro, pode se concentrar em escrever o livro correto para alcançar esses objetivos.

Três perguntas básicas ajudam nossos autores a discernir os objetivos adequados:

PERGUNTA Nº 1: COMO VOCÊ DESEJA QUE SEU LIVRO SIRVA A SEUS LEITORES? O QUE ELES GANHARÃO COM ISSO?

Embora seu livro possa lhe trazer inúmeros benefícios, *o conteúdo dele não é para você, é para o leitor.*

Os leitores são o público do livro e eles apoiarão e compartilharão seu livro (o que ajudará você) somente após terem conseguido extrair valor real dele.

Começamos fazendo com que nossos autores identifiquem como eles veem seu livro servindo aos leitores. Uma vez que possa identificar o benefício que seus leitores receberão, você verá como conectar o apoio deles aos seus objetivos. Seguem algumas formas comuns de como os autores querem que seu livro sirva aos leitores:

1. **Ajudar a resolver um problema/Oferecer algo que eles queiram:** isso é geralmente importante e pode variar de acordo com uma grande diversidade de benefícios. Porém, a questão é que cada leitor compra seu livro porque espera que ele ofereça algo desejado. Então, o que é isso?
2. **Adquirir conhecimento/sabedoria/informação:** às vezes, aquilo que o autor quer virá do aprendizado de algum assunto. Assim, muitas vezes isso está intimamente ligado à solução de um problema, mas nem sempre são exatamente a mesma coisa.
3. **Inspiração/motivação/empoderamento:** trata-se de como os leitores se sentirão após terminar o livro.
4. **Nova perspectiva:** não é tão comum quanto as opções anteriores, mas ainda é bastante frequente. Muitos autores querem dar aos leitores uma maneira inteiramente nova de olhar para algo.

EXEMPLOS

De um livro sobre como aprender de forma mais rápida e eficaz:

- Antes de tudo, quero inspirá-los e convencê-los de que não estão presos onde se encontram agora. Quero mostrar que eles conseguem melhorar e liberar todo o seu potencial para aprender tudo e qualquer coisa, rapidamente.
- Pretendo oferecer ferramentas e técnicas (e depois a confiança) para você realmente aprender mais rápido.
- Finalmente, gostaria de abrir seus olhos para uma forma alternativa de vida, da saúde ao estilo de vida, à sua carreira. Por fim, quero inspirá-lo e capacitá-lo a viver a vida de seus sonhos.

De um livro que ensina as mulheres a vender como os homens, mas de forma ética e com o coração:

- As mulheres que lerem este livro se sentirão empoderadas para vender com confiança.
- As mulheres que lerem este livro poderão usar as estratégias de venda que compartilho para aumentar sua taxa de conversão, sem nunca se sentirem pressionadas.
- As mulheres que lerem este livro dirão: "Se ela consegue, eu também consigo!"
- As mulheres que lerem este livro terão inspiração para enfrentar o medo e ir em busca de seus sonhos em vendas.

PERGUNTA Nº 2: IMAGINE ALGUNS ANOS APÓS A PUBLICAÇÃO DE SEU LIVRO. O QUE ELE LHE AJUDOU A CONQUISTAR QUE FEZ O ESFORÇO VALER A PENA?

Há uma variedade quase infinita de benefícios que um livro pode oferecer a um autor, mas a maioria deles cai em um destes seis objetivos comuns:

1. **Aumentar a visibilidade/perfil:** livros podem aumentar sua visibilidade de inúmeras maneiras, como: facilitar a exposição na mídia ou elevar seu perfil em seu nicho.
2. **Aumentar a autoridade/credibilidade:** livros ajudam um autor a estabelecer autoridade e ganhar credibilidade dentro de sua área.
3. **Conseguir novos clientes/oportunidades:** livros podem facilmente, e de múltiplas maneiras, ajudar a gerar novos negócios e outras oportunidades por meio de uma variedade de plataformas e locais.
4. **Ser convidado a dar palestras:** um livro é quase uma necessidade para se tornar um palestrante pago ou, muitas vezes, ser convidado a participar de qualquer discussão pública.
5. **Deixar um legado:** um livro pode ajudar a estabelecer um legado e transmitir sua história a outras pessoas.

6. **Impactar outros:** esta é uma questão um pouco coberta pela primeira pergunta, mas você pode inseri-la aqui também. Para alguns autores, esse é muitas vezes o principal benefício. Eles não se importam com o que obterão a partir de seu livro, ou preocupam-se com isso apenas como um benefício secundário. Note que, para que qualquer livro seja eficaz, ele deve impactar outros. No entanto, alguns autores colocam uma ênfase muito maior nisso.

Obviamente, os detalhes de cada um dependem de sua área e profissão específicas, mas qualquer um desses objetivos pode ser muito realista.

Observação: quanto mais específico você for com seus objetivos, melhor.

EXEMPLOS

Do mesmo livro sobre como aprender de forma mais rápida e eficaz:

- Construímos nosso negócio B2C com mais de dez milhões de dólares por ano, em grande parte alavancando o funil de livros gratuitos e a exposição do livro, apesar do fato de eu estar menos envolvido no negócio do que nunca.
- Realizamos o maior encontro de aprendizagem do mundo, com mais de quinhentos participantes pagantes por ano.
- Ganhamos mais de um milhão de dólares por ano em assinaturas corporativas e empresariais, por causa da exposição e credibilidade do livro e do evento.
- Temos suscitado pesquisas, conversas e debates sobre a reforma educacional e estamos trabalhando em algumas iniciativas-piloto sem fins lucrativos para melhorar a educação.

Do mesmo livro que ensina as mulheres a vender como os homens, mas de forma ética e com o coração:

- Tenho muitas seguidoras empresárias e minha marca é reconhecida e bem respeitada.

- Sou uma palestrante procurada para falar sobre o tema de vendas e empoderamento feminino. Fiz uma palestra no TEDx e fui convidada para falar em grandes conferências reconhecidas, como a SXSW[3] e a Traffic & Conversion Summit. Serei convidada a falar em locais com milhares de espectadores e receberei vinte mil dólares por uma palestra.
- Frequentemente recebo mensagens de pessoas (mulheres e homens) que me agradecem por ter escrito este livro porque ele realmente as ajudou.

QUAIS SÃO OS OBJETIVOS IRREAIS DO LIVRO?

É claro que todos esperam secretamente que seu livro venda milhões de exemplares e seja um sucesso. Entretanto, se você fizer disso seu objetivo, está se preparando para o fracasso. Essas metas não são realistas. Se estabelecer metas realistas, você dá ao seu livro uma chance de realmente ter sucesso.

Na verdade, a coisa mais importante que você pode fazer com essa pergunta é matar suas fantasias e estabelecer objetivos que sejam alcançáveis. Estes são objetivos irreais:

- Vender um milhão de exemplares no primeiro ano.
- Ser convidado a fazer uma palestra TED.
- Tornar-se um autor famoso.
- Ser um autor best-seller do *New York Times*
- Aparecer no programa da Oprah ou da Ellen.
- Preencher um vazio emocional mal definido.

Eis o que acontece com esses objetivos: eles não são literalmente impossíveis. Pessoas já conseguiram atingi-los, inclusive alguns de nossos autores. Porém, eles são extremamente raros e a maioria dos

3 *South by Southwest* (SXSW) é um conjunto de festivais de cinema, música e tecnologia. Acontece uma vez por ano em Austin, Texas, nos Estados Unidos.

livros não tem chance de atingi-los. Quanto mais você se concentrar em objetivos realistas, melhor seu livro poderá atingir o público que você precisa alcançar para ter sucesso.

REFERÊNCIA: caso queira se aprofundar no que exatamente um livro pode oferecer a um autor, tanto em termos de marca quanto de ROI tangível, leia as seções 9.2: Como escrever um livro pode desenvolver sua marca e 9.3: Como ganhar dinheiro com seu livro.

PERGUNTA Nº 3: QUAL SERÁ O *ÚNICO EVENTO* QUE ACONTECERÁ POR CAUSA DO LIVRO QUE FARÁ COM QUE VOCÊ DIGA: "TUDO ISSO VALEU A PENA!"? O QUE FARÁ VOCÊ "ESTOURAR O CHAMPAGNE" E COMEMORAR?

Fazemos essa pergunta para verificar o alinhamento. Se o seu "momento do champanhe" não corresponde a nenhum de seus objetivos declarados, então você precisa realmente se perguntar o motivo disso e examinar seu alinhamento.

BONS EXEMPLOS:

- Quando for convidado a dar minha primeira palestra.
- Quando receber meu primeiro cliente por conta do livro.
- Quando meu livro for finalmente publicado.
- Quando eu receber meu livro impresso em mãos.

MAUS EXEMPLOS (NOTE QUE ESTAS SÃO COISAS REAIS QUE OS AUTORES NOS DISSERAM):

- Quando eu vender um milhão de exemplares, entrar em cada lista de best-sellers, Malcolm Gladwell me pedir para colaborar em seu próximo livro e Oprah me convidar parar aparecer em seu programa.
- Quando eu for um palestrante principal do TED e vender minha empresa por um bilhão de dólares.
- Quando meu livro causar um impacto em meu setor.
- Quando o meu pai disser que me ama.

2.3

DESCUBRA SEU PÚBLICO

"O único jeito neste mundo de influenciar outras pessoas é falar sobre o que elas querem e mostrar como conseguir isso."

— DALE CARNEGIE

É absolutamente possível escrever um livro sem se importar com quem é seu público. Mas não espere que o livro consiga um bom desempenho dessa forma.

Na verdade, há umnome para um livro que é escrito sem um público em mente: *diário.*

Se quer que seu livro faça sucesso e alcance seus objetivos pretendidos, você precisa de um público e precisa pensar e definir esse público de antemão.

Começaremos com uma definição do que é público (para os propósitos de um livro):

> ***Público é um único grupo de pessoas que compartilham o problema específico que seu livro resolve.***

Por que isso importa? Porque o essencial para escrever um bom livro é, na verdade, afunilar seu público o máximo possível — apenas as pessoas que a obra pretende ajudar.

ERROS DE PÚBLICO

Os autores cometem três grandes erros ao pensar em seu público:

ERRO Nº 1: GENERALIZAR EM VEZ DE BUSCAR UM NICHO

Alguns autores começam pensando que seu livro tem potencial para alcançar a todos e sonham com os milhões de pessoas que "poderiam" achá-lo interessante.

Não faça isso. Literalmente não existe nenhum livro escrito com um assunto voltado para *todos*.

Nem a Bíblia. Nem o Alcorão. Nem a Torá. Nem *Cinquenta Tons de Cinza, Harry Potter* ou qualquer outro livro.

Se você acha que seu livro serve a todos, está redondamente enganado.

De fato, mesmo pensando que seu livro apela para um grande público, você provavelmente está errado. Há poucos livros de não ficção publicados a cada ano que tenham um público superior a cem mil pessoas.

O fato é que a grande maioria dos livros é completamente desinteressante para a maioria das pessoas. E isso é perfeitamente aceitável.

MELHOR PERSPECTIVA: A RIQUEZA ESTÁ NOS NICHOS

Imagine que você esteja procurando por petróleo. Você quer escavar apenas trinta centímetros com mais de 15 quilômetros de largura? Ou você prefere escavar 15 quilômetros de profundidade na terra?

Qual método lhe permitiria encontrar petróleo? É claro que você escolherá escavar 15 quilômetros de profundidade com trinta centímetros de largura.

Um livro lhe dá a mesma escolha, e quase todos os autores se saem melhor quando colocam sua obra na categoria "largura estreita, quilômetros de profundidade".

Por que focar um nicho em vez de buscar um público amplo?

Em primeiro lugar, é muito difícil escrever um livro com grande apelo. Mesmo os escritores profissionais que vendem livros para viver não tentam escrever livros com um público excessivamente abrangente. Eles definem um determinado nicho e depois vão atrás desse público.

A segunda razão é que atrair um grande público não ajuda. Se você é como a maioria dos autores de não ficção (e todos os nossos clientes), seu objetivo é usar seu livro para estabelecer seu legado, impactar outras pessoas, aumentar sua autoridade, ampliar sua visibilidade, alavancar novos contatos e clientes e, possivelmente, conseguir dar palestras ou outras oportunidades. Seu livro é uma espécie de ferramenta de marketing, não o produto ou serviço que você se importa em vender.

Você pode apelar absolutamente para múltiplos públicos, mas, em geral, quanto mais públicos tentar alcançar, pior será o desempenho de seu livro.

Um livro focado que apela para um público pequeno é muito mais valioso do que um livro de múltiplos temas que tem apelo superficial para muitos públicos. Isso porque temas amplos, como conselhos gerais de vida, tendem não só a ser bastante abordados, mas também a não ser muito acionáveis para as pessoas.

A maioria das pessoas lê livros de não ficção porque espera que eles tragam um impacto positivo ou um ROI em suas vidas. Esses indivíduos sabem que tais livros foram feitos com eles em mente e são diretamente acionáveis para suas vidas.

Compare isso com um livro sobre um tema amplo e genérico, como "aprenda a ser feliz". Você pode pensar que todos se preocupam em ser felizes, e isso é verdade até certo ponto. Mas, a menos que você seja realmente conhecedor, já seja um especialista neste assunto e tenha um ângulo que nunca foi explorado, será muito difícil convencer as pessoas de que seu livro sobre felicidade — ao contrário dos outros milhares já existentes — é o único que vale a pena ser lido.

ERRO Nº 2: O AUTOR NÃO SABE POR QUE SEU PÚBLICO SE IMPORTARÁ

Esta é a coisa mais importante que você deve lembrar sobre seu livro:

> ***Seu público não se importa com seu livro; eles só se importam com o que a obra OFERECE A ELES.***

Os leitores não se importarão com seu livro se você não puder explicar de forma convincente por que ele oferece valor.

Pense em si mesmo quando cogita comprar ou não um livro. Você já se preocupou com os objetivos do autor como motivo para comprar o livro? É claro que não. Você só compra um livro se achar que *a compra dele lhe ajudará.*

Bem, é exatamente isso que seu público vai fazer quando vir seu livro em uma livraria, na Amazon ou no perfil do Facebook de seu amigo. Portanto, é melhor que você seja capaz de responder a esta pergunta:

> ***Por que seu livro é importante para o público?***

MELHOR PERSPECTIVA: IMAGINE-SE ENSINANDO A ALGUÉM QUE PAGOU POR SUA AJUDA

Se você não tem certeza de por que seu livro é importante para seu público, é muito provável que tenha escrito a obra direcionada a si mesmo e não tenha pensado naqueles que a leriam. Esse é um erro comum que muitos autores cometem.

Em vez disso, volte às raízes da importância do livro para você. Como falamos na introdução: de que formas seu conhecimento pode ajudar a aliviar a dor e o sofrimento de outra pessoa?

Imagine o indivíduo exato que você poderia ajudar. O que você diria a ele? Como ensinaria a ele o que você sabe? Como isso o ajudaria? Onde ele estaria após aprender e aplicar o que você sabe?

Se puder imaginar isso, encontrar seu público deve se tornar bastante simples.

ERRO Nº 3: MISTURAR PSICOGRAFIA E DEMOGRAFIA

Um dos erros comuns que os autores cometem ao visar seu público é que eles se concentram demais na demografia e não o suficiente na psicografia.

A demografia explica "quem" seu comprador é, enquanto a psicografia explica "por que" ele compra. Em resumo:

Dados demográficos = Quem são as pessoas

- Sexo
- Idade
- Raça
- Estado civil
- Classe social
- Renda

Exemplos de informações demográficas:

- Feminino
- Na faixa etária dos 45-65 anos
- Casada, com filhos

- Lida com questões de ganho de peso, diabetes, falta de energia, ou desequilíbrio hormonal
- Renda domiciliar acima de cem mil dólares

Dados psicográficos = Como as pessoas pensam

- Emoções
- Valores/crenças
- Atitudes
- Interesses
- Opiniões
- Afiliação tribal/grupo

Exemplo de informações psicográficas:

- Preocupada com a saúde e a aparência
- Deseja um estilo de vida saudável, mas não tem muito tempo
- Gosta de ficar on-line à noite e adora o Pinterest
- Tende a favorecer a qualidade em detrimento da economia
- Sente-se realizada com sua carreira e vida pessoal
- Valoriza o tempo com um pequeno grupo de amigos

Entender a diferença é importante no marketing moderno. A realidade é que os dados demográficos costumavam ser tudo o que se precisava para visar e compreender o público, porque grande parte do mercado caía em padrões previsíveis baseados na demografia.

A mídia digital expandiu as opções do consumidor e tornou a demografia menos preditiva do comportamento humano. Agora, a psicografia funciona melhor.

As diferenças entre como as pessoas pensam agora são mais importantes no marketing do que parecem ser.

MELHOR PERSPECTIVA: USE DADOS PSICOGRÁFICOS PARA ENTENDER EXATAMENTE AS PESSOAS QUE ESTÁ VISANDO E POR QUE ELAS SE IMPORTAM

Ao se concentrar mais na psicografia, o que você está fazendo é se concentrar profundamente nas emoções, valores e problemas das pessoas que você imagina que seu livro aborda. Os dados psicográficos lhe forçam a entender seu público, "colocando-se no lugar deles" metaforicamente.

Os melhores autores usam ambas as formas para entender profundamente quem é seu público, o que eles querem e por quê. Uma vez que entendem isso, escrevem um livro para um pequeno grupo de pessoas.

Isso é verdade mesmo se você quiser escrever um bom livro que agrade a um grupo de pessoas. Para fazer isso, é preciso começar com um público pequeno e específico. Todo livro que vende muitos exemplares começa com a ideia de Kevin Kelly sobre os "mil fãs verdadeiros". Eles são a microtribo que *acredita* na ideia e a defende para os outros. Esse pequeno grupo de pessoas é o gatilho de lançamento de todos os livros famosos.

É por isso que sempre dizemos aos autores para se concentrarem *primeiro* na microtribo.

Há um conceito famoso em inovação denominado "atravessar o abismo". Ele refere-se a quando um produto se inclina para o mercado de massa. Ele não pode atravessar o abismo a menos que você *comece* com sua microtribo de "inovadores" e "adeptos iniciais".

Você deveria se preocupar apenas com as pessoas que acreditam em sua ideia e a divulgam aos outros no início, pois são elas que levarão sua ideia ao *mainstream*. Se você realmente quer mudar o mundo e alcançar muitas pessoas, é assim que conseguirá isso.

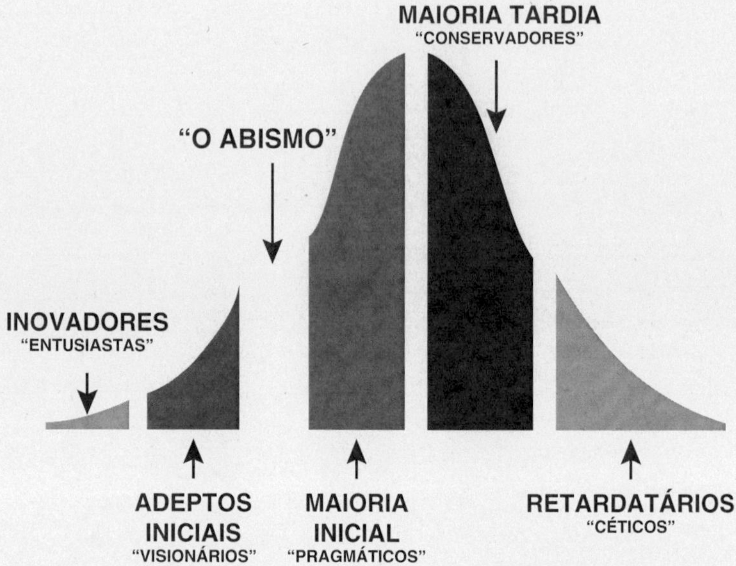

Darei dois exemplos:

O primeiro é meu próprio livro, um best-seller do *New York Times*, *Espero que sirvam cerveja no inferno*. Ele começou como uma série de e-mails enviados a meus nove amigos da faculdade de Direito, e sua primeira metade é literalmente formada por esses e-mails. Eu só me preocupava em fazê-los rir. Acontece que meus amigos representavam um grande grupo de pessoas e, ao fazê-los rir, eu consegui fazer outras milhões de pessoas rirem.

Ou que tal a história de Tim Ferriss de como ele publicou o livro *Trabalhe 4 horas por semana*? Ele não tentou alcançar todos os trabalhadores de colarinho branco sentados em casa assistindo às notícias. Ele começou com o pessoal técnico que ficaria superentusiasmado e realmente implementaria suas ideias; aqueles que enviam centenas de e-mails por dia. Eles começaram a usar o sistema de assinatura de e-mail descrito no livro, que se popularizou rapidamente. Tim começou com uma *microtribo*.

Ele fez a mesma coisa ao definir sua tribo como recomendamos antes: definindo seu público primário da maneira mais rigorosa possível.

Ele tentou escrever *Trabalhe 4 horas por semana* duas vezes porque não conseguia acertar o tom e a voz (e descartou muitos capítulos de rascunho). Ele finalmente decidiu escrever como um e-mail para dois amigos de 29 anos de idade, exatamente o tipo de pessoas que ele pensava que seriam beneficiadas com o livro. Ele literalmente abriu um e-mail e começou a digitar o livro para realmente compreender que aquela obra era direcionada diretamente para aquele público muito explícito.

Ele acredita que a disciplina de criar um avatar muito específico foi o que tornou o livro tão eficaz. Ele o tornou autêntico e legítimo.

Como eu disse antes, muitos autores se opõem a essa ideia, dizendo: "Mas eu quero escrever um livro para o público em geral."

Bem, Tim continua explicando que "o alvo não é o mercado".

É uma maneira mais fácil de explicar que você deve ter sucesso com um grupo central antes de buscar uma chance com um público maior. Antes que você possa ajudá-los a esclarecer o que eles estão fazendo e para quem.

É por isso que é tão importante não só definir bem seu público, mas também segmentar esse público de modo muito restrito e específico.

DETERMINE SEU PÚBLICO

PERGUNTA DE PÚBLICO Nº 1: QUEM É SEU PÚBLICO PRIMÁRIO?

Recomendamos começar com o menor público possível que você deve alcançar para que seu livro tenha sucesso. Para a maioria dos autores, quanto menor, melhor. Seu público total é uma série de círculos concêntricos; o público primário é o centro do alvo.

Quando digo pequeno e nicho, quero dizer literalmente perguntar a si mesmo: "Quem compõe o menor grupo de pessoas que serão especificamente influenciadas pelo meu livro?"

Ao começar pequeno, você pode garantir que seu livro definitivamente chegará a ALGUÉM. Esse foco de nicho garante que seu público ficará empolgado com suas ideias. Eles implementarão suas dicas e as compartilharão com seus colegas. Qualquer pessoa que não preencha esses critérios não está em sua microtribo.

O público que você precisa alcançar está diretamente ligado aos resultados que deseja, e é possível reverter exatamente quem é seu público ao entender quem *precisa* conhecer seu livro para fazer com que seus resultados aconteçam.

Esse processo não é mais complicado do que fazer a si mesmo uma pergunta muito básica:

> ***"Quem PRECISA saber do meu livro para que ele tenha os resultados que eu quero?"***

Esse é um resultado para o leitor e para você.

Por exemplo, se seu objetivo é ajudar executivos de petróleo e gás a tomar melhores decisões sobre onde perfurar, e você quiser falar nas principais conferências de petróleo e gás e se tornar o especialista nesse segmento, então seu público são as pessoas que reservam os palestrantes para essas conferências específicas (e os executivos que participam delas).

Se seu objetivo é ajudar diretores técnicos a recrutar melhores engenheiros e aumentar sua própria autoridade no segmento a fim de conseguir clientes para seu negócio de recrutamento de diretores técnicos — que atende a empresas de pequeno e médio porte —, então os diretores técnicos das PMEs[4] são seu principal público.

4 Sigla de Pequena e Média Empresa (PME).

Se você quer ajudar as pessoas a lidar com dores nas costas e obter visibilidade em sua comunidade para levar os clientes à sua clínica quiroprática, então seu público é formado pelas pessoas de sua comunidade com os problemas de saúde que você pode resolver.

Bastante simples.

BONS EXEMPLOS:

- Quiropraxistas que têm suas próprias clínicas, procurando melhores maneiras de promover seus negócios.
- Investidores credenciados procurando começar a investir em vinho.
- Mulheres executivas, de 30-45 anos, que querem ter filhos, mas não querem comprometer sua carreira.

MAUS EXEMPLOS:

- Mulheres de 20-70 anos, sofrendo, que querem se sentir melhor.
- Qualquer executivo que queira ser um líder melhor.
- Homens e mulheres jovens em busca de algo mais na vida.

COMO FALAR COM DIFERENTES PÚBLICOS APENAS COM UM LIVRO?

Você pode fazer isso, mas é complicado. Basicamente, a única maneira de falar com múltiplos públicos é se:

- Eles se sobrepõem perfeitamente. Por exemplo, enfermeiros que querem ser empreendedores e enfermeiros que querem abrir uma clínica médica são públicos diferentes, mas que se sobrepõem bastante.
- Eles têm a mesma preocupação ou problema que você está resolvendo. Por exemplo, pessoas com problemas de sono e pessoas com problemas de energia são públicos diferentes. Porém, se ambos são causados pela mesma coisa (um problema de ti-

reoide, por exemplo), então são públicos muito diferentes que têm o mesmo problema.

Você pode ter alguns conjuntos diferentes de públicos primários, apenas certifique-se de que, se você o fizer, eles se conectem de uma maneira muito óbvia.

PERGUNTA DE PÚBLICO Nº 2: DESCREVA UMA PESSOA TÍPICA EM SEU PÚBLICO PRIMÁRIO (UMA PERSONA). COMO ELA É?

É literalmente para essa pessoa que você está escrevendo o livro. Ela é seu leitor ideal.

Faça a descrição de uma pessoa específica em seu público primário. Pode ser uma pessoa real que represente seu público ou um composto de várias pessoas diferentes.

É essencial que você descreva uma pessoa específica, pois isso torna o posicionamento de seu livro mais real. Não descreva um grupo, um tipo ou um conjunto de características: crie um indivíduo com um nome e uma história.

O objetivo de fazer isso dessa maneira é prepará-lo para as próximas duas perguntas, que são sobre descobrir a dor de seu público e os benefícios que ele obterá com a leitura de seu livro. A compreensão de ambas serve claramente como um critério contra o qual você pode medir o valor de seu conteúdo quando começar a escrever.

Se possível, escolha alguém que lhe inspire; seja uma pessoa real ou um composto de pessoas reais. Alguém que você realmente queira ajudar, talvez alguém que o lembre de si mesmo antes de você saber tudo o que sabe agora (o "você mais jovem" pode ser um grande leitor ideal). Quanto mais imaginar uma pessoa real que você possa ajudar, mais empolgado você ficará para escrever um livro voltado a ela.

PERGUNTA DE PÚBLICO Nº 3: QUE DOR ESTA PESSOA ESTÁ SENTINDO POR NÃO TER LIDO SEU LIVRO AINDA?

Este passo refere-se a expressar a dor de seu leitor. Como ele está sofrendo, o que está perdendo, o que ele não tem que deseja? Ele está deprimido e sofrendo — como, especificamente, e por quê?

Sua resposta deve ser apenas sobre os problemas que o leitor tem atualmente, não sobre as soluções. Seu livro é a cura, mas primeiro temos que saber o que aflige o público.

Às vezes, as perguntas 3 e 4 se sobrepõem um pouco. Tudo bem. Na verdade, você pode ter escrito a dor na descrição da pessoa, se assim for, basta recortar e colar, movendo-a para cá.

PERGUNTA DE PÚBLICO Nº 4: QUE BENEFÍCIO ELA TERÁ POR TER LIDO E IMPLEMENTADO AS IDEIAS DE SEU LIVRO?

Assim que essa pessoa ler seu livro e implementar suas ideias, o que acontecerá? Será que ela só deixará de sentir a dor descrita anteriormente; obterá mais benefícios; ou ambos? Que coisas boas acontecerão como resultado da leitura de seu livro e da implementação de suas ideias?

Mais importante, que mudanças ou transformações ocorrem na vida de sua audiência? Como é a nova vida dela?

EXEMPLOS (TODOS DE LIVROS REAIS)

EXEMPLO 1: JENNIFER, ENFERMEIRA CLÍNICA EXPERIENTE

Quem é seu público primário (a microtribo que seu livro deve alcançar para atingir seus objetivos)?

Enfermeiros clínicos experientes interessados em abrir uma clínica de enfermagem.

Descreva uma pessoa típica em seu público primário (uma persona). Como ela é?

Jennifer é uma enfermeira clínica experiente que atualmente trabalha para um médico, hospital ou grande clínica. Ela acha que não ganha tanto dinheiro quanto deveria e trabalha por um longo período, o que a afasta de sua família.

A fim de cumprir as cotas de volume e ficar dentro do prazo, Jennifer não pode passar muito tempo com seus pacientes. Isso a apressa e a estressa. Ela se preocupa com a possibilidade de deixar escapar coisas ou de não fornecer a qualidade de atendimento que seria possível se ela tivesse mais tempo. Além disso, ela não é capaz de exercer o tipo de tratamento preventivo, baseado em relacionamentos, que nutrem sua alma.

Ela tem medo de deixar a segurança de seu emprego atual, mas não tem certeza se quer continuar exercendo enfermagem se não fizer uma mudança. Jennifer quer abrir sua própria clínica de enfermagem, mas não sabe por onde começar ou o que fazer. Ela busca orientação, mas não encontrou um livro, recurso ou mentor para ajudá-la.

Que dor ela sente por não ter lido seu livro? Jennifer sente-se estressada e apressada em seu trabalho atual. Ela está infeliz, insatisfeita e considerou deixar a enfermagem completamente.

Ela tem medo de abrir sua própria clínica de enfermagem porque não sabe por onde começar ou o que fazer. Tem medo de fracassar ou de não ganhar nenhum dinheiro. Jennifer é enfermeira, não empreendedora! Não tem certeza se está fazendo as coisas direito, o que é assustador porque ela gosta de seguir as regras. Toda essa incerteza significa que Jennifer está levando muito mais tempo do que deveria para abrir sua clínica de enfermagem, permanecendo em seu trabalho atual onde se sente infeliz.

Que benefício ela terá ao ler e implementar as ideias de seu livro? Jennifer receberá um guia passo a passo para abrir sua própria clínica de enfermagem. O processo não é mais tão misterioso, e inclusive parece factível. Ela agora conhece as leis e regulamentos aplicáveis, portanto, tem paz de espírito sabendo que não infringirá nenhuma regra.

Com um guia e exemplos de outras clínicas de enfermagem que tiveram sucesso, Jennifer agora tem a confiança para abrir a sua própria. Ela sente menos medo do fracasso, porque tem estratégias para mitigar o risco de iniciar um negócio.

Jennifer agora tem pressa para conseguir o que realmente deseja: um estilo de vida melhor (mais tempo para cuidar de si mesma, flexibilidade para estar disponível para a família e/ou amigos); a liberdade e a autonomia para exercer o tipo de enfermagem que ama; a capacidade de se beneficiar dos frutos de seu trabalho árduo; e o reconhecimento como líder em sua comunidade.

EXEMPLO 2: HAROLD, CMO

Quem é seu público primário (a microtribo que seu livro deve alcançar para atingir seus objetivos)?

Donos de pequenas e médias empresas (com aproximadamente dois a cem milhões de dólares em receita) ou líderes de marketing (diretores, CMOs etc.) em grandes organizações que estão cansados de pagar demais por maus resultados de agências de marketing digital convencionais.

Descreva uma pessoa típica em seu público primário (uma persona). Como ela é?

Harold tem cinquenta anos e é CMO de sua própria grande companhia de seguros regional. Ele sempre confiou na terceirização de seu marketing e publicidade digital porque “é assim que as coisas sempre foram feitas”.

Que dor ele está sentindo por não ter lido seu livro?

As agências que ele contratou no passado ficavam consistentemente sobrecarregadas e não entregavam um bom resultado. Embora isso tenha funcionado há uma década, com o aumento da concorrência, não funciona mais. Ele já tentou a maioria das agências que conseguiu encontrar e todas trabalham da mesma forma. Harold quer encontrar uma alternativa, mas não tem ideia de onde procurar. Ele também ouviu falar muito a respeito de IA, automação e a incerteza sobre o futuro das agências. A queda de receita gera uma quantidade significativa de estresse em sua vida.

Que benefício ele terá após ler e implementar as ideias de seu livro?

Após ler esse livro, ele saberá exatamente como avaliar todas as diferentes agências e opções digitais, compreendê-las melhor e negociar seus serviços com elas. Ele aprenderá como mudar, adaptar e inovar sua estratégia de marketing, descobrindo as maneiras certas de investir em marketing digital. Isso o ajudará a crescer também nas outras áreas de seu negócio. Agora, Harold também conhecerá uma nova opção para onde poderá levar seu negócio: as agências políticas digitais.

EXEMPLO 3: VICTORIA, EXECUTIVA SÊNIOR

Quem é seu público primário (a microtribo que seu livro deve alcançar para atingir seus objetivos)?

Executivos de alto nível em empresas da Fortune 500 que são responsáveis e/ou estão ansiosos pela transformação digital e estratégia tecnológica em suas empresas. Além disso, que buscam orientação, contribuição e inspiração.

Descreva uma pessoa típica em seu público primário (uma persona). Como ela é?

Victoria é uma alta executiva sênior em uma organização global de serviços financeiros e foi encarregada de liderar a estratégia multimilionária de transformação digital de sua empresa.

Ela não pode se dar ao luxo de falhar. Victoria conhece bem a empresa, trabalhou duro para alcançar o sucesso ao longo de 25 anos de carreira e está ao mesmo tempo empolgada e nervosa com essa nova responsabilidade.

Ela tem sido uma estrela em ascensão ao longo de sua carreira, sempre tendo grande sucesso com os papéis e projetos que lhe foram designados, e aproveitou a chance de assumir essa nova responsabilidade há seis meses, mas isso agora se parece um pouco com um cálice envenenado.

Todos os dias, ela lê sobre disrupção e a chegada de novas empresas no mercado e sente uma enorme pressão para avançar com seu plano, mas não sabe por onde começar ou o que fazer.

Que dor ela está sentindo por não ter lido seu livro?

Victoria se sente exposta e solitária porque não há ninguém em sua organização a quem ela possa recorrer, mas ela sabe que precisa fazer algumas mudanças.

Ela também está perplexa com a enorme quantidade de conteúdos no mercado que adverte as empresas de que elas precisam se envolver na transformação digital ou correm o risco de serem dizimadas, mas que fornecem pouquíssima ajuda tangível para fazê-lo.

Victoria teme que sua empresa seja a próxima “Blockbuster”, dizimada pela equivalente da Netflix dos serviços financeiros, que isso acontecerá sob os olhos dela e que ela será considerada um fracasso.

Alguns de seus colegas dentro da empresa resistem muito às mudanças que ela propõe e travam uma guerra política contra ela para mantê-la fora do território deles. As ideias que ela desenvolveu sobre novos produtos e experiências para os clientes estão sendo descartadas pelos chefes de marketing e do banco de varejo, porque ambos acreditam que deveriam liderar o programa digital. Eles tentam ativamente prejudicá-la e fazê-la parecer uma escolha ruim, o que está começando a parecer com *Game of Thrones*.

No setor, os profissionais não estão compartilhando conhecimento, pois todos se sentem sob pressão, o que aumenta sua sensação de isolamento e paranoia. Alguns de seus melhores talentos estão saindo para ingressar em novas empresas, e ela estaria tentada a fazer o mesmo, mas essas startups não querem alguém da idade dela.

Em sua última apresentação à diretoria, os diretores pareceram não compreender ou apoiar a abordagem que Victoria propôs, e aparentemente a resistência só aumenta. Ela foi convidada a liderar a transformação digital para a organização, mas agora ela não recebe os recursos ou o apoio de que precisa.

Victoria começa a sentir que está em uma situação que pode ameaçar seu futuro na empresa, e sua carreira; ela sente como se estivesse trabalhando com dinossauros.

Ela está começando a sentir que sua equipe perdeu a confiança nela por não receberem uma estratégia forte e clara. Victoria sabe que essa é uma grande oportunidade, porém simplesmente não consegue encontrar um caminho para ter êxito.

Como não quer falar muito sobre isso, ela está começando a se isolar do resto da organização e isso piora sua situação.

Que benefício ela terá por ter lido e implementado as ideias de seu livro?

Ao ler meu livro, ela reconhecerá imediatamente sua situação e sentirá uma sensação de alívio, já que as coisas que vivencia não são específicas ou pessoais para ela, mas algo pelo qual muitos executivos passam.

Os estudos de caso e exemplos de outras organizações e executivos que passaram por experiências semelhantes destacarão seus sucessos e fracassos e fornecerão lições úteis. Isso também lhe fornecerá algumas ferramentas e técnicas para lidar com os problemas que Victoria enfrenta, incluindo um "guia de seis pontos" para criar uma estratégia e um plano de sucesso.

Isso também lhe dará confiança para falar com propriedade sobre tendências digitais e tecnológicas, apresentando um novo modelo chamado "oito forças tecnológicas" (por exemplo, computação quântica e *blockchain*). Esse sistema abrange previsões de como as futuras tendências tecnológicas impactarão os negócios e a sociedade, fornecendo materiais de referência que a ajudarão a avançar em sua estratégia.

Sua ansiedade será aliviada pelo tom do livro, que transmitirá a sensação de que ela não está sozinha e que precisa lutar pelo futuro de sua empresa e também por seu legado.

O livro a fortalecerá e lhe dará a inspiração necessária para reiniciar seu programa e seguir para a próxima reunião da diretoria com objetivo e direção claros.

Victoria finalmente sente que vai vencer e que pode levar essa iniciativa ao sucesso e sua carreira adiante, posicionando-se para sua próxima promoção ou um emprego em uma empresa diferente.

EXEMPLO 4: JENNY, EMPREENDEDORA INDEPENDENTE

Descreva uma pessoa típica em seu público primário (uma persona). Como ela é?

Jenny trabalha todos os dias como consultora em seus negócios independentes. Entre os cuidados com seus filhos, ela cuida de seus clientes.

Ela fica acordada até tarde da noite para garantir que o trabalho seja feito, acordando exausta todas as manhãs, e não consegue aumentar sua renda, não importa o que faça.

Quando algo acontece na família, ela é a única a manter tudo em ordem.

Jenny se sente culpada porque ama seu negócio, filhos e marido, mas dois parecem sempre sofrer quando ela passa tempo com o outro. Ela sente que, além de não conseguir progredir, não é capaz de encontrar um equilíbrio.

Que dor ela está sentindo por não ter lido seu livro?

Nada está dando certo. Ela se sente frustrada, fisicamente cansada, encontra-se fora de forma, evita se olhar no espelho e veste roupas maiores para evitar constatar esse fato. Seu casamento está desmoronando, ela não faz sexo há meses e se sente desamparada, invisível e não amada. Seus filhos estão sendo malcriados na escola e em casa, o que só aumenta seu desgaste físico e sua frustração/temor.

Jenny está exausta, frustrada, ressentida, irritada e se sente culpada porque não pode estar presente para sua família — embora seja esse o motivo de ela ter decidido abrir seu negócio.

Ela sente que está falhando completamente com todos ao seu redor, e eles estão falhando com ela. Tem medo de tentar algo diferente porque teme que as pessoas não a entendam, a julguem e a abandonem, deixando-a mais sozinha do que ela já se sente agora.

Que benefício ela terá por ter lido e implementado as ideias de seu livro?

Jenny receberá o kit de ferramentas para superar seus medos, frustração, culpa, vergonha e raiva.

Ela compreenderá quem é em nível genético, o que lhe proporcionará autoconsciência, autoaceitação e amor-próprio. Ela compreenderá como sua felicidade é crucial para a alegria de todos ao seu redor e como seu sofrimento contribui para a angústia deles.

Entenderá como viver uma vida mais equilibrada, como fazer de si mesma a prioridade, como cuidar de si mesma fisicamente e por que fazer sexo e se permitir SER apoiada realmente fortalece seus relacionamentos.

E, mesmo nos momentos ruins, ela poderá olhar em volta e reconhecer como tudo a levou a esse momento, sabendo que poderá lidar com isso e que nunca estará verdadeiramente sozinha.

Mais importante ainda, ela perceberá que o sofrimento não é igual ao amor.

Jenny também compreenderá seus filhos e marido de forma profunda e os ajudará a fazer o mesmo. Ela os amará e aceitará exatamente como são, não por quem ela pensa que eles podem/devem ser, o que a libertará da tirania da expectativa. Isso lhe permitirá formar uma parceria com seus filhos e marido e a libertará da pressão MATERNAL — que é a verdadeira liberdade como mãe.

2.4

DESCUBRA A IDEIA DO SEU LIVRO

"Explique as coisas que importam: seja simples. Então, simplifique mais ainda. Basta dizer o que acontece. A parte da realidade que qualquer pessoa precisa saber é naturalmente fascinante para ela."

— ANNE HERBERT

Agora chegou a hora da parte divertida: acertar em cheio na ideia de seu livro.

As ideias para livros muitas vezes mudam quando os objetivos e o público se tornam claros, por isso deixamos essa tarefa para o final do processo de posicionamento. Agora é muito mais fácil achar a ideia certa, porque você sabe exatamente o que quer realizar e que público deve atrair com seu livro para alcançar seus objetivos.

Antes de escrever a ideia para seu livro, certifique-se de evitar o maior erro cometido por autores:

> ***Não escreva o livro que você acha que seu público "deveria" ler. Em vez disso, escreva o livro que seu público quer ler.***

Essa é uma distinção sutil, porém muito importante. Se você puder responder bem às duas próximas perguntas, então o livro deve ficar adequadamente posicionado.

PERGUNTA DE IDEIA DO LIVRO Nº 1: EM DUZENTAS PALAVRAS OU MENOS, DESCREVA SEU LIVRO

Escreva uma descrição de um parágrafo sobre o que é exatamente o livro. NÃO se preocupe em escrever a descrição perfeita. Apenas escreva algo em *menos de duzentas palavras* que responda a estas três perguntas:

1. Sobre o que é o livro?
2. Quem é o leitor ideal do livro?
3. O que o leitor ideal receberá?

No início, não é necessário que seja perfeito; é preciso apenas conseguir algo que o guie na direção certa. Você terá tempo de sobra para conseguir a perfeição mais tarde. Por enquanto, destile a ideia do livro em duzentas palavras ou, melhor ainda, em menos. Se não puder fazê-lo em duzentas palavras, você não sabe realmente sobre o que é seu livro, para quem ele é ou por que as pessoas se importarão com ele.

Se você sentir dificuldades com isso, então busque pensar em seu livro favorito e descreva-o em poucas frases. Certo, como isso funcionaria para seu livro?

> Este livro será um guia informativo e fácil de digerir para a segurança das mãos na construção e em fábricas. O autor compartilhará o que as empresas podem fazer para ensinar suas equipes sobre a segurança das mãos e como reduzir os ferimentos nas mãos entre seus funcionários além da simples compra de luvas protetoras. Ele explicará a metodologia e dicas de segurança necessárias para evitar lesões nas mãos e o que fazer se elas acon-

tecerem para evitar que isso torne a ocorrer. Ele incluirá estudos de caso, dicas úteis e aplicações práticas que os gestores de segurança podem usar para evitar a maioria dos ferimentos nas mãos nessas empresas, o que é um enorme risco a cada dia.

***

Este livro explora uma série de falhas críticas que representam as causas mais comuns de mau desempenho nas organizações e que são as principais razões pelas quais as organizações não conseguem atingir o pico de desempenho. O desafiador sobre essas falhas é que elas se encontram sob o mau desempenho e, por isso, muitas organizações não estão cientes delas. Mesmo quando as pessoas estão de alguma forma conscientes, elas podem não perceber o quanto se aprofundam. E se/quando percebem, podem não querer ou ser capazes de tratá-las — especialmente sozinhas. Este livro é voltado a diretores executivos que lideram organizações que não estão obtendo um desempenho tão bom quanto elas precisam ou poderiam ter. Ele os ajudará a diagnosticar e sanar essas falhas em suas organizações, posicionando-as assim para resultados ideais; crescimento escalável e sustentável; operações eficientes e eficazes; funcionários felizes e engajados; e clientes satisfeitos. A nível pessoal, este livro ajudará os executivos a se tornarem mais eficazes, menos estressados e mais felizes em suas vidas profissionais e pessoais.

Após ler esses exemplos, você poderia explicar para outra pessoa sobre o que é o livro, para quem ele é e o que poderá ser extraído dele.

EXEMPLO DE UMA IDEIA DE LIVRO MAL ESCRITA

Jim Smith é conhecido como o "Negociador dos Negócios". Ele começou aos dezoito anos de idade e não parou desde então. Agora, com sete best-sellers e uma reputação por seu sucesso como nômade digital, Jim busca se tornar relevante para empreendedores.

Em seu livro, Jim revelará suas raízes e suas dificuldades como estudante do ensino médio para preparar o terreno a fim de que seus leitores entendam que a única coisa que os impede é sua mentalidade. Embora ele seja conhecido como um corretor imobiliário de sucesso, e tenha escrito bastante sobre como se destacar nesse ramo, este livro vai revelar que o sucesso de Jim não se trata de agir sozinho: ele está relacionado à autoconsciência necessária para se sair bem em todas as áreas da vida, não apenas nos negócios.

Jim desafiará seus leitores a desistir de seu trono como Rei da Estupidez, a se cercar de pessoas que os desafiam, a identificar e dominar as coisas em que não se saem bem e a parar de trabalhar como funcionários que ganham dez dólares por hora quando estiverem gerenciando um negócio de um milhão de dólares. Acima de tudo, Jim usará suas experiências e seu humor para levar uma nova visão aos empresários que querem uma vida como a dele, mas não têm certeza de como consegui-la.

Sobre o que é este livro? Para quem ele serve? O que as pessoas extrairão dele? Eu não poderia dizer isso com confiança e duvido que você consiga.

PERGUNTA DE IDEIA DO LIVRO Nº 2: COMO SERIA UMA APRESENTAÇÃO INFORMAL DE SEU LIVRO?

Essa pergunta é uma verificação da ideia de seu livro. O objetivo é garantir que ela funcione bem.

Imagine seu leitor ideal, a pessoa exata para quem você escreveu seu livro. Agora, imagine que ela está em uma festa, bebendo com amigos. Eles conversam sobre um assunto relacionado ao seu livro.

Outra pessoa se anima, porque eles leram seu livro. Agora eles estão prestes a recomendar que essa pessoa também o leia, já que ele aborda o tema exato comentado na conversa.

O que eles diriam para recomendar seu livro?

Aqui, o objetivo é pensar em uma explicação, de uma frase, que *uma pessoa real diria em voz alta* para descrever seu livro para amigos, não o que você quer que seja dito. Essa seria uma apresentação informal.

Ela NÃO é a descrição do seu livro. Esse NÃO é um texto publicitário. Trata-se de sair de si mesmo e descrever seu livro da maneira que uma pessoa real o faria.

EXEMPLOS DE APRESENTAÇÕES INFORMAIS

A dieta da mente

- **Boa:** o livro explica por que o pão é nocivo para os humanos e engorda, e depois diz o que comer em seu lugar.
- **Ruim:** este livro é uma análise científica, sistemática e detalhada dos problemas de saúde ocasionados pelo consumo de grãos e alimentos à base de grãos e oferece um plano minucioso e detalhado para saber quais alimentos melhor substituem aqueles à base de grãos.

Como negociar opções

- **Boa:** ele lhe diz exatamente como negociar facilmente opções. Eu mal consigo somar e consegui. Este livro me fez ganhar muito dinheiro.
- **Ruim:** o livro explica porque o Sistema de Comércio de Opções Simples é o maior sistema comercial que existe e prova que o autor é um gênio.

Eu cheguei lá

- **Boa:** este cara tem uma história incrível; seu pai era cafetão, e agora ele é um grande diretor executivo.
- **Ruim:** o livro é uma história de esclarecimento e conquistas, apresentada com um pano de fundo de amor e perda.

REFERÊNCIA: neste ponto, as pessoas tendem a ter três perguntas principais sobre o que vai estar em seu livro; todas são abordadas nestas seções: 9.5: Quanto você deve "entregar" em seu livro? Conteúdo publicitário vs. conteúdo editorial, 9.6: Quanto de sua história pessoal deve estar em seu livro?, e 9.7: Não coloque tudo o que você sabe em um só livro.

2.5

VERIFICAÇÃO DA ESTRELA-GUIA

É para isto que todo o trabalho de posicionamento do livro serviu. Esta frase deve ser capaz de resumir todo o livro e exatamente como ele vai servir às pessoas.

Eis o modelo:

> *"Eu usarei meu livro para atingir [AUDIÊNCIA PRIMÁRIA], ensinando [IDEIA DO LIVRO]. Isso levará ao meu objetivo final de mais [OBJETIVOS]."*

EXEMPLOS DE BOAS ESTRELAS-GUIA

Eu usarei meu livro para atingir **pessoas que lideram equipes de vendas**, ensinando **a neurociência de como efetivamente treinar e comandar uma equipe de vendas.** Isso levará ao meu objetivo final de mais **consultoria e treinamento em vendas corporativas.**

Eu usarei meu livro para atingir **gerentes de RH de empresas de médio porte**, ensinando **como a automação pode revolucionar sua experiência com tarefas de RH outrora repetitivas e cansativas.** Isso levará ao meu objetivo final de **ser pago para falar e dar palestras como um especialista no espaço de automação de RH.**

Eu usarei meu livro para atingir **pequenos profissionais de publicidade,** ensinando **cinco características que suas marcas podem incorporar se quiserem competir com (e vencer) gigantes da categoria.** Isso levará ao meu objetivo final de **conquistar novos clientes para minha empresa de publicidade.**

Eu usarei meu livro para atingir **fundadores de startups maduros, mudando sua mentalidade de buscar capital de risco para desenvolver um negócio focado na receita.** Isso levará ao meu objetivo final de expandir meus programas de treinamento de empreendedores em todo o Canadá e nos EUA.

Se essa frase descreve o livro que você quer escrever, então seu posicionamento está bem definido. Siga para a próxima seção.

Caso contrário, então retroceda e desenvolva melhor o seu posicionamento até conseguir acertá-lo em cheio.

PARTE 3

ESBOCE SEU LIVRO

3.1

CRIE O ESBOÇO DO SEU LIVRO

"A habilidade de escrever é criar um contexto no qual outras pessoas possam pensar."

— EDWIN SCHLOSSBERG

O esboço é a estrutura de seu livro e, portanto, é extremamente importante. Se você começar a escrever sem uma estrutura, o processo levará uma eternidade, e o produto será aleatório e incompleto.

Pior ainda, não ter um esboço muitas vezes leva *a não terminar seu livro.*

O esboço é também sua melhor defesa contra o medo, a ansiedade, a procrastinação e o bloqueio criativo. Com um bom posicionamento e um bom esboço, escrever o livro se torna bastante fácil.

O que estou prestes a ensinar não é o que você aprendeu sobre esboços na escola. É uma maneira pouco convencional de abordar isso. Porém, esse é o processo que desenvolvemos na Scribe para dar aos nossos autores a melhor chance de realmente escrever seu livro.

O que torna nosso esboço diferente é que pretendemos apenas ***desencadear as ideias e conceitos adequados para cada capítulo, assim, quando você decidir escrever, saberá no que se concentrar.***

PASSO 1: FAÇA UM BRAINSTORMING DOS CAPÍTULOS DE SEU LIVRO

O primeiro passo para criar um esboço é fazer um brainstorming e descobrir quais serão os capítulos do seu livro.

O que é um capítulo? É basicamente uma única ideia coesa, totalmente explorada. Dependendo de como você organizou seu livro, pode ser um passo no processo, ou um dos vários princípios, ou qualquer coisa do gênero.

Continue a se empenhar em sua lista de capítulos — acrescentando, excluindo, movendo — até ter os pontos principais que deseja explicar, na ordem básica em que deseja explicá-los.

Não se preocupe muito com a ordem agora, ela provavelmente mudará na próxima etapa. Tudo o que você quer fazer aqui é descobrir exatamente quais serão seus capítulos.

Além disso, não gaste muito tempo se preocupando com os títulos. Basta colocar algo, você pode alterar mais tarde.

Embora existam inúmeras formas de brainstorming, eis os métodos que achamos que funcionam melhor:

MÉTODO 1: APRESENTAÇÃO DE WORKSHOP

Esse método dá muito certo para pessoas acostumadas a apresentar formalmente seus conhecimentos. Imagine que você precise preparar um discurso, uma palestra ou um workshop para apresentar seu conteúdo. Qual seria a parte 1? Qual seria a parte 2? Como você dividiria os dias? Basicamente, a estrutura de um workshop ou de uma apresentação torna-se os capítulos do livro.

MÉTODO 2: ENSINE SEU LIVRO

Para esse método, comece com seu leitor ideal, alguém que está em seu público primário, e que você já descreveu em seu posicionamento. Agora, imagine ensinar a essa pessoa tudo o que está em seu livro. Quais seriam as principais lições? Qual seria o primeiro passo? E o segundo passo? Escreva tudo.

Se você seguir esse modelo, sua persona é seu motivador. Imagine seu cliente, amigo ou estudante ideal: como você explicaria seu processo a eles? Com o que eles ficariam confusos? Em que pontos teriam dificuldades? Que lições você transmitiria a eles? O que eles achariam particularmente útil? Que perguntas fariam? A beleza de "ensinar seu livro" é que essa é uma excelente oportunidade para articular o conhecimento que você tem (o qual você pode ter negligenciado).

MÉTODO 3: O QUE PRECISA SER DITO?

Anote as principais ideias, conceitos, argumentos e princípios que você pretende abordar em seu livro. Não entre em muitos detalhes — não se trata disso. Trata-se de encontrar os pontos principais.

Alerta sobre o brainstorming: já vimos alguns autores começarem esse processo em vez de começar a escrever o livro, produzindo páginas e páginas, e sentirem-se frustrados. Não siga esse caminho. Sua lista de pontos-chave e argumentos não deve ter mais do que algumas páginas.

Se você está escrevendo mais do que isso nessa fase, está se aprofundando antecipadamente. Permaneça no nível de nove mil metros. Mantenha suas descrições em frases curtas ou simples para que você seja forçado a se ater aos pontos principais. Não se preocupe em captar todos os detalhes que lhe vierem à mente. Você não vai esquecer o que sabe. Em vez disso, esclareça o que você sabe, até o básico que você quer descrever para seu leitor.

Seja qual for o método escolhido, entenda que essa parte do processo pode levar algum tempo, mas não fique muito preso nela. O objetivo aqui é encontrar as principais ideias e temas: os capítulos. Você sempre pode voltar e alterar as coisas depois, se necessário.

Observação útil: quando estiver fazendo um brainstorming de seus capítulos, tenha uma seção de sua página chamada "garagem".

Então, coloque todas as boas ideias que você tem, e que não parecem se encaixar no momento, nessa garagem. Esse é um lugar para você guardar ideias sem descartá-las. Isso também o ajuda a libertar sua mente de quaisquer ideias aleatórias, o mantém concentrado na ideia principal de seu livro e lhe dá um lugar para colocar as sementes de seus futuros livros para a colheita posterior.

PASSO 2: CRIE UM SUMÁRIO

Uma vez que você tenha previsto seus capítulos, coloque-os em seu sumário e escreva o principal aprendizado de cada capítulo; isso é chamado de declaração de tese.

Uma declaração de tese é uma breve síntese do ponto principal que você quer abordar no capítulo. NÃO se estenda nisso. Ela deve ser formada por uma ou duas frases, apenas isso.

EXEMPLO DE SUMÁRIO

INTRODUÇÃO	**OS MITOS DOS RECURSOS HUMANOS**
CAPÍTULO 1:	MITO Nº 1: AS HABILIDADES SÃO A COISA MAIS IMPORTANTE *Contratar por habilidades e demitir por comportamento? Isso é completamente retrógrado.*
CAPÍTULO 2:	MITO Nº 2: O LINKEDIN É A FONTE DE RECRUTAMENTO DEFINITIVA *Na realidade, é apenas uma ferramenta de busca. Ela mantém os recrutadores cativos, pensando que eles não têm escolha.*
CAPÍTULO 3:	MITO Nº 3: OS RECRUTADORES NÃO PRECISAM SER PROFISSIONAIS DE MARKETING *Errado. Nos dias de hoje, qualquer profissional atuante em vendas é um profissional de marketing.*
CAPÍTULO 4:	MITO Nº 4: OS CANDIDATOS SE INTERESSAM APENAS POR TÍTULOS E DINHEIRO *A verdade é que todos nós compramos com a emoção e justificamos com a razão. Ocorre o mesmo com os candidatos.*
CAPÍTULO 5:	MITO Nº 5: OS RECRUTADORES NÃO SÃO RESPONSÁVEIS PELA QUALIDADE DAS CONTRATAÇÕES *Eles pensam que não são. E é por isso que erram.*
CAPÍTULO 6:	MITO Nº 6: OS RECRUTADORES SERÃO SUBSTITUÍDOS PELA TECNOLOGIA *A tecnologia é uma ferramenta, não uma bala de prata, e a automação de um sistema obsoleto apenas acelera as falhas.*
CAPÍTULO 7:	MITO Nº 7: A DIVERSIDADE É POSITIVA PORQUE É A "COISA CERTA A FAZER" *A diversidade é positiva. Mas não apenas porque é a coisa certa a fazer; porque é a coisa certa a fazer em termos de negócio.*
CONCLUSÃO	

QUANTOS CAPÍTULOS DEVEM EXISTIR?

Se houver pelo menos cinco, e não mais de 15, isso é o normal.

Se você tiver menos de cinco, ou mais de 15, isso não está necessariamente errado, mas é bem incomum. Caso opte por isso, é melhor ter uma boa razão que faça muito sentido para o leitor.

PASSO 3: PREENCHA A ESTRUTURA DO ESBOÇO

Usando o sumário que você criou, preencha agora o modelo para cada capítulo.

Lembre-se: Não escreva o livro no esboço, ***o esboço serve para dizer o que escrever.***

Abaixo segue a estrutura de esboço que recomendamos. Ela apresenta os vários elementos que você precisará para cada capítulo. Basta preencher as informações, que você usará como guia para escrever seu livro.

Após isso, mostramos dois exemplos de capítulos.

Capítulo X: [INSERIR TÍTULO PROVISÓRIO]

- Gancho de capítulo
    - Esta deve ser uma história pessoal, episódio histórico, pergunta ao leitor, declaração chocante ou qualquer coisa que chame a atenção do público e estabeleça o que está por vir no capítulo.
    - Não se deixe intimidar, tudo o que você realmente precisa fazer é contar uma boa e breve história ou episódio, ou introduzir um fato que seja envolvente.
    - Os melhores ganchos de capítulo tendem a ser emocionalmente intensos, ou algum tipo de erro (que em geral é emocionalmente intenso).

- A melhor maneira de começar um capítulo é "chegando tarde". Comece com uma cena, citação ou algo que vá direto ao ponto em destaque.
- Falo mais sobre ganchos no capítulo referente a introduções.

- Tese de capítulo
  - Quando tiver um gancho de capítulo, declare claramente o que será ensinado/discutido nesse capítulo.
  - Essencialmente, você diz o que pretende apresentar aos leitores.
  - Este deve ser o principal aprendizado presente no sumário.
- Conteúdo de apoio
  - Liste todos os pontos-chave/evidências para argumentos/conteúdos factuais.
  - Esta é a maior parte da seção. Você pode fazer de forma rápida e sucinta, mas o esboço do capítulo deve ficar bem delineado.
  - Não se aprofunde em cada detalhe, mas seja específico e minucioso. Afinal de contas, você está criando um esboço. Se perceber que escreveu parágrafos, significa que está se adiantando.
  - Certifique-se de que estes estejam ordenados de forma lógica para que apresentem seu ponto ou argumento como uma pirâmide, fornecendo primeiro as informações básicas sobre os fundamentos e depois desenvolvendo a partir daí.
  - Certifique-se de olhar para esta seção do ponto de vista do leitor e não do seu. Seu leitor não é o especialista, você é. Portanto, essa seção precisa ser adaptada aos leitores.
- Histórias
  - Aqui é onde você lista as histórias que possivelmente pretende contar neste capítulo. Histórias efetivas são cruciais para o sucesso de um livro. Elas são uma ótima maneira de tornar o livro e seus pontos de aprendizado específicos mais memo-

ráveis. Muitos leitores esquecem os fatos após lerem um livro, mas os episódios e histórias permanecem com eles. Muitas vezes, são mais "grudentos".

- Certifique-se de que suas histórias sejam específicas e altamente relevantes. Você não está procurando uma história extensa aqui; ao contrário, esta deve ser uma história que se encaixe precisamente e demonstre a mensagem que deseja transmitir.
- Isso NÃO significa que, em seu livro, você escreve suas provas de apoio e ENTÃO suas histórias. É claro que você integrará as histórias e o conteúdo de apoio.
- Recomendamos separá-los no esboço, simplesmente porque nem sempre fica claro quais histórias você pretende usar e onde. Listá-las separadamente permite que você descubra isso à medida que for progredindo.

- Principal aprendizado do leitor
  - Este deve ser o resumo no final do capítulo. Ele expõe claramente o que o leitor precisa saber de cada capítulo.
  - Essencialmente, você diz o que acabou de apresentar aos leitores.
- Retorno/encerramento do gancho de abertura do capítulo + transição para o próximo capítulo
  - Esta é uma seção opcional, mas a maioria dos livros se beneficia de amarrar o final do capítulo com o gancho e depois fazer algum tipo de transição para o próximo capítulo.

EXEMPLOS DE CAPÍTULOS:

CAPÍTULO 3: COMO PODEMOS MELHORAR A SAÚDE PÚBLICA?

1. GANCHO DO CAPÍTULO	Citação da APHA (Associação Americana de Saúde Pública) sobre saúde pública e como este é o maior problema não resolvido enfrentado pelos Estados Unidos.
2. TESE DO CAPÍTULO	Nenhum outro espaço de saúde pode se beneficiar mais da aplicação da antropologia e do *design thinking* do que o setor de saúde pública.
3. CONTEÚDO DO CAPÍTULO	Os problemas atuais na área da saúde. Por que apenas o *design thinking* não é a solução (cada paciente requer sua própria abordagem individualizada). Como é a assistência educacional na saúde pública? O que podemos aprender com os especialistas em saúde pública (Qual é seu processo e que ferramentas utilizam?). Como a antropologia e o *design thinking* se combinam para beneficiar a saúde pública.
4. PRINCIPAL APRENDIZADO	Enquanto as autoridades de saúde pública tentarem entender os problemas que os pacientes enfrentam, elas sempre cometerão erros por não buscarem entender o paciente desde o início. Esta é a razão pela qual o *design thinking* e a antropologia são tão importantes no espaço da saúde pública.
5. RETORNO AO GANCHO	Citação da APHA sobre como a saúde pública pode ser resolvida.
6. TRANSIÇÃO PARA O PRÓXIMO CAPÍTULO	O espaço de saúde pública é complexo. Compreender isso e que o espaço é ainda mais complicado por barreiras culturais, permitirá que os profissionais se empenhem e busquem soluções que preencham essas lacunas.

CAPÍTULO 6: OS RECRUTADORES SERÃO SUBSTITUÍDOS PELA TECNOLOGIA

1. GANCHO DO CAPÍTULO	Uma busca no Google revela mais de um milhão de artigos referentes a como a tecnologia substituirá os recrutadores.
2. TESE DO CAPÍTULO	A IA substituirá milhões de empregos, mas *criará* outros milhões. A tecnologia NÃO substituirá os recrutadores. Em vez disso, criará mais demanda para recrutadores com o *conjunto de habilidades certas,* que é o assunto deste capítulo.
3. CONTEÚDO DO CAPÍTULO	Como frear a automatização de um sistema falho até que os problemas inerentes sejam resolvidos. O que os leitores precisam considerar em termos de seu processo antes de implementar novas tecnologias. Como desenvolver o tipo de habilidades que a tecnologia nunca será capaz de substituir.
4. PRINCIPAL APRENDIZADO	A tecnologia é apenas uma ferramenta. Em si mesma, ela não pode corrigir um processo falho.
5. RETORNO AO GANCHO	Apesar de todo o falatório e pânico, haverá grandes novas oportunidades para os leitores que se tornarem inestimáveis e invencíveis.
6. TRANSIÇÃO PARA O PRÓXIMO CAPÍTULO	Agora que você entende como a tecnologia ajudará os recrutadores, vejamos como utilizá-la corretamente.

PERGUNTA: POR QUE NÃO ESTRUTURAR OS CAPÍTULOS COMO VOCÊ OS ESCREVERÁ?

Se você tem experiência em esboços, pode ter percebido que não estruturamos o nosso da maneira tradicional, algo como:

1. Ponto principal 1
    - Ponto menor 1
        i. História Y
        ii. Exemplo Y

- Ponto menor 2
    i. História X
    ii. Exemplo X

2. Ponto principal 2
    - Ponto menor 1
        i. História A
        ii. Ponto B
    - Ponto menor 2
        i. História A
        ii. Ponto B

Há algumas razões pelas quais não recomendamos esse estilo de esboço:

NÃO COSTUMA DAR CERTO

Já ajudamos milhares de autores a posicionar, estruturar e escrever livros e, até este momento, já testamos de tudo. Descobrimos que o estilo tradicional de esboço não costuma dar certo com a maioria dos autores. Há várias razões que nos levam a pensar isso (a principal é detalhada a seguir), mas o motivo de não dar certo quase não importa.

O fato é que isso NÃO dá certo. Desenvolvemos nosso estilo de esboço após testar dezenas de iterações diferentes e perceber o que realmente produziu os melhores livros no menor tempo possível.

A MAIORIA DOS AUTORES NÃO CONSEGUE CHEGAR A ESSE NÍVEL DE DETALHES ATÉ COMEÇAR A ESCREVER

A maior parte dos autores tem problemas para entender de antemão como estruturar seus livros com precisão. Isso é compreensível; escrever e estruturar livros é difícil e muito estranho para pessoas que nunca fizeram isso antes.

Descobrimos que a estrutura tradicional do esboço faz com que as pessoas se percam e que a melhor maneira de realmente fazer com que elas escrevam é dividir o capítulo em seções, pedir aos autores que escrevam o suficiente para que entendam o que estão tentando dizer e o que precisam escrever e então descobrir os detalhes enquanto escrevem.

ESSE MÉTODO FAZ O AUTOR PROGREDIR EM VEZ DE TRAVAR

A forma convencional de esboçar força o autor a se aprofundar muito em seu conhecimento em uma fase em que algumas das ideias podem ainda não ter sido desenvolvidas. A maioria das pessoas não se sai bem com um esboço longo e detalhado, mas se sai melhor ao escrever e compreender melhor seu conteúdo. Esse processo permite qualquer uma destas abordagens: você pode ir aos detalhes se realmente quiser, ou pode simplesmente abordar os pontos que precisa e descobrir o restante à medida que escreve.

REFERÊNCIA: tudo o que você talvez precise saber sobre capítulos de livros está presente na seção 9.8: Tudo o que você precisa saber sobre capítulos de livros.

3.2

ESBOCE A INTRODUÇÃO

"Não tente ser original. Tente apenas ser bom. Isso soa meio ingênuo, mas é verdade."

— PAUL RAND

Você sabe por que a maioria dos leitores — provavelmente você também — pula as introduções de livros?

Porque a maioria dos autores pensa que o objetivo da introdução é explicar tudo o que eles apresentarão no livro.

Isso é entediante e equivocado.

O objetivo de uma boa introdução é ***engajar o leitor e fazer com que ele leia o livro***.

Só porque alguém lê uma introdução, não significa que vai terminar de ler o livro. O que afasta as pessoas dos livros NÃO é o preço, é o compromisso do tempo. As pessoas não se importam em gastar dinheiro em um livro. Elas se importam em dedicar seu tempo a algo que seja interessante e envolvente para elas.

Este é o dever da introdução: provar ao leitor que vale a pena ler o livro. Uma introdução bem-feita prende o leitor e o faz querer continuar a leitura. Ela atrai o leitor e o empolga para começar a ler o conteúdo, pois a introdução responde à pergunta mais importante que o leitor tem:

> ***"Por que eu deveria ler este livro?"***

O QUE UMA INTRODUÇÃO DEVE FAZER:

- Conseguir que o leitor se interesse imediatamente pelo livro.
- Expor claramente a dor que o leitor sente.
- Traçar um panorama de um futuro melhor, ou um benefício que o leitor possa adquirir.
- Esboçar brevemente o que o leitor aprenderá com o livro.
- Explicar por que o autor é o especialista e autoridade no assunto.
- Fazer com que o leitor se comprometa a ler o livro.

O QUE UMA INTRODUÇÃO NÃO DEVE FAZER:

- Ser um resumo do livro.
- Tentar contar a história completa de algo que já está no livro.
- Contar toda a história de vida do autor.
- Explicar de forma entediante exatamente o que estará presente no livro.
- Apresentar uma história sinuosa desinteressante para o leitor.
- Ter muita experiência.
- Ser muito longa.
- Começar no início da vida do autor.
- Ter muita autobiografia.
- Ser inteiramente voltada ao autor e ao que ele pretende apresentar.

AS MELHORES INTRODUÇÕES BASEIAM-SE EM UMA FÓRMULA

Isto é o que se deve saber quanto às apresentações: há uma fórmula para as eficazes, e você deve segui-la.

Mesmo que pareça não existir uma fórmula, ela existe, e, se você não se habituar a ela, então seus leitores perceberão e ficarão chateados — mesmo que não saibam o porquê (e sim, a introdução deste livro segue a fórmula; você pode voltar para conferir e segui-la exatamente).

Você pode ser muito criativo dentro dos limites da fórmula, mas a siga e sua introdução ficará excelente.

A FÓRMULA PARA UMA INTRODUÇÃO

Uma boa introdução é como um interessante argumento de venda, não um texto informativo seco e enfadonho. As introduções são desenvolvidas a partir destes elementos:

- Prenda o leitor.
- Conte uma história sobre a dor atual do leitor.
- Conte uma história sobre o potencial de transformação do leitor.
- Diga o que o leitor aprenderá.
- Descreva os antecedentes/origem do autor do livro.
- Prepare o livro com uma chamada para ação.

PARTE 1: PRENDA O LEITOR

Uma introdução deve prender o leitor RAPIDAMENTE. Ela deve prendê-lo bem e forçá-lo a prestar atenção.

Eis alguns exemplos de ganchos:

- "Vamos começar com uma pergunta: por que certos grupos têm melhor desempenho do que outros?"
- "Mentiram para você. Tudo o que você sabe a respeito do açúcar está errado."
- "Eu pensei que morreria."
- "Nós fotografamos cachorros. Não por acaso. Fazemos isso com um propósito e o chamamos de Operação Scooby. Eu sou um amante de cães, então pensei muito sobre isso."

Tudo isso prende sua atenção. Esses ganchos fazem você se aquietar, prestar atenção e ler a próxima linha.

Não há uma fórmula específica para descobrir seu gancho. Estas são as três perguntas que usamos para ajudar a determinar o que é o gancho:

- Qual é a história ou alegação mais interessante do livro?
- Que sentença ou fato faz as pessoas se aquietarem e prestarem atenção?
- Qual é o público que mais se interessará ou se chocará com isso?

Algumas outras coisas para pensar quando encontrar seu gancho:

- Um grande gancho é contraintuitivo, viola ou subverte as expectativas.
- É a história que as pessoas sempre lhe pedem para contar.
- NUNCA é a história que faz você parecer o melhor.

Muitas vezes, o gancho é um breve relato pessoal. Uma maneira eficaz de escrever bem um gancho é usar a técnica "cinematográfica": apresente-o como se descrevesse uma cena de filme. Em sua essência, o gancho faz com que o leitor pare e preste atenção.

Embora a primeira frase deva ser efetiva, o restante da página e a história inicial devem fazer a mesma coisa.

Uma frase que chame a atenção precisa trazer algo que prenda o leitor. Uma breve história, exemplo, estatística ou contexto histórico que introduza o assunto de uma forma interessante e emocionante. Algo que o envolverá e o forçará a ler mais, além de conduzi-lo ao resto do conteúdo.

PARTE 2: CONTE UMA HISTÓRIA SOBRE A DOR ATUAL DO LEITOR

Uma vez que você tenha prendido a atenção do leitor com o gancho, a introdução seguinte responde à pergunta implícita dele: "Por que eu me importo?"

Basicamente, qual é a razão pela qual o leitor foi à livraria? Que problema ele buscava solucionar?

Isso NÃO se trata de oferecer ao leitor informações simples. Não basta listar fatos e números enfadonhos. Ninguém presta atenção a isso.

As pessoas prestam atenção às histórias, especialmente histórias que refletem seus problemas, dores e conflitos. Uma vez em contato com esses pontos de dor, elas querem ouvir falar de soluções que trazem alívio e prazer e talvez até leve-as a algum lugar novo em suas vidas.

Isso se liga diretamente à seção de público que você escreveu em seu posicionamento. Você deve conhecer com precisão a dor de seu leitor, pois já contou essa história uma vez, pelo menos num nível abstrato. A história ou histórias na introdução devem se aprofundar e descrever a dor maciça que o leitor sofre ao não seguir os conselhos ou lições de seu livro. A dor induz à ação.

PARTE 3: CONTE UMA HISTÓRIA SOBRE O POTENCIAL DE TRANSFORMAÇÃO DO LEITOR

Uma vez que tenha apelado ao ponto de dor do leitor, então você deve contar uma história que descreva o prazer que vem ao tomar a ação. Mostre o motivo pelo qual os resultados são tão surpreendentes e que o objetivo vale a pena. E o mais importante — mostre ao leitor quem ele pode se tornar se ler e implementar as ideias do seu livro.

Mais uma vez, isso se conecta com o posicionamento de seu público — você já tem essa história, a produziu em sua seção de público. Aprofunde-se nela e forneça informações mais específicas.

PARTE 4: DIGA O QUE O LEITOR APRENDERÁ

Uma vez que tenha exposto as histórias de dor e prazer, e o leitor compreenda o que está em jogo para ele ao ler seu livro, você precisa explicar exatamente como vai ajudá-lo a resolver a dor e a obter benefícios.

Certifique-se de que isso seja tão claro e simples que até mesmo um aluno do sétimo ano possa compreender. Deve ser o mais básico possível: "Mostrarei precisamente como fazer isso. Vou acompanhá-lo, passo a passo, até que você tenha dominado tudo o que é necessário para obter seus resultados."

Você pode até mesmo organizar isso como uma lista de tópicos do que o leitor aprenderá com o livro. Apenas certifique-se de que soa atraente e não entediante. Lembre-se de que você ainda está tentando motivar as pessoas a lerem seu livro.

PARTE 5: DESCREVA SEU HISTÓRICO/ORIGEM DO LIVRO

Uma vez que você prendeu a atenção do leitor, apelou para a dor dele e mostrou o benefício que ele pode conseguir se superar isso, agora é hora de explicar quem você é, por que você escreveu o livro e por que o leitor deve confiar no que você tem a dizer.

Essencialmente, você estabelecerá sua autoridade para ser o guia do leitor e contextualizará seu livro.

A melhor maneira de fazer isso, mais uma vez, é contar uma história. Por que você escreveu este livro? Por que este assunto é importante para você? Como você aprendeu o suficiente para estar em condições de ensinar às pessoas o que sabe? Por que você é qualificado, mesmo que exclusivamente qualificado, para escrever este livro? Por que o leitor deveria acreditar no que você tem a dizer?

É aqui que você pode contar a história da sua jornada do herói: o que foi necessário para você chegar a este lugar. É aqui que o leitor está se perguntando por que deveria confiar em você. Afinal de contas, se você vai ajudá-lo ensinando tanto, ele precisa saber por que deveria lhe dar ouvidos.

Entretanto, e isto é MUITO importante: ***lembre-se de que o leitor não se importa com você.*** Ele só se importa com você e sua história no que diz respeito ao assunto do livro e à sua experiência. Não escreva uma autobiografia. Redija apenas o suficiente sobre você para o leitor saber que deveria escutar o que você tem a dizer.

PARTE 6: O QUE O LIVRO É E O QUE ELE NÃO É

Esta é uma parte opcional da introdução, mas muitos autores gostam de colocá-la. Ao dizer ao leitor o que o livro é, e o que não é, o autor cria as expectativas certas logo no início. Você pode fazer isso de forma bem simples, principalmente declarando o que você não fará e as coisas que o leitor não obterá com seu livro.

Subestimar-se aqui, só um pouco, dá muito certo.

PARTE 7: PREPARE O LIVRO COM UMA CHAMADA PARA AÇÃO/ORIENTAÇÃO PARA O PRIMEIRO CAPÍTULO

Uma vez feito tudo isso, o que resta é uma simples transição para preparar o leitor para se aprofundar e começar a se envolver com o livro.

Eu sei que tudo isso parece muito, então eis um exemplo de introdução para ajudá-lo a ver a combinação de tudo isso:

EXEMPLO DE ESBOÇO DE INTRODUÇÃO

INTRODUÇÃO	
1. GANCHO	"Os médicos me disseram que eu morreria. Os enfermeiros também. Na verdade, todos com quem falei durante os 41 dias que estive naquele hospital me disseram que eu morreria. Eles estavam errados. Mas não foram eles ou seus cuidados que me salvaram. Foi um acidente, causado quando um zelador cansado deixou seu balde de limpeza no meu quarto, o que salvou minha vida... e levou à descoberta que desde então salvou milhões de pessoas."
2. O PROBLEMA DO LEITOR	Quando a Cures Act [Lei dos Remédios] foi aprovada nos EUA, em 2016, as empresas farmacêuticas e os fabricantes de produtos de saúde foram forçados a ser mais transparentes, o que exigiu mais pesquisas nos testes clínicos. De repente, as empresas *tiveram* que compreender melhor os pacientes. Mas esses foram apenas os passos iniciais para entender a profundidade dos pacientes e suas histórias, e como elas impactam a saúde deles. Produtos, dispositivos e medicamentos — soluções para a saúde — impactam os pacientes e suas famílias de uma forma muito maior do que os profissionais da saúde percebem. Simplesmente entendendo como a antropologia e o *design thinking* funcionam em conjunto para criar um foco no paciente na área da saúde, eles podem fazer a diferença na qualidade do atendimento para milhões de pessoas.
3. A SOLUÇÃO DO LEITOR	O autor explicará como os princípios da antropologia e do *design thinking* funcionam juntos em um ambiente de marketing de saúde para beneficiar os pacientes, seus entes queridos e os fabricantes de produtos de saúde envolvidos.

4. O QUE O LEITOR APRENDERÁ	Os leitores aprenderão como criar mensagens de marketing e produtos que são fundamentados no aprendizado sobre o paciente — soluções que dão suporte a esses pacientes em suas vidas diárias enquanto enfrentam seus problemas de saúde. Os leitores se tornarão conscientes do valor da compreensão do paciente e da capacitação em marketing em saúde.
5. HISTÓRICO DO AUTOR/ ORIGEM DO LIVRO	Após uma horrível estadia hospitalar repleta de maus cuidados, o autor abriu sua empresa para abordar esse ângulo humano da saúde que ele viu em falta no lado do marketing de produto do sistema. Ele sentiu que ninguém mais estava usando a antropologia, depois o , *design thinking,* no desenvolvimento de soluções de saúde. Ele queria, então, começar com o paciente primeiro e compreender sua situação antes de criar as ferramentas educacionais ou de marketing que beneficiariam o tipo de cuidado necessário.
6. O QUE O LIVRO É E O QUE ELE NÃO É	Este livro apresenta um novo paradigma para profissionais de marketing e desenvolvedores de produtos de saúde. Entretanto, não é apenas uma apresentação teórica. Os leitores aprenderão como podem melhorar seus negócios e a qualidade da saúde com uma abordagem mais ética, bem-sucedida e orientada para o paciente.
7. TRANSIÇÃO PARA O PRIMEIRO CAPÍTULO	Conhecer as pessoas, os seres humanos além dos pacientes, é o primeiro passo para uma saúde de qualidade.

POR QUE ESCREVER SUA INTRODUÇÃO POR ÚLTIMO

A maioria dos autores acha que a introdução é a parte do livro mais difícil de escrever, e é por isso que recomendamos que os autores a esbocem por ÚLTIMO.

POR QUE é mais difícil e por que ela fica melhor quando é feita por último? Eu digo aos autores que esboçamos a introdução por último porque queremos que ela impacte com força e encanto e é mais fácil ser mais eficaz nisso quando já temos um entendimento específico do escopo completo e das principais mensagens do livro.

Você não pode efetivamente provocar algo se não entender por completo como isso funcionará na prática.

3.3

ESBOCE A CONCLUSÃO

"Pense como sábio, mas se expresse na língua do povo."

— WILLIAM BUTLER YEATS

Eis a questão com as conclusões de livros: se o leitor chegou até a conclusão, significa que ele leu o livro inteiro, gostou e agora quer encerrar o assunto.

Portanto, não divague sem parar. Dê ao leitor o que ele quer.

O objetivo da conclusão é amarrar todas as ideias, resumir bem seu livro e, em seguida, fornecer uma chamada ou chamadas para ação específicas para o leitor.

Não complique demais a conclusão. Apenas deixe que ela faça seu trabalho e dará tudo certo.

O QUE UMA CONCLUSÃO DEVE FAZER

1. Uma conclusão deve resumir claramente o livro. Isso é o melhor que você pode fazer, não só para oferecer valor ao leitor, mas também para tornar o livro memorável (e recomendável).

2. Uma conclusão deve tratar de quaisquer questões pendentes e fechar quaisquer pontas soltas. O leitor deve sentir que tudo está envolto em um arco.
3. Uma conclusão deve ter algum tipo de chamada para ação. Em essência, dizer ao leitor o que deve fazer.
4. Uma conclusão deve indicar ao leitor quaisquer recursos adicionais que você tenha e que possam servir de ajuda.

O QUE UMA CONCLUSÃO NÃO DEVE FAZER

1. Uma conclusão NÃO deve introduzir nenhum conteúdo novo. Ela deve ser apenas um resumo do que está no livro. Você pode apresentar novas histórias ou relatos pessoais, é claro.
2. Uma conclusão não deve ser muito longa. A regra geral é que esse deve ser o capítulo mais curto do seu livro.
3. Uma conclusão não deve trair o leitor. Não diga “nossos atendentes esperam você” ou tente vender algo ao leitor de uma forma absurda e que os afaste.

MODELO DE CONCLUSÃO

Gostamos de esboçar a conclusão com este modelo:

- Gancho.
- Reafirme a tese do livro.
- Resuma os capítulos.
- Chamada para ação: o que o leitor deve fazer quando terminar o livro?

GANCHO

Isso é semelhante com o que você colocou na introdução, mas, em vez de fazer o leitor ler o livro, agora você resume tudo. Pode ser uma história que resuma o livro ou você pode concluir um ponto mencionado previamente no livro. Mas a questão é que o leitor deve se sentir como se estivesse assistindo ao final de um filme, em que tudo se resume até o desfecho.

A essa altura, você já mencionou muitos tópicos diferentes. Normalmente, a maneira mais fácil e convincente de começar a conclusão é remeter a um (ou mais) deles. Ou você pode acrescentar outra dimensão a uma história que já contou ou amarrar pontas soltas.

REAFIRME A MISSÃO/TESE DO LIVRO

Isso é muito simples, mas certifique-se de reafirmar novamente a tese do livro. As pessoas gostam da repetição; ela serve para reforçar e guardar na memória.

RESUMA OS CAPÍTULOS

Isso é opcional, mas a maioria dos bons livros de não ficção o faz. Eles resumem os pontos-chave de forma tão sucinta e clara que o leitor não pode deixar de entender suas lições da mesma forma que você as entende.

Você quer que o leitor pense e fale sobre seu livro com os amigos dele da mesma maneira que você faz, e a melhor maneira de garantir que ele faça isso é falar exatamente o que ele deve dizer a seus amigos. Ponha as palavras na boca do leitor.

Especificamente, trata-se de pregar o que você quer que o leitor lembre sobre seu livro. Quais são os aprendizados que realmente importam? Como você quer que o leitor fale sobre eles?

CHAMADA PARA AÇÃO

Quando o leitor terminar o livro, qual será a primeira coisa que você quer que ele faça? Essa é geralmente a palavra final, e é com isso que você conclui.

OBSERVAÇÃO SOBRE A CHAMADA PARA AÇÃO

Uma chamada para ação (ou *Call to Action* — CTA) não é necessária em uma conclusão, mas a maioria dos livros de não ficção a apresentam. Geralmente é a última parte da conclusão, a palavra final aos leitores e garante que eles saibam o que você quer que eles façam.

Os autores geralmente adotam um tom diferente com a CTA — um tom que não é apenas mais explicitamente inspirador, mas que também costuma ser imperativo. A mensagem intrínseca à chamada para ação é direta e estimulante: ***agora que você tem todos os recursos, vá em frente e use-os.***

Isso é bom, e os leitores tendem a gostar. Alguns autores se sentem desconfortáveis ao incluir tal apelo direto aos leitores porque podem achar que é pouco profissional, e talvez estejam certos (às vezes). Os autores diversas vezes querem ser muito inspiradores na introdução e não o suficiente na conclusão. É quando você pode realmente dizer a seu leitor o que fazer e ser muito direto.

O que você ***não quer fazer é escrever um panfleto de vendas se vangloriando.*** A última coisa que deseja fazer aqui é tentar apresentar algo seu para que o leitor compre.

Pense bem: você buscou ganhar a confiança do leitor durante o livro inteiro e agora você quer vender algo?

Não faça isso. Ainda mais porque não costuma dar certo.

Os leitores são inteligentes. Eles estão interessados em seu tema porque escolheram comprar seu livro e já leram páginas de seu conhecimento e experiência. Eles podem formar suas próprias conclusões quando se trata de entrar em contato com você.

Porém, se você quiser pedir que eles entrem em contato com você, faça isso de forma autêntica, como se estivesse tentando ajudá-los e não a você mesmo. Diga que você quer ouvi-los ou ajudá-los a evoluir. Se seu site ou o nome de sua empresa estiver em sua página de biografia ou em "Sobre o Autor", isso é suficiente. Compartilhe seu e-mail na conclusão se quiser e se você for sincero quanto a responder seus leitores.

Em última análise, seu objetivo é dar tanto valor aos leitores que eles o respeitem e admirem a você e ao seu trabalho, então optem por entrar em contato porque querem, não porque você forçou isso.

Alguns autores querem uma chamada para ação mais explícita, como direcionar os leitores do livro para uma *landing page* específica. Pode funcionar, desde que a página direcionada ofereça algo para o leitor.

Um ponto importante aqui é oferecer algo que os leitores não acham que deveria estar no livro. Por exemplo, um mapa ou gráfico que é complementar, mas não crucial, ao conteúdo é ótimo (e não precisa estar na introdução).

O que você não quer fazer é oferecer algo que os faça pensar: "Por que isso não está no livro?" Isso só quebra a confiança do leitor em sua obra.

PARTE 4

ESCREVA SEU LIVRO

4.1

COMO CRIAR O PLANO DE ESCRITA DE SEU LIVRO

"Se você quiser fazer alguma coisa, decida quando e onde vai fazer. Caso contrário, tire isso de sua lista."

— PETER BREGMAN

Há apenas uma regra inviolável na escrita:

Faça aquilo que funciona para você.

É isso aí.

Dito isso, após décadas de escrita profissional e milhares de livros publicados, tenho visto algumas tendências claras que se aplicam a muitas pessoas diferentes. O que eu farei aqui é guiá-lo, apresentando algumas das coisas mais importantes que eu descobri.

POR QUE VOCÊ DEVERIA TER UM PLANO DE ESCRITA?

Você não deveria apenas se inspirar para escrever? Se esperar até que a inspiração chegue, e depois usar isso como um incentivo para escrever, você se sairá bem, certo?

Não.

Se contar com a inspiração para escrever seu livro, **você fracassará.**

Há uma única coisa que gera sucesso com a escrita, e todos os escritores lhe dirão isto: disciplina.

Levei três anos como escritor profissional antes de entender que precisava de um plano de escrita para cada livro que escrevia. Escrever sem um plano é como atravessar o país sem um mapa. Sim, é possível chegar ao seu destino, mas vai levar pelo menos o dobro do tempo.

Você deve sentar seu traseiro na cadeira e escrever, quase todos os dias, até que o livro esteja pronto. É por isso que você precisa de um plano de escrita. Porque ele define exatamente o que você vai fazer para terminar seu livro.

A inspiração pode fazê-lo começar o livro, e isso é ótimo, mas a disciplina é a responsável por você terminá-lo.

O QUE É UM PLANO DE ESCRITA?

Você é um autor agora, e o que faz um autor? Ele escreve seu livro. TODOS OS DIAS.

Um plano de escrita nada mais é do que um plano específico que estabelece exatamente quando e onde você escreverá a cada dia; quanto escreverá; quando tudo estará dentro do prazo; e qual é a sua responsabilidade.

COMO CRIAR SEU PLANO DE ESCRITA

PASSO 1: RESERVE UM HORÁRIO E LOCAL PARA ESCREVER

Você deve começar escolhendo o horário e o lugar exato em que escreverá cada dia. Por exemplo, você poderia escrever todos os dias das oito às dez horas da manhã em seu escritório de casa. Ou das três às quatro da tarde em uma cafeteria.

Isso não é negociável. Se você disser a si mesmo que vai "escrever quando tiver tempo", o livro nunca será escrito. Se não pensar no ambiente em que escreverá, você pode muito bem não fazer uso efetivo do tempo que reservou.

Com esses dois elementos, você deve ser o mais específico possível. Quanto mais você planejar agora, menos terá que pensar depois. Se o livro for importante, descobrirá exatamente quando e onde escrevê-lo.

Quanto tempo você deve escrever por dia?

Recomendamos escrever pelo menos uma hora por dia. Se você tem apenas trinta minutos por dia para escrever, faça isso. O ideal é duas horas, mas poucas pessoas conseguem reservar esse tempo.

Além disso, seja realista. A maioria dos autores não pode escrever (efetivamente) por mais de três horas por dia.

Em que hora do dia você deve escrever?

Os dados são muito claros: a maioria das pessoas sente-se mais criativa cerca de uma hora até quatro horas após acordar. Isso significa que você provavelmente sente-se mais criativo pela manhã.

Contudo, as exceções existem, assim como os escritores que escrevem como se fossem corujas noturnas. Se você é um desses, honre seu compromisso. O que importa é a consistência e a ação. Faça da escrita uma rotina que funcione para você.

Com que frequência você deve escrever?

Se puder, escreva todos os dias. Mesmo que você só produza meia página por dia, estará muito mais perto de um livro acabado.

Caso sete dias por semana seja demais, tire um dia de folga e escreva por seis. Se até Deus descansou no sétimo dia, você também pode. O importante a lembrar com um livro é que *você não permanece onde está com um livro; ou você avança ou retrocede.*

O ímpeto é um elemento-chave para escrever um livro. Você tomará essa decisão todos os dias durante todo o processo de escrita de um livro. Seu plano o ajudará a manter-se responsável, de modo que continue progredindo na direção certa.

Como escolher seu local de escrita?

É muito simples, basta escolher *onde você consegue escrever.*

Estes são os fatores gerais que as pessoas consideram quando escrevem: barulho do ambiente, temperatura, vista, conforto e isolamento. Um lugar universal "certo" para escrever não existe. Se você escreve bem em cafeterias, faça isso. Se escreve bem em uma mesa no seu porão, faça isso. Onde quer que você seja mais criativo, mais funcional e mais confiante, escreva lá.

Não perca tempo tentando encontrar o "lugar perfeito" para escrever, ou uma ferramenta perfeita, ou a escrivaninha perfeita. Eles não existem.

As pessoas que se prendem em encontrar o lugar perfeito ou a inspiração perfeita para escrever estão procurando uma maneira de evitar o trabalho. Esse medo não reconhecido vai fazê-las esperar pelo ambiente perfeito, mas ele não existe. Mesmo quando se leva em conta as preferências pessoais de alguém, se o indivíduo pensa ter encontrado o lugar "perfeito" para escrever, esse é apenas o lugar onde ele se permite olhar para além das distrações que existem em todos os lugares (a menos que ele escreva em um tanque de privação sensorial).

Focar as distrações é a resistência, uma forma de evitar o trabalho árduo da escrita propriamente dita. Cada minuto que você perde tentando encontrar a perfeição é um minuto perdido de sua escrita.

Encontre o lugar e o cenário que funcionem para você e depois recrie-os todos os dias. Se seu local inicial parar de funcionar após um tempo, reconheça, descubra o que precisa mudar e procure um novo lugar.

PASSO 2: ESTABELEÇA OBJETIVOS ESPECÍFICOS DE ESCRITA

Além de reservar a hora e o local de cada sessão de escrita, também se dê uma meta específica de escrita para cada sessão. Recomendamos uma meta de 250 palavras por hora.

Por que 250 palavras? É aproximadamente o número de palavras por página de um livro impresso. Portanto, se você redige cerca de 250 palavras por dia, significa uma página por dia.

Sim, é uma meta muito baixa. Mas uma meta baixa é ótima. Ela não intimida, logo, o ajudará a começar. Também fará você se sentir bem quando a superar, o que o estimulará a continuar escrevendo.

Essa é uma técnica clássica de vendas — diminuir a cota para inspirar ação — que funciona maravilhosamente com a escrita. A melhor parte é que se soma rapidamente:

> ***Ao escrever apenas 250 palavras por dia, você pode obter uma primeira versão de 120 páginas (trinta mil palavras) em cerca de quatro meses.***

Esse é um rápido progresso, e você conseguirá com pouco esforço. Como pode ver, é tudo uma questão de consistência.

PASSO 3: DEFINA PRAZOS

Os prazos forçam a ação e exigem responsabilidade. Veja a seguir o esboço rudimentar de como se adaptar ao seu ritmo, que você pode ajustar ao seu cronograma.

Caso queira avançar rapidamente, dê a si mesmo um prazo de cerca de um capítulo por semana.

Caso queira avançar a uma velocidade razoável, dê a si mesmo duas semanas por capítulo.

Caso queira ir mais devagar, defina um prazo de um capítulo a cada três semanas.

Se você tem uma vida agitada, escreva um capítulo por mês. E depois pergunte se você tem tempo até mesmo para fazer isso.

PASSO 4: DIVULGUE O LIVRO

Para levar a responsabilidade um passo adiante: *divulgue que você está escrevendo um livro.*

Use qualquer plataforma de mídia social que você preferir, mas o objetivo é declarar publicamente sua intenção para as pessoas de quem você gosta.

Você terá um feedback muito positivo, o que o auxiliará a começar. E o fato de ter anunciado sua intenção o ajudará a seguir adiante quando você hesitar.

Observação: se você estiver falando sério sobre escrever seu livro, a plataforma em que se sente mais desconfortável em divulgá-lo é aquela que você deve usar. Isso significa que ela é a que tem mais pessoas com quem você se importa. Se tem medo de contar a elas, é mais uma razão para fazê-lo. Lembre-se de que queremos identificar toda e qualquer resistência e superá-la.

PASSO 5: MANTENHA-SE RESPONSÁVEL

Há muitas maneiras de se manter responsável, mas o melhor e mais confiável método que já vimos é postar sua contagem diária de palavras. Recomendamos a todos os autores de nosso programa de escrita a fazer isso em nosso grupo privado no Facebook.

Dessa forma, você obterá todos os benefícios da responsabilidade:

1. O esforço diário para garantir que você realmente escreva 250 palavras.
2. O encorajamento que vem de todos os outros para que isso seja feito.
3. O hábito se naturaliza ao fazer o trabalho, então publique sobre isso.

OBSERVAÇÃO: FOQUE AQUILO QUE FUNCIONA

O que acabo de expor é um método testado e comprovado. Ele funcionará. Mas isso não faz dele o método "certo". O único método "certo" *Não existe um método "certo"* de escrita é aquele que funciona para você.

Por exemplo, temos um autor que só consegue escrever ouvindo uma playlist específica em seu celular com os fones de ouvido e em volume alto dentro de seu Tesla, enquanto seu carro elétrico carrega em sua garagem. Ele sabe que tem 45 minutos até a recarga para realizar seu trabalho e aproveita ao máximo esse tempo.

Há apenas o método que FUNCIONA para você. SEMPRE se sinta livre para usar o que funciona. Então, se alguma parte disso não funcionar, substitua para o que fizer mais sentido para você.

Dito isso, a menos que você SAIBA que existe um método que funciona melhor para você, imagine que o que estou dizendo é a melhor maneira de fazer isso. Nosso plano de escrita é baseado tanto em décadas de experiência com autores reais quanto nos melhores dados empíricos sobre como os autores têm êxito.

E SE EU PERDER UM DIA DE ESCRITA?

Perdoe-se e siga em frente. Está tudo bem.

"Não dá para esperar pela inspiração, é preciso ir atrás dela com um porrete."

— JACK LONDON

4.2

O GUIA DA SCRIBE PARA ESCREVER NÃO FICÇÃO COM EFICÁCIA

"Quando você é forçado a ser simples, é obrigado a enfrentar o verdadeiro problema. Quando você não pode entregar adorno, deve entregar substância."

— PAUL GRAHAM

Você se lembra de escrever trabalhos na escola com um número mínimo de palavras?

Se você era como eu, já deve ter trocado "*eles disseram*" por "*eles então procederam a exclamar vocalmente...*"

Não consigo pensar em uma maneira pior de aprender a escrever.

Eu não conseguia escrever cinco páginas de reflexões sobre a cavalgada de Paul Revere, mas ser forçado a escrever tanta coisa me obrigou a escrever frases rebuscadas, cheias de palavras desnecessárias para preencher meu trabalho e atingir o número de palavras necessário.

O que eu não aprendi na escola foi como escrever *algo que as pessoas queiram ler.* Isso é essencial para textos de não ficção e nunca é ensinado na escola.

Grandes obras de não ficção são curtas, simples, diretas e voltadas ao leitor.

OS QUATRO PRINCÍPIOS DE ESCRITA DA SCRIBE

1. ENCURTE

Esse é o princípio mais importante. Se você o acertar em cheio, o resto (em geral) cuida de si mesmo.

Encurte sua escrita em todos os níveis. Encurte capítulos (geralmente não mais do que quatro mil palavras). Encurte parágrafos (duas a três frases). Encurte frases (cinco a vinte palavras). E, até mesmo, escolha palavras mais curtas (menos de 12 caracteres).

A brevidade força a economia e a eficácia. Quando você coloca uma restrição de espaço em sua escrita, isso o obriga a se concentrar no essencial e cortar o resto.

O mesmo se aplica às palavras. Palavras curtas lhe forçam a ser claro. Quantas vezes você já viu alguém usar palavras extensas para mascarar sua falta de verdadeira compreensão? Ei, professor, dizer "obsequiosamente" não faz você parecer mais esperto, apenas faz com que seus alunos percam o interesse.

Um ponto-chave: encurte o máximo possível *sem deixar nada de fora* Encurtar não significa cortar conteúdo essencial.

2. SIMPLIFIQUE

Simplificar é muito parecido com encurtar, mas não é a mesma coisa. Você pode escrever um texto curto, mas complexo. Isso não dá muito certo.

Palavras e frases simples obrigam você a escrever de forma simples. Mesmo ideias difíceis e complexas podem ser divididas em palavras pequenas e frases curtas. Como disse Richard Feynman, se você não consegue explicar sua ideia de forma simples, provavelmente significa que não a entende por completo (o que é ruim, se estiver escrevendo um livro).

Palavras e frases simples também permitem que você seja compreendido por muito mais leitores. A escrita de não ficção é geralmente uma questão de persuasão. Você escreve para tentar convencer ou persuadir alguém. A principal técnica para convencer alguém é simplificar as coisas. Como você pode persuadir ou convencer alguém a fazer algo se ele não entende totalmente o que você está tentando dizer?

Simplificar também significa se livrar de palavras sobressalentes. Qualquer palavra que não seja absolutamente necessária para transmitir seu ponto de vista deve ser descartada.

3. SEJA DIRETO

A maior parte da escrita de não ficção é indireta de alguma forma: voz passiva, jargão, múltiplas orações, uso extensivo de adjetivos e advérbios.

Não faça essas coisas. Se você faz, pare. Caso não tenha certeza do que são, então faça isto: torne cada frase uma declaração única e clara. Conecte-a à frase anterior e à frase posterior. Não coloque vários pensamentos em uma frase.

Torne sua escrita o mais direta possível.

Preciso explicar as vozes passiva e ativa, porque a maioria das pessoas não sabe o que elas são. Voz ativa significa que o sujeito da frase está executando o verbo. Voz passiva significa que o sujeito da frase sofre a ação. Mesmo que signifiquem a mesma coisa, o efeito é muito diferente. Exemplo:

> Voz ativa: Tucker escreveu o livro.
>
> Voz passiva: O livro foi escrito por Tucker.

É muito mais fácil ler a voz ativa porque as pessoas podem imaginar a frase. Você pode ver Tucker escrevendo um livro. Entretanto, na voz passiva, há outro passo cognitivo. É preciso primeiro imaginar um livro, depois pensar em Tucker escrevendo esse livro.

Essa pequena etapa cognitiva faz uma enorme diferença na forma como as pessoas respondem à sua escrita.

Essa não é a pior parte da escrita indireta e passiva da voz. Você odeia a linguagem corporativa? Ela é feita em voz passiva. É usada por pessoas no poder para evitar responsabilidade. Veja:

> Voz ativa: Eu cometi um erro.
>
> Voz passiva: Erros foram cometidos.

Seja direto.

4. FOQUE O LEITOR

Faça a si mesmo esta pergunta sobre tudo o que você escreve:

"Por que o leitor se importa?"

Esse é o princípio mais difícil de aplicar, porque, quando você o coloca em prática, percebe que a maior parte de sua escrita é voltada para si mesmo e não para o leitor. Você vê sua escrita pelo que ela provavelmente é: egoísta, indulgente e grandiosa.

Se isso acontecer, não se deixe abater. Isso é comum. *Todos os autores* já tiveram esse problema. Você só precisa parar de escrever sobre coisas para as quais o leitor não liga e concentrar-se naquilo com que ele se importa.

CONCLUSÃO

Encurte, simplifique, seja direto, foque o leitor.

Esses são os quatro fundamentos para escrever não ficção com eficácia.

Fácil de entender. Nem sempre fácil de fazer.

Esses princípios contrariam décadas de ensino escolar convencional sobre escrita. Não me ensinaram isso na escola. Na verdade, me ensinaram quase tudo ao contrário.

Levei uma década de escrita profissional antes de descobrir que esses princípios funcionavam.

"É a marca de um gênio explicar um tema complexo de uma maneira simples."

— NAVAL RAVIKANT

4.3

COMO ESCREVER SEU PRIMEIRO RASCUNHO (O MÉTODO DE VOMITAR)

O que descobrimos trabalhando com milhares de autores é que quase todos eles sabem como escrever suas ideias. O que eles mais precisam é o que nós já vimos: posicionamento definido do livro e um plano claro do livro. A partir daí, a escrita em si se torna fácil.

Os problemas surgem na *mentalidade em torno da escrita*. Vamos falar sobre isso.

PERMITA-SE ESCREVER UM PRIMEIRO RASCUNHO MEDÍOCRE

Esta é uma coisa simples, mas que a maioria das pessoas pula:

Permita-se escrever um primeiro rascunho medíocre.

A maioria dos autores iniciantes acha que os escritores profissionais escrevem rascunhos surpreendentes ou que seu primeiro rascunho precisa ser realmente bom.

Isso é um absurdo.

Posso dizer, como escritor profissional que escreveu múltiplos best-sellers do *New York Times*, que meus primeiros rascunhos são uma completa porcaria. Pior do que medíocres. Eles são terríveis.

Mas isso não me incomoda, porque sei que posso editá-los até que não sejam terríveis. Esta citação de Barbara Kingsolver diz tudo:

1. Para começar, permita-se escrever um livro ruim.

2. Revise-o até que não seja um livro ruim.

AS MARAVILHAS DO "RASCUNHO VOMITADO"

Muitas pessoas têm dificuldades para permitir-se escrever um primeiro rascunho medíocre, por isso desenvolvemos um conceito chamado Rascunho Vomitado.

Nós literalmente chamamos o primeiro rascunho de Rascunho Vomitado. Isso porque, quando você vomita, não se importa em parecer bonito ou elegante. Quando vomita, só quer colocar tudo para fora, porque essa é a única maneira de acabar logo com aquilo. A única maneira de colocar tudo para fora é continuar passando pela dor.

O legal no Rascunho Vomitado é que, ao contrário do vômito exposto na frente das pessoas, seu rascunho vomitado é visto SOMENTE por você. Você é a única pessoa que o verá e o editará antes mesmo que seu editor o veja.

Ao se concentrar apenas em colocar as palavras para fora, isso o impedirá de ler e editar o texto à medida que progride, o que inevitavelmente o retardaria e o paralisaria.

Quando escrever algo que achar uma porcaria, basta dizer: "Este é um problema para o futuro Tucker!" e prosseguir.

ESCREVA SEU RASCUNHO VOMITADO SEM PARAR PARA EDITAR

Este pode ser o conselho mais importante deste livro, portanto, preste atenção:

> ***Escreva seu rascunho vomitado o mais rápido possível. Não pare. Não edite. Avance sem olhar para trás até que ele esteja pronto.***

Deixe-me repetir isso e ser bem claro para ter certeza de que você compreendeu:

Escreva seu rascunho vomitado o mais rápido possível.

NÃO PARE PARA LÊ-LO.

NÃO O EDITE.

PROSSIGA ATÉ QUE ELE ESTEJA PRONTO.

Eu não poderia ser mais sério ou literal quanto a isso.

Na verdade, quero que você diga em voz alta, agora mesmo:

> "Não editarei meu rascunho vomitado até terminar de escrevê-lo."

A maneira mais rápida de sabotar um rascunho vomitado é começar a editar antes de terminá-lo. Não importa quem você seja, se começar a editar seu rascunho vomitado, FICARÁ travado.

Se editar durante a fase de rascunho vomitado, o melhor cenário será você dobrar o tempo que leva para escrever o livro.

POR QUE ISSO FUNCIONA?

Usar o Método de Rascunho Vomitado faz duas coisas:

1. Suspende seu autojulgamento.
2. Cria ânimo por meio de vitórias diárias (conseguir escrever 250 palavras por dia e celebrar isso faz você valorizar a si mesmo).

Se você edita enquanto escreve, isso arruinará totalmente seu livro. A crítica a si mesmo, a parte de você que é dura consigo, começará a duvidar da sua capacidade e o envergonhará. Na melhor das hipóteses, o atrasará — isso se não o desmotivar por completo.

Caso ache que algo está terrível em seu livro e odeia isso, tudo bem. Use a função "Comentário" para destacar o trecho problemático. Escreva: "*Este problema é seu, futuro Tucker*",e depois siga em frente. Você lidará com ele depois.

Direi novamente: o rascunho vomitado é para você. NINGUÉM além de você jamais o lerá.

Ao começar a editar (o que explicarei como fazer a seguir), você deve se concentrar no que as pessoas pensarão. A parte de você que quer editar enquanto avança — a perfeccionista, a parte autocrítica — é uma grande editora, mas uma péssima escritora. Ignore-a até que o rascunho vomitado esteja pronto.

ENCONTRANDO SUA VOZ

Por alguma razão, na hora de escrever, muitos autores ficam obcecados em "encontrar sua voz".

Costumo provocar os autores, perguntando coisas como: "Ei, já olhou atrás do seu sofá? Talvez sua voz esteja lá."

A piada é boba, mas o ponto está certo: você não "encontra" sua voz fora de si mesmo. Sua voz já faz parte de quem você é. Seu trabalho como autor é sair do caminho e deixá-la ressoar.

A segunda coisa que os autores fazem de errado é tentar imitar uma voz. Você não pode ser Malcolm Gladwell, só pode ser você mesmo, então não tente ser outra pessoa.

Como você se certifica de que sua voz está em seu livro? Há dois métodos que recomendamos aos autores:

MÉTODO DE VOZ Nº 1: CONVERSE COM UM AMIGO

Essa é a mentalidade mais comum que nossos autores adotam. Quando escrevem, eles se imaginam conversando com um amigo.

Essa é literalmente a forma que usei para escrever esta seção; fingi explicar este método a um amigo meu.

Entrar nesse estado de espírito:

- Traz alívio de qualquer ansiedade, porque essa é apenas uma conversa entre amigos.
- Ajuda a manter o foco no ouvinte, porque ele é um amigo e eu quero estar atento a ele.
- Ajuda a permanecer focado em dar valor ao ouvinte, porque, em uma conversa didática, apenas penso no que a outra pessoa aprende e absorve.
- Ajuda a manter o ímpeto e a motivação, porque quero ter certeza de que sempre serei útil a meu amigo.

John Steinbeck disse tudo:

> Esqueça seu público generalizado. Em primeiro lugar, o público sem nome e sem rosto vai assustá-lo; em segundo lugar, ao contrário do teatro, ele não existe. Na escrita, seu público é um

único leitor. Descobri que às vezes ajuda escolher uma pessoa — uma pessoa real que conhece ou uma pessoa imaginária, e você deve escrever para essa pessoa.

MÉTODO DE VOZ Nº 2: AJUDE UM DESCONHECIDO A SANAR A MESMA DOR QUE VOCÊ TEVE

Esse é muito semelhante ao método de "conversar com um amigo", mas difere em alguns aspectos. Se você se imaginar ajudando um estranho a resolver um problema doloroso, isso:

- Facilitará ser mais corajoso em sua escrita e superar qualquer medo ou ansiedade. Afinal, você está concentrado na dor do outro.
- Fará você se concentrar em informações específicas e acionáveis, o que tornará seu livro melhor e mais significativo para o leitor.
- Ajudará a manter seu ímpeto e motivação, porque você está concentrado em aliviar a dor do outro.

Dica: combine os dois. Se você se imaginar conversando com um amigo ajudando-o a passar por uma situação difícil pela qual você já passou, esse pode ser o melhor dos dois mundos.

Esses dois métodos permitem que você saia de seu próprio caminho e liberte sua voz naturalmente.

Por quê?

Porque você *não está* realmente pensando na voz. Você está concentrado no leitor. O foco no leitor, e não em você mesmo, é uma técnica superpoderosa que pode ser usada em cada etapa para escrever um livro eficaz e de sucesso.

Não se preocupe em ser um escritor, apenas ajude as pessoas, e sua voz cuidará de si mesma.

COMO MANTER A ENERGIA?

A maioria dos autores que perguntam sobre "energia" estão na verdade perguntando sobre outra coisa. Isso em geral é medo ou ansiedade tomando outra forma. Veja o capítulo voltado ao medo para se lembrar de como lidar com ele.

Dito isso, o aspecto mais importante da energia é manter uma linha de base de autocuidado e depois ter um cronograma e se ater a ele. Se fizer essas duas coisas, você gerará e protegerá a maior parte de seus níveis de energia.

COMO VENCER A PROCRASTINAÇÃO?

Como quase tudo o que o impede de escrever, a procrastinação é um sintoma de medo em outra forma.

Se você está procrastinando, pergunte a si mesmo se acredita em seu plano e em seu esboço. Às vezes, a procrastinação é seu subconsciente dizendo que algo está errado com seu plano.

Reveja o plano para o seu livro. Avalie-o e pergunte a si mesmo se acredita em cada seção. Se não, então corrija onde quer que veja um problema e você se sairá bem.

Além disso, outra grande maneira de vencer a procrastinação é comprometer-se publicamente. Quando estiver atrasado em seu livro, postar sobre isso lhe ajudará a obter apoio e a garantir que encontre a vontade de continuar.

É PRECISO ESCREVER SEQUENCIALMENTE?

Para a maioria dos autores, é melhor escrever de modo sequencial, a menos que você fique travado. Se tiver um bloqueio criativo, deixe isso de lado e vá para o próximo ponto em que consegue avançar. Preencha os buracos mais tarde.

DE QUE TAMANHO DEVE SER SEU LIVRO?

Dizemos a nossos autores que seu livro deve ser o mais curto possível, sem deixar nada de fora.

Você não deve escrever pensando no tamanho, mas precisa se lembrar de manter seu livro o mais curto e focado possível. Livros mais curtos são muito melhores. Eles vendem melhor, são mais lidos, mais envolventes e mais impactantes.

Os dados que temos sobre isso são muito claros: livros com menos de cem páginas não vendem tão bem (percepção de valor inferior), livros entre cem e 199 páginas vendem melhor, livros entre duzentas e 299 páginas vendem quase tão bem quanto os das centenas, e livros com mais de trezentas páginas vendem menos (livros desse tamanho exigem um grande investimento de tempo).

Como regra geral, você pode supor cerca de 250 palavras por página impressa, portanto 100-199 páginas equivalem a 25 mil a 50 mil palavras.

NÃO USE JARGÃO

Certifique-se de que sua voz seja acessível e não repleta de jargões desnecessários.

Se você se ver querendo usar jargões, volte a imaginar seu leitor ideal e pergunte-se: "Será que ele entenderia isso? Isso é necessário para me comunicar efetivamente com ele?"

Agora, se seu público gosta de jargões e espera isso em um livro, então use-os. Basta certificar-se de que é apropriado para seu público.

DIGITAR VS. ESCREVER À MÃO

Esta não será a escolha certa para todos, mas é uma escolha válida que você pode certamente fazer: em vez de digitar seu rascunho vomitado, pode escrevê-lo à mão.

Para algumas pessoas, isso dá muito, muito, certo. Os benefícios são:

- Impede de voltar e editar, porque esse processo agora é mais difícil.
- Torna mais fácil entrar no fluxo e simplesmente se render ao processo de escrita.
- Para algumas pessoas, a caligrafia é uma conexão cognitiva mais clara com as ideias do que a digitação. Isso NÃO funciona para todas as pessoas, mas definitivamente dá certo para algumas.

Esta autora resume bem os benefícios para ela:

Denise Gosnell
6 de maio

Hoje, escrevi à mão um rascunho para os capítulos 3 e 4. Decidi que não vou digitá-los até terminar de escrever à mão todos os 12 capítulos de rascunhos vomitados. Neste desafio, não me sentirei tentada a editá-los primeiro. Estou realmente gostando de escrever os capítulos à mão. Sei que isso não é para todos, mas adoro poder sentar-me do lado fora, na natureza ou em uma livraria, com apenas meu esboço e um caderno e deixar fluir. #CurtaOProcesso #DescubraSuaManeiraDeTornarDivertido

Tucker Max, Hall Clifford e 9 outros — 2 comentários Visto por 45

4.4

COMO ESCREVER SEU PRIMEIRO RASCUNHO (O MÉTODO SCRIBE)

"Você deve entender que há mais de um caminho para o topo da montanha."

— MIYAMOTO MUSASHI

O MÉTODO SCRIBE

A ideia por trás do Método Scribe é muito simples: em vez de encarar uma página em branco e digitar seu primeiro rascunho, você deve obter seu primeiro rascunho ditando-o em voz alta. Você grava a si mesmo e depois transcreve a gravação. Depois, transforma essa transcrição no primeiro rascunho.

Isso não o levará a um rascunho final, mas acelerará substancialmente o processo de escrita. Esse método é uma versão atualizada dos livros da maneira antiga: eles eram ditados a escribas profissionais.

Se tem certeza que deseja fazer dessa maneira, pule para "Como usar o Método Scribe".

Se você ainda não tem certeza e precisa se certificar, leia a próxima seção.

POR QUE FAZER DESSA MANEIRA?

Escrever é desafiador para a maioria das pessoas.

Por quê?

Não é por elas serem estúpidas, preguiçosas ou desqualificadas. É porque a escrita requer uma habilidade profunda e especializada. A habilidade de escrever é totalmente diferente de ter inteligência, sabedoria, experiência ou conhecimento para compartilhar.

Pense sobre isto: quantas pessoas inteligentes e de sucesso você conhece que têm muitas coisas a dizer, mas odeiam escrever?

Muitas, tenho certeza (você pode até ser uma delas).

O contrário também é verdade. Quantos escritores habilidosos e experientes você já leu que usam muitas palavras bonitas para efetivamente não dizer nada? Infelizmente, isso descreve a maioria dos escritores profissionais.

A escrita é uma habilidade cognitiva específica que é totalmente distinta de pensar e adquirir sabedoria. Assim como a habilidade de fazer cálculos mentais é uma prática distinta de ser um bom matemático (Richard Feynman, o brilhante físico quântico, muitas vezes usava calculadoras), e a habilidade de ler partituras não é uma aptidão necessária para ser um grande músico (Jimi Hendrix, o lendário cantor e guitarrista, não conseguia ler partituras), escrever não diz respeito a nada além da habilidade de escrever.

Isso suscita a pergunta: *a habilidade de escrever é realmente necessária para compartilhar conhecimentos e ideias?*

Afinal, se o objetivo final de um livro é compartilhar conhecimentos e ideias com o mundo, existe outra maneira de registrar essa sabedoria sem precisar escrevê-la fisicamente?

É claro que há outra maneira de compartilhar conhecimento e sabedoria: falando.

Falar é a maneira mais natural de transmitir ideias e informações entre os seres humanos.

Falamos há pelo menos 150 mil anos, mas só escrevemos há cerca de dez mil anos.

Pense nas pessoas com dislexia. Algumas das pessoas mais inteligentes e bem-sucedidas do mundo — Richard Branson, por exemplo — mal conseguem escrever um e-mail. Branson não é estúpido, nem ninguém o é só por ter dislexia. Disléxicos nunca serão capazes de desenvolver eficientemente funções de escrita e leitura.

Simplificando, alguns cérebros humanos não estão otimizados para ler ou escrever textos, mas todos nós estamos otimizados para falar e ouvir. Richard Branson não sabe escrever, mas ele com certeza sabe falar.

Na verdade, a maior parte do conhecimento humano ao longo da Antiguidade foi compartilhada e registrada através da história oral.

Para a maioria das pessoas, falar é mais fácil do que escrever, mas ainda assim há o trabalho de transformar oralidade em livro. Existe alguma maneira de uma pessoa falar sobre sua sabedoria e ideias, em vez de escrevê-las, e usar essa fala como base para o livro?

Sim, claro que há, e as pessoas têm utilizado esse método ao longo da história. Segue uma lista bem breve de pessoas cujas palavras ainda movem o mundo, mas que nunca escreveram nada:

- Sócrates nunca anotou nada, Platão registrava suas palavras.
- Jesus Cristo… nunca escreveu uma palavra, os apóstolos (como Paulo) escreveram.
- Buda nunca escreveu nenhum de seus ensinamentos, seus discípulos escreveram.
- Marco Polo contou a seu companheiro de cela sobre suas viagens enquanto eles estavam na prisão e seu companheiro de cela (que era um escriba de verdade) escreveu sobre elas.
- Dostoiévski ditou seus romances para sua esposa, que os escreveu.
- Winston Churchill ditou a maior parte de seus escritos para sua secretária.
- Malcolm X ditou sua autobiografia icônica ao jornalista Alex Haley.

Durante milhares de anos, escrever foi um trabalho específico, diferente de pensar. As pessoas que faziam a escrita eram chamadas de "escribas", mas elas não eram os estimados pensadores e influenciadores de sua época (o que agora chamaríamos de "líder de pensamento"). Elas eram consideradas profissionais com habilidades específicas, como os advogados ou mecânicos.

Pegue um dos mais prolíficos autores da época romana, o grande Júlio César. Ele usou escribas para registrar quase todas as linhas em todas as suas cartas e livros.

Por que ele usou escribas em vez de escrever ele mesmo?

Por um motivo óbvio: seu tempo era valioso demais para ser gasto dominando a habilidade de escrever palavras.

Júlio César passava seu tempo pensando e agindo, não escrevendo.

César mantinha escribas que registravam seus pensamentos enquanto ele os ditava em voz alta, então ele assinava seu nome nesses registros. Seus volumes de cartas e correspondências são todos de sua autoria, mas ele "não escreveu" nenhuma das palavras propriamente ditas.

É por isso que defendemos o processo Scribe para algumas pessoas: ele funciona, economiza tempo e, de modo geral, até melhora a escrita. Foi assim que muitas das personalidades mais importantes da história registraram sua sabedoria para a posteridade.

Em resumo, as razões pelas quais você pode querer usar esse método são:

1. **Mais facilidade:** ele oferece uma forma de ter um rascunho muito bruto para editar levando apenas cerca de trinta por cento do tempo que você levaria para escrever um primeiro rascunho.
2. **Mais rapidez:** poupa o tempo e a ansiedade de se contentar com uma página em branco.
3. **Produzir um livro melhor:** obriga você a ensinar seus conhecimentos de uma forma focada no leitor.

QUEM NÃO DEVE USAR O MÉTODO SCRIBE?

Seguem as principais razões para não utilizar o Método Scribe:

1. **Você está habituado a escrever:** você tem o costume de escrever — ou seja, a "pensar com os dedos" — e aprender um novo método seria contraproducente. Vários escritores profissionais são assim (incluindo eu mesmo).
2. **Você não conhece bem o tema:** você ainda não conhece bem seu tema para ensiná-lo em voz alta. Em essência, você precisa descobrir seu livro enquanto o escreve. Isso também é comum para escritores, mas menos comum para os autores com quem trabalhamos.

3. **Você teme um novo método:** não há nada de errado em sentir-se incerto sobre um método "novo". Se você se sente mais confiante com os métodos que conhece melhor, então use-os.

Novamente, não existe um jeito "certo" ou "errado" de escrever um livro. O jeito certo é aquele que funciona melhor para você e que, em última análise, resulta em um livro publicado.

COMO USAR O MÉTODO SCRIBE

O processo Scribe é muito simples: em vez de escrever o primeiro rascunho, você pega o esboço e grava a si mesmo falando, como se ensinasse seus conhecimentos a alguém ou desse uma palestra. Em seguida, você transcreve a gravação e usa essa transcrição como a base de seu rascunho.

PASSO 1: PREPARE-SE PARA GRAVAR SEU ÁUDIO

A tecnologia torna a logística de gravação de seu conteúdo incrivelmente fácil. Há uma infinidade de maneiras de gravar a si mesmo e uma série de serviços que você pode usar para conseguir a transcrição dessa gravação. Seu computador ou iPhone tem um gravador embutido. Você pode usá-lo com facilidade.

Recomendamos um serviço específico, simplesmente porque ele torna tudo mais simples: Rev.com. Há também um aplicativo chamado Temi que usa IA para transcrever. A qualidade é inferior à transcrição humana, mas, considerando que é noventa por cento mais barato, é uma opção que vale a pena também.

Como você terá sua gravação transcrita, certifique-se de gerar um arquivo de áudio de qualidade que produzirá uma transcrição limpa e completa. Isso significa que não deve haver ruído de fundo (como conversas paralelas) e que você deve usar um microfone bom o suficiente, colocado próximo à boca, para captar de forma limpa tudo o que disser. Você não precisa de nada extravagante — os microfones intra-auriculares do iPhone são ótimos.

Pode parecer óbvio, mas grave apenas um capítulo de cada vez e um capítulo por arquivo de áudio. Isso facilita o gerenciamento das transcrições.

Para um livro finalizado de trinta mil palavras, você terá cerca de 10-12 capítulos e deve visar de seis a oito horas de gravação. Isso significa cerca de 30-45 minutos por capítulo.

Obviamente, você não poderá fazer tudo isso em uma só sessão. É importante dividir a duração e certificar-se de obter áudio suficiente para cada capítulo.

PASSO 2: DICAS PARA REGISTRAR SEU RASCUNHO BRUTO

Seguem algumas dicas e ideias para ter em mente enquanto você desenvolver sua primeira versão de rascunho. Todas as estratégias que descobrimos que funcionam:

A. Delimite-o como ensino

Pense em quem é o público ideal para o livro e depois finja que você está falando com eles. Volte à sua persona. Se puder imaginar uma pessoa real que conhece e que se encaixa nesse molde, isso tornará tudo ainda mais fácil.

Antecipe o que mais interessa a esse leitor, o que ele gostaria de saber a seguir e que perguntas ele teria.

Seja tão minucioso quanto é humanamente possível — mesmo que pareça ridículo — com os detalhes de suas instruções. Certifique-se de não deixar de abordar quaisquer passos que levam à sua conclusão, mesmo que pareçam triviais ou óbvios, pois o leitor não entenderá completamente a menos que você explique tudo.

B. Permaneça com o esboço

Seu esboço é sequencial por uma razão; não vá aleatoriamente de um ponto a outro. Permaneça com o esboço e no argumento que você pretende apresentar. Lembre-se que essa é a base do primeiro rascunho, portanto, quanto mais você permanecer com o esboço e no caminho certo, mais fácil será para usar a transcrição para escrever o livro. Você pode perceber que deseja incluir ou excluir informações em algum ponto. É precisamente para isso que servem os rascunhos posteriores. Por enquanto, permaneça com o esboço.

C. Explique tudo completamente

Se estivesse fazendo uma palestra simplesmente para expor seu ponto de vista, você poderia fazê-lo muito rapidamente. Mas não é esse o objetivo de falar. Você está ensinando para que o eventual leitor aprenda.

Seu objetivo é conseguir uma explicação completa — mais do que você provavelmente precisa —, então, quando escrever o livro a partir de sua transcrição de áudio, tudo estará lá. O livro precisa conter informações suficientes para explicar os conceitos para leitores informados e desinformados.

Mais informação é quase sempre melhor do que menos, portanto, por favor, diga tudo o que lhe vier à mente sobre o argumento, especialmente qualquer coisa que você ache relevante. Não se preocupe com a eloquência, explicando tudo perfeitamente em sua primeira tentativa ou não divagando. A substância importa mais do que o estilo; você só precisa se preocupar em acertar a substância. É muito mais fácil cortar palavras do que adicioná-las em lugares em que você não explica o suficiente.

Caso sinta que está sendo muito óbvio, lembre-se sempre desta citação de Nina Paley:

"Não seja original; seja óbvio. Quando você diz o óbvio, na verdade parece original."

CRIANDO SEU RASCUNHO BRUTO A PARTIR DA TRANSCRIÇÃO

Ao receber a transcrição de sua gravação de áudio do serviço de transcrição, você iniciará o processo de "traduzir" essa transcrição do áudio em prosa de livro, que será seu primeiro rascunho. Veja como pegar a transcrição em estado bruto e transformá-la em um rascunho:

PASSO 1: ORGANIZE SEUS CAPÍTULOS

Se gravou cada capítulo como um arquivo de áudio, então você os receberá do transcritor em arquivos de Word separados.

Esta é a maneira mais fácil que encontramos para editar:

1. Crie um novo documento (em Word ou Google Docs).
2. Coloque as seções gerais de cada capítulo na parte superior da transcrição do capítulo correspondente.
3. Cole toda a transcrição de áudio de cada capítulo abaixo do esboço do capítulo.

Isso lhe dará a estrutura do capítulo acima e o trabalho na transcrição de áudio logo abaixo dele.

PASSO 2: "TRADUZA" A TRANSCRIÇÃO DE ÁUDIO EM PROSA DE LIVRO

Uma vez que tenha organizado cada capítulo, você "traduzirá" seu texto de áudio em prosa de livro. Isso não é tão desafiador quanto a escrita original, já que as palavras e ideias estão lá.

Importante: ***isso não é edição.*** Na maioria dos casos, você precisará reescrever a transcrição.

Há várias maneiras de fazer isso, mas há um processo que é mais eficaz para nós. É contraintuitivo, mas o truque é ir devagar para terminar mais rápido. Seguem os passos exatos que recomendamos seguir para cada capítulo:

- Utilizamos um processo com dois documentos. Um é o documento aberto no qual a transcrição se encontra; o outro é o rascunho do original. Você deve "ler, digerir, escrever", mudando a atenção da transcrição para o original.
- Recomendamos que você siga parágrafo por parágrafo, reescrevendo cada uma das passagens de transcrição no original.

A questão é que você precisa digitar fisicamente seus novos capítulos, parágrafo por parágrafo. NÃO basta editar os trechos da transcrição em estado bruto.

Por que não simplesmente editar a transcrição de forma direta?

Porque escrever dessa maneira é MUITO mais fácil do que editar sua transcrição em uma escrita que funciona bem na página.

Há uma tendência a querer desligar seu cérebro e usar exatamente o que você diz na transcrição, literalmente. Isso leva à necessidade de MUITA edição e torna o processo bastante doloroso.

Uma vez que receber sua transcrição de volta, você verá que o áudio transcrito não se parecerá com seu idioma. Não estará nem perto disso. A tentativa de editar lhe deixará louco. É muito melhor ler e absorver o que cada parágrafo da transcrição está tentando dizer e então começar de novo com frases que façam sentido. Isso é essencialmente a tradução de um meio, o áudio, para outro, a escrita.

É claro que haverá pontos em que você poderá usar quase exatamente suas palavras a partir da transcrição. Quando isso acontece, é ótimo e facilita seu trabalho. Porém, para a maioria das pessoas, isso não acontecerá com frequência.

Observação: em alguns casos, isso pode incluir a adição de conteúdo que não estava na transcrição. Certas ideias requerem alguma expansão para se conectar corretamente. Você precisará adicionar transições ou conexões que não fazem parte da transcrição. Isso é totalmente aceitável, é claro. Afinal de contas, são suas ideias.

Se as coisas se tornarem difíceis, e assim será, basta continuar. É aqui que é fácil desistir. Você se arrependerá se o fizer.

Mais uma vez, não se preocupe em ser perfeito, pois você vai voltar e editar depois. Isso é apenas para fazer o primeiro rascunho.

Você obterá algo ao qual poderá voltar e aperfeiçoar posteriormente.

PARTE 5

EDITE SEU LIVRO

5.1

COMO EDITAR SEU LIVRO

"Quando sua história estiver pronta para ser reescrita, corte-a profundamente. Livre-se de cada grama de gordura em excesso. Isso será doloroso; rever uma história até o essencial é sempre um pouco como assassinar crianças, mas precisa ser feito."

— STEPHEN KING

Parabéns!

É incrível terminar de escrever o primeiro rascunho. Recompense a si mesmo com algum tempo para descansar e relaxar. A parte mais difícil já passou. Agora você tem um livro de verdade em suas mãos, mesmo que esteja em seu estado bruto.

Quando digo para descansar e relaxar, falo muito sério. Deixe tudo de lado por *pelo menos* uma semana, idealmente duas. Isso lhe dará uma nova perspectiva valiosa quando você voltar e começar a editar.

É possível começar a editar de imediato, mas o resultado não será tão bom. Isso é parte do motivo pelo qual lhe dizemos para reservar dois meses para a edição. Isso lhe dará uma margem para descansar a mente e voltar ao seu original mais relaxado.

A propósito, se escreveu seu livro usando os Princípios de Escrita de Não Ficção da Scribe, então todas as instruções de edição se encaixarão perfeitamente.

COMO CONDUZIR A EDIÇÃO

Quando começar a editar, há dois lembretes que recomendamos que você tenha em mente:

1. O livro é para seu leitor, não para você.
2. Edite para uma criança de 12 anos.

Eles parecem estranhos? Deixe-me explicar.

1. O LIVRO É PARA SEU LEITOR, NÃO PARA VOCÊ

Sim, é claro que o livro é seu. Sim, ele provavelmente tem muitas de suas histórias — na verdade, deveria. Sim, o livro lhe trará benefícios.

Entretanto, como discutimos no posicionamento, se você quiser que o livro o ajude, ele precisa oferecer valor ao leitor. Em essência, para conseguir o que deseja, dê ao leitor o que ele quer.

Isso é muito mais fácil de falar do que fazer. Eis alguns fatos sobre os leitores. Eles são:

1. Impacientes.
2. Egoístas.
3. Ignorantes (sobre o assunto que abordará).

Não quero dizer isso de uma forma pejorativa. É apenas como todos os leitores são (incluindo você e eu).

A verdade é que, em um livro, você está comprando a atenção do leitor A CADA PARÁGRAFO.

Você pode escrever o livro sem se preocupar com os fatos, mas uma vez que você começa a editar, ele se torna muito importante.

A questão é que, ao escrever, você pode pensar em si mesmo, mas, ao editar, é preciso pensar em seu leitor.

Como você pensa sobre o leitor? Isso leva diretamente ao próximo ponto.

2. EDITE PARA UMA CRIANÇA DE 12 ANOS

Qual é o romance mais vendido das últimas três décadas?

Cinquenta Tons de Cinza.

Que foi escrito em um nível compreensível para adolescentes e jovens adultos.

Qual é a série de romances mais vendida das últimas três décadas?

Harry Potter.

Que foi escrita em um nível compreensível para adolescentes e jovens adultos.

Embora esses livros tenham sido escritos voltados para o público adolescente, oitenta por cento do público de *Cinquenta Tons de Cinza* são adultos, e sessenta por cento do público de *Harry Potter* são adultos. (A designação Jovem Adulto na verdade se aplica a adultos que não querem livros complexos, não a adolescentes. Sim, as pessoas pensam que se aplica a adolescentes, mas essa não é a maioria dos compradores de livros de ficção para Jovens Adultos).

Por que estou dizendo isso? O que a ficção tem a ver com você?

Porque, quando você escreve para um jovem inteligente e interessado de 12 anos, isso lhe obriga a ser claro e direto — o que, por sua vez, torna seu livro MAIS atraente para públicos mais velhos.

Sei que pode parecer inverossímil, mas pense nisto:

Na lista dos dez livros de negócios mais vendidos dos últimos trinta anos, há três muito curtos e simples. Não estou brincando:

- *Quem mexeu no meu queijo?*
- *Os 5 desafios das equipes*
- *O gerente-minuto*

Qual é a lição aqui?

Contar histórias simples e convincentes para transmitir seu ponto de vista FUNCIONA. Se você fizer isso, sem subestimar o leitor, o livro provavelmente será tão claro e direto quanto precisa que seja.

Não estou dizendo para ser simplista. Não estou dizendo para deixar de fora nenhuma informação importante. Não estou dizendo nem mesmo para aparvalhar qualquer coisa, longe disso.

Estou dizendo para escrever suas ideias de forma digerível e direta, de modo que uma criança de 12 anos, inteligente e interessada, possa entendê-las.

Para ser claro, isso não significa que suas ideias *em si* precisam ser simples; significa apenas que sua apresentação delas deve ser simples e direta.

O problema é que muitas pessoas pensam que uma boa escrita é complicada e difícil de ler. Isso não é verdade. Há algumas áreas, como a acadêmica, em que a escrita de uma forma desnecessariamente complexa adquire um status elevado.

Contudo, fora dessas áreas, quanto mais direta e simples for a escrita, mais acessíveis serão suas ideias reais e melhor o livro funcionará para os leitores. É assim que você obtém tudo o que deseja também.

O MÉTODO DE EDIÇÃO EM TRÊS ETAPAS

Recomendamos um processo de edição em três etapas:

1. **Edite do jeito certo:** certifique-se de que tudo esteja ali, na ordem certa, e que faça sentido.
2. **Edite linha por linha:** aprofunde-se nos capítulos, parágrafos e frases para ter certeza de dizer exatamente o que pretende.
3. **Edite lendo em voz alta:** leia o original em voz alta, preferivelmente para uma pessoa, e certifique-se de que soa bem aos ouvidos.

PARTE 1: EDITE DO JEITO CERTO

Esse deve ser o passo de edição mais fácil e mais simples. Há três objetivos na edição "certinha". Você quer garantir que:

1. Todo o conteúdo esteja no livro.
2. O conteúdo esteja na ordem certa.
3. A estrutura e o posicionamento façam total sentido.

Isso serve, basicamente, para garantir que o livro tenha tudo em seu conteúdo para que você possa realmente começar a edição profunda. Toda a parte escrita e as histórias precisam estar reunidas na ordem certa e fazer sentido.

É mais ou menos isso. Não torne o processo mais complicado do que precisa ser.

PARTE 2: EDITE LINHA POR LINHA

Esta é a estrutura que usamos para nossa edição linha por linha. É simples de entender, mas eficaz se você a aplicar corretamente. Ela fornece as perguntas exatas a se fazer em cada nível de edição:

Conforme ler cada **capítulo**, faça a si mesmo estas seis perguntas:

1. Que argumento estou defendendo?
2. Ele é necessário?
3. Ele está o mais curto possível?
4. Ele está o mais simples possível?
5. Ele está o mais direto possível?
6. Será que deixei alguma coisa de fora?

Estamos sendo literais — faça a si mesmo essas perguntas, uma de cada vez.

Sim, isso é enfadonho. Mas, se fizer esse exercício de forma consistente, ele se torna uma segunda natureza. Uma vez que isso aconteça, você descobrirá que não apenas pode cortar os excessos de seu livro, como também pode torná-lo mais aguçado e refinado e será capaz de melhorar o que está tentando dizer e acertar em cheio.

Faça isso em cada parágrafo, depois em cada frase. Se fizer, você terá um excelente livro.

(A propósito, adaptei essas instruções do ensaio *A política e a língua inglesa*, de George Orwell, que contém instruções de edição do, sem dúvida, maior escritor do século XX.)

(Como ferramenta opcional para ajudá-lo a editar linha por linha, recomendamos o Hemingway Editor: www.hemingwayapp.com)

PARTE 3: EDITE LENDO EM VOZ ALTA

Esse é um processo de edição que não é comumente ensinado, mas é um truque secreto de inúmeros autores best-sellers. Brené Brown, Neil Strauss, eu mesmo — todos nós fazemos isso.

Quando estava escrevendo pela primeira vez *Espero que sirvam cerveja no inferno* , eu tinha equipes de revisores atuando no livro. Primeiro eu mesmo revisei, depois tive a ajuda de amigos editores profissionais e, finalmente, a editora contratou revisores. Não pensei que um único erro pudesse aparecer e felizmente concluí o manuscrito.

Alguns meses depois gravei meu audiolivro e, ao ler o manuscrito em voz alta, fiquei horrorizado.

Havia cem pequenos erros e mudanças que eu só percebi após lê-los em voz alta. Não apenas erros ortográficos; estes eram bem poucos. Eram mais erros de escolha de palavras ou de fraseado.

Isso me ENLOUQUECEU.

Não cometa o mesmo erro. Leia seu original em voz alta e marque as mudanças à medida que for avançando.

Se as palavras fluírem de sua língua, elas também fluirão suavemente na mente dos leitores. Como esperei demais para ler em voz alta, era muito tarde para fazer correções no livro.

Aprenda com meu erro, leia seu original em voz alta e faça suas mudanças antes de publicar seu livro.

Se achar difícil ler em voz alta (muitos autores acham), recomendamos pedir a ajuda de um amigo. Se alguém estiver com você, ouvindo-o enquanto lê o original, isso criará a pressão social necessária para que realmente faça isso.

Caso seja algo que diria em voz alta, então será lido com clareza. Se for algo que você nunca diria a outra pessoa, não se lerá tão claramente.

Parece loucura, *mas funciona*. Paul Graham explica o porquê:

> Certo, então a linguagem escrita e a falada são diferentes. Será que isso piora a linguagem escrita?
>
> Se você quiser que as pessoas leiam e entendam o que você escreve, sim. A linguagem escrita é mais complexa, o que faz com que ler seja mais trabalhoso. É também mais formal e distante, o que dá aos leitores permissão para desviar a atenção.
>
> Você não precisa de frases complexas para expressar ideias complexas. Quando especialistas em algum tema obscuro falam uns com os outros sobre ideias em sua área, eles não usam frases mais complexas do que quando falam sobre o que comerão no almoço. Eles utilizam palavras diferentes, certamente. Entretanto, mesmo assim eles não as usam mais do que o necessário. E, em minha experiência, quanto mais difícil o assunto, mais informalmente os especialistas falam. Acredito que isso ocorre, em parte, porque eles têm menos a provar; mas também porque, quanto mais difíceis são as ideias das quais está falando, menos você pode se dar ao luxo de deixar a linguagem atrapalhar.
>
> Se você simplesmente conseguir escrever em linguagem falada, você estará à frente de 95 por cento dos escritores. E é tão fácil de fazer: só não deixe passar uma frase, a menos que seja a maneira de dizer isso a um amigo.

Ler seu original em voz alta dá tão certo porque você perceberá dezenas de coisas que de outra forma teria ignorado. Como diz Paul, ouvir-se falar força você a perceber frases ruins ou estranhas — mesmo que você não saiba *por que* não funcionam, você sabe que elas não funcionam.

PASSO 1: LEIA EM VOZ ALTA PARA UMA PESSOA

Se possível, leia cada capítulo para uma pessoa diferente. Eu sei, isso parece horrível e tedioso, mas ler para pessoas reais força você a realmente ouvir o que está e o que não está funcionando. É uma função de imposição incrível.

Caso não possa fazer isso, então prepare um microfone e grave-se enquanto lê em voz alta.

Você pode apagar a gravação depois disso. O que importa é que você está lendo EM VOZ ALTA.

Isso é FUNDAMENTAL para que esse processo funcione. Mas é preciso ler para uma pessoa de verdade. Não dá certo de outra forma.

Caso não possa fazer isso, há outra solução: use o Natural Reader. Ele traduz seu texto para o discurso, então é como se alguém lesse seu original para você: https://naturalreaders.com/online/.

Então você escutará o que suas palavras estão dizendo e ouvirá os erros.

PASSO 2: EDITE PELA SENSAÇÃO

Ao ler, você naturalmente se perguntará:

> "Isto soa da mesma maneira que eu diria a uma pessoa de verdade? Isto me parece bom o suficiente?"

Você (e a outra pessoa) inevitavelmente ouvirá erros, frases que quer mudar e sentenças que soam fora do lugar e você deseja corrigir. Enquanto ler em voz alta, corrija seus erros.

Não tem problema se "sentir" que algo está errado, e não tiver certeza de como mudar, basta marcar na primeira vez. Na primeira leitura, você quer ouvir os problemas, para poder voltar atrás e resolvê-los depois.

"Em geral, o que está escrito deve ser fácil de ler e de falar; o que é o mesmo."

— ARISTÓTELES

QUANTAS VEZES DEVO EDITAR?

Recomendamos que os autores façam cada fase uma vez. Se as fizer corretamente, uma vez cada uma é suficiente. Para alguns originais, uma segunda edição linha por linha faz sentido.

É importante observar: recomendamos três vezes, pois nossos autores passam desse número de edições para nos enviar seu original, até nossos funcionários fazerem uma edição completa do conteúdo. Essa seria uma quarta edição.

Basta saber que, se quiser que outra pessoa olhe seu livro após terminar as três primeiras etapas de edição, você também pode fazer isso. De fato, a maioria dos autores faz (mesmo aqueles que não trabalham conosco).

QUANDO PARAR DE EDITAR

Você saberá que está perto de terminar a edição quando odiar seu livro.

Estou brincando, mas só um pouco.

Escrevi sete livros e detestei cada um deles na fase de edição. Isso geralmente acontece em torno da marca dos setenta ou oitenta por cento. Quando estou perto o suficiente para poder ver o fim, mas longe o suficiente para sentir que ainda falta um caminho a percorrer, odeio tudo e quero desistir.

Atualmente, quando escrevo um livro, sei que ele verá a luz do dia, posso me preparar para isso e reconhecer quando ele está prestes a ficar pronto. De certa forma, eu realmente fico na expectativa por sua conclusão. Então, quando começo a odiar meu livro, sei que estou perto de terminá-lo e só preciso de mais um empurrão final.

Isto é engraçado: por volta da marca de três meses após o lançamento de seu livro, você esquecerá totalmente esses tempos difíceis. Não estou brincando de forma alguma. Isso me faz lembrar de minha esposa e nossos filhos.

O primeiro parto correu bem. Tivemos a ajuda de parteiras e fizemos o parto em casa, demorou cerca de sete horas e tudo foi tranquilo. Contudo, se você já teve filhos, sabe que tranquilo não significa agradável. Minha esposa sentiu SÉRIAS dores. Foram sete horas de agonia e sofrimento. Ela odiava cada minuto.

Então, quando nosso bebê tinha uns nove meses, estávamos jantando com alguns amigos e conversando sobre filhos. Ela disse: "Mal posso esperar para ter nosso próximo filho. O primeiro parto foi tão agradável e maravilhoso."

Eu fiquei de queixo caído: "O quê? Você não estava lá? Você sentiu uma agonia excruciante o tempo todo. Você gritou palavrões para Deus e o mundo."

Ela meio que me olhou de um jeito engraçado: "Sim... eu sei que você está certo. Sei que isso é tudo verdade. Mas não me lembro de nada disso."

É assim que se escreve um livro. Você odeia no final e adora quando ele enfim é publicado.

Se precisar de um lembrete para ajudá-lo a decidir quando e se já terminou a edição, você pode usar o que chamamos de Miniteste de

Parada de Edição. São duas perguntas e você pode fazê-las repetidas vezes até ficar satisfeito.

MINITESTE DE PARADA DE EDIÇÃO, PERGUNTA Nº 1: ESTE É O MELHOR LIVRO QUE VOCÊ PODE ESCREVER NESTE MOMENTO?

Se a resposta for sim, então envie o livro para publicação.

Se a resposta for não, então siga para a pergunta nº 2.

MINITESTE DE PARADA DE EDIÇÃO, PERGUNTA Nº 2: O QUE VOCÊ PODE FAZER AGORA MESMO PARA MELHORAR?

Se houver uma resposta, algo que você possa fazer agora, faça.

Se não houver nada que você possa fazer agora, e a resposta for algo como: "Tornar-me um melhor escritor", então envie o livro para publicação.

O objetivo disso é tirá-lo de sua espiral de "Bem, se eu pesquisasse um pouco mais..." e, dois anos depois, seu livro ainda estará no mesmo lugar. Isso é besteira e procrastinar impede que você termine sua obra.

Se você quer se tornar um escritor melhor para eventualmente escrever um livro muito melhor, você pode fazer isso. Entretanto, o caminho para esse destino é publicar seu livro agora.

UM ÚLTIMO COMENTÁRIO SOBRE FINALIZAR SUA EDIÇÃO

A maioria dos autores de primeira viagem cai na "espiral da morte da edição". Isso ocorre quando eles continuam editando a mesma coisa repetidamente e não conseguem parar.

Vemos isso acontecer o tempo todo. Os autores fazem as três primeiras edições bem. Depois nós concluímos nossas edições do livro, devolvemos e eles passam seis meses com a obra.

Não porque eles estão fazendo mudanças substanciais. Em vez disso, eles se perdem em detalhes, preocupando-se com pequenas escolhas de palavras, fazendo pequenas edições e obscurecendo detalhes. Quase temos que tirar o livro das mãos deles para que possamos terminá-lo, mesmo que eles não tenham mais nada a mudar.

Isso pode ocorrer por muitos motivos diferentes, como o perfeccionismo, o medo da publicação, o medo do sucesso ou o medo do fracasso. Haverá sempre mais a fazer, mais a mudar, mais a melhorar. Pensar dessa forma matará seu livro. Há dois aforismos que usamos para ajudar os autores a superar esse ponto:

"A perfeição é inimiga daquilo que está ótimo, feito é melhor do que perfeito."

— SETH GODIN

"[Livros] nunca são verdadeiramente concluídos, eles são apenas abandonados."

— LEONARDO DA VINCI

Escolha seu aforismo, eles significam a mesma coisa: pare de editar, imprima seu livro ou ele não fará bem algum a ninguém.

Se você chegou a este ponto e está editando demais, então precisa parar. Poderíamos escrever um livro totalmente diferente sobre esse assunto, mas vamos simplesmente dizer isto:

> ***Pelo menos uma pessoa, e provavelmente muitas mais, quer aprender o que seu livro ensina. Você tem a obrigação consigo mesmo e com seu público de parar de editar e lançar o livro.***

Dê seu conhecimento a eles, mesmo que não esteja perfeito. Eles querem e precisam dele.

"Aqueles que sabem que são profundos buscam clareza. Aqueles que gostariam de parecer profundos à multidão lutam pela obscuridade."

— NIETZSCHE

VOCÊ DEVERIA PEDIR FEEDBACK ÀS PESSOAS?

"Eu tento cortar as partes que as pessoas pulam."

— ELMORE LEONARD

Se seu carro quebrasse, você pediria a um chef que o olhasse e dissesse o que está errado?

A menos que fosse o Oscar Mayer Wienermobile,[5] o que um chef poderia dizer?

Na melhor das hipóteses, ele coçaria a cabeça e diria: "É, parece que seu carro quebrou". Obrigado, ajudou muito.

Na pior das hipóteses, ele tentará ser útil e acabará piorando tudo.

Se você precisa consertar seu carro, deve levá-lo a um mecânico, porque um mecânico tem experiência em consertar carros. É literalmente por isso que eles são pagos.

Sei que esse é um exemplo bobo. No entanto, os autores fazem exatamente isso. Eu poderia contar histórias terríveis de autores que

5 É um exótico automóvel em formato de cachorro-quente. Foi criado em 1936 com o objetivo de promover a marca da empresa Oscar Mayer.

tinham um grande original e depois o enviaram a amigos aleatórios para ouvir a opinião deles.

O que acontece é que os amigos ou sentem que precisam dizer algo, então apenas fazem comentários aleatórios, ou pior ainda, pensam que sabem escrever porque passam o dia todo escrevendo e-mails, mas não sabem nada de livros, e seus comentários sem sentido confundem o autor.

Se quiser receber feedback, há uma maneira certa e você deve pedi-lo apenas a pessoas específicas. Elas geralmente devem se enquadrar em um destes três grupos:

1. Escritores ou editores experientes.
2. Especialistas em sua área específica.
3. O público exato que você quer que seu livro alcance.

Vamos dividir cada categoria:

1. ESCRITORES OU EDITORES EXPERIENTES

Isso é óbvio. Alguém que tem muita experiência em escrita e edição pode certamente ajudá-lo com seu original e dar um feedback útil.

Tenha em mente que muitas pessoas *superestimam enormemente* a própria experiência e capacidade nessas áreas. Muitos pensam que, por escrever e-mails o dia todo, isso os qualifica como escritores ou editores habilidosos, quando na verdade não são nada disso.

É por isso que na Scribe temos um rigoroso processo de testes antes mesmo de começarmos a trabalhar com editores, revisores e gerentes editoriais. Mesmo que eles estejam empregados em tempo integral como escritores ou editores, não presumimos que sejam qualificados. Queremos analisar o trabalho dos candidatos e julgamos sua capacidade pela qualidade do que foi apresentado.

O que acontece como resultado desses testes? Rejeitamos cerca de 98 por cento das pessoas que se candidatam a trabalhar conosco, todas elas com experiência legítima de escrita ou edição. Isso deve lhe dizer a qualidade geral dos "especialistas" que existem por aí.

Falamos isso apenas porque vimos muitos autores darem seu original a um amigo que se dizia um "grande" escritor, apenas para ver esse amigo fazer observações verdadeiramente pavorosas que deixaram o autor confuso e magoado e geraram muitos problemas para o livro.

Esta é a dura realidade de dar feedback : *a maioria das pessoas não tem ideia do que estão falando*,especialmente em relação a livros e escrita. Receber feedback dessas pessoas é prejudicial.

2. ALGUÉM DE SUA ÁREA OU NICHO

Pedir feedback a alguém da mesma área de especialização que a sua pode ser de grande ajuda. Por exemplo, se você é um consultor financeiro e apresenta seu livro a dois amigos de confiança com o mesmo cargo para que o leiam, eles podem oferecer uma perspectiva sobre o livro que pode ser útil e única.

O segredo para tornar isso frutífero é pedir que eles se concentrem especificamente no que sabem bem. Quando compartilhar o original, peça que eles leiam como consultores financeiros, verificando se você não cometeu nenhum erro factual, que os clientes o compreendam e que seu tom seja apropriado para sua profissão; coisas desse tipo.

Basicamente, você está pedindo que eles apliquem suas décadas de experiência ao seu original; o que pode dar muito certo.

3. ALGUÉM DE SEU PÚBLICO

Se seu livro é sobre como abrir um negócio de aplicativos e você o apresenta a dois amigos que estão tentando abrir negócios de aplicativos, isso é perfeito. Eles poderiam dizer o que os ajudou no livro, quais partes gostariam que tivesse mais conteúdo e onde se sentiram confusos ou perdidos. Esse tipo de feedback tende a ser valioso.

Basta ter muito cuidado com quem você escolhe e oferecer instruções muito específicas. Caso escolha alguém de seu público primário, certifique-se de dizer o que você quer saber.

Por exemplo: "Eu adoraria que você lesse meu manuscrito e me dissesse em que parte ele se perde, não faz sentido ou fica difícil de acompanhar."

TODO FEEDBACK ESTÁ ERRADO

Tenha cuidado com o feedback. O melhor conselho que já ouvi sobre o feedback de um livro é este:

> Todo feedback está errado de alguma forma. Seu trabalho é descobrir o que está certo e prestar atenção apenas a isso.

O que isso significa é que a maioria das pessoas dá feedback com base em como se sentem e quase não sabem como resolver o problema. Esta citação do autor Neil Gaiman resume tudo:

> Quando as pessoas dizem que algo está errado ou não funciona para elas, quase sempre estão certas. Quando elas dizem exatamente o que acham que está errado e como corrigir, quase sempre estão erradas.

Seu argumento é que o leitor pode saber que seu livro não funciona para ele de alguma forma, e você deve ouvir essa crítica.

No entanto, as *ideias das pessoas para soluções* são provavelmente ruins, pois elas não têm experiência em resolver problemas de escrita.

Se alguém em seu público diz que algo não está funcionando, ouça seus comentários, mas use suas próprias ideias e conhecimentos para sanar o problema. Ninguém conhece seu livro e seu assunto melhor do que você.

AS PIORES COISAS A FAZER (E COMO CORRIGI-LAS)

Há algumas coisas que você nunca deve fazer em termos de feedback e a forma de corrigi-las:

NÃO publique algumas páginas do seu livro no Facebook/Twitter para conseguir feedback: isso é desastroso. Você se arrependerá profundamente. Em mais de 15 anos como escritor, nunca vi isso funcionar para ninguém. Há tantas razões para isso dar errado que é difícil listar todas elas. Basta pensar desta maneira:

Se você quisesse conselhos sobre suas roupas, ficaria no meio de um parque de diversões e perguntaria aleatoriamente às pessoas que passassem?

É claro que não.

Bem, pedir uma opinião sobre seu texto nas mídias sociais é a mesma coisa. Nunca é demais frisar que você não deve fazer isso.

Escolha pessoas específicas para pedir ajuda: não há nada de errado em pedir a pessoas específicas formas predeterminadas de feedback, como discutido antes. A palavra-chave é "pessoas específicas". Especialistas da escrita, ou da sua área, ou pessoas do seu público. Esse é o segredo.

NÃO dê seu manuscrito a alguém sem pedir feedback específico: não ofereça seu manuscrito para alguém e diga: "Ei, dê uma olhada nisto e me diga o que pensa." Essa é uma receita para todo tipo de desperdício de tempo e esforço.

Seja específico em seu pedido. Definitivamente, há situações em que pedir feedback é apropriado e útil, mas sempre diga algo como: "Ei, você poderia me dizer se acha que minha voz no livro parece pouco profissional para um contador?"

VOCÊ DEVERIA DEIXAR AMIGOS E FAMILIARES DAREM FEEDBACK SOBRE SEU ORIGINAL?

Seja muito cuidadoso ao pedir a amigos e familiares que lhe deem feedback.

Já vi muitos originais arruinados por amigos e familiares que tentaram ser simpáticos.

O que acontece é que eles sentem que devem dar feedback, então apenas mencionam coisas que vêm à mente. Embora sejam bem-intencionados, a maioria de seus conselhos não só está errada, como também é contraproducente e tóxica — uma dinâmica que pode confundir os autores.

O resultado? A menos que seus amigos e familiares se encaixem nas categorias mencionadas anteriormente, ou que você não se importe em ignorá-los, não deixe que eles lhe deem feedback.

PARTE 6

TERMINE SEU ORIGINAL

6.1

ESCOLHENDO O TÍTULO DE LIVRO PERFEITO

"Tudo isso é uma fuga inteligente. Não faça."

— ANNE HERBERT

Por incrível que pareça, há poucos guias úteis sobre como dar bons títulos a livros. Os conselhos existentes em geral são de pouca utilidade:

- Banais ("Siga seu instinto!").
- Superficiais ("Visite livrarias para ter ideias!").
- Ou pior, ativamente prejudiciais ("Não perca muito tempo com isso.").

Eles estão todos errados.

Assim como as empresas que gastam milhões para nomear novos produtos, e os portais de comunicação que levam tempo testando diferentes títulos para postagens, ***você deve despender tempo e energia substanciais para encontrar o título de livro certo.***

Essa é uma decisão muito importante, que você precisa pensar e acertar para garantir que seu livro tenha a melhor chance possível de sucesso.

Neste guia abrangente para a escolha do título de livro perfeito, eu o guiarei para fazê-lo refletir sobre títulos de livros, depois direi como escolher o seu e testá-lo.

POR QUE OS TÍTULOS DE LIVROS SÃO IMPORTANTES?

O título do seu livro é a decisão de marketing mais importante que você tomará. Ponto final.

O título é a primeira coisa que o leitor vê ou ouve sobre seu livro, mesmo antes da capa, na maioria dos casos. Acertar é a mais importante decisão de marketing da obra que você tomará (mesmo que a maioria das pessoas não pense nisso como marketing). O título forma a base do julgamento do leitor sobre seu livro.

Sejamos claros: um bom título *não* fará com que seu livro se saia bem. Mas um título ruim certamente *impedirá* que ele se saia bem.

O exemplo icônico da importância de um título de livro é a mudança de título que levou um livro desconhecido a se tornar um best-seller. Em 1982, Naura Hayden lançou um livro chamado *Amor astro-lógico* Foi um fracasso.

Ela, então, pegou exatamente o mesmo livro, alterou uma pequena quantidade do conteúdo e o reimprimiu com um título diferente: *Como satisfazer uma mulher todas as vezes... e fazê-la implorar mais!*

Esse livro tornou-se um grande fenômeno cultural e um best-seller. O mesmo livro, o mesmo conteúdo, apenas um título diferente.

O aprendizado que fica para você é simples e claro: ***reserve tempo para descobrir o melhor título possível para seu livro, porque ele determinará em grande parte o que as pessoas pensam sobre seu texto e, portanto, o sucesso da obra.***

OS 5 ATRIBUTOS DE UM BOM TÍTULO DE LIVRO

Um bom título deve ser:

1. Atrativo.
2. Memorável e pesquisável.
3. Informativo (oferecer uma ideia do que se trata o livro).
4. Fácil e não vergonhoso de dizer.
5. Curto.

1. ATRATIVO

Isso deve ser bastante óbvio. Há um milhão de coisas atraindo a atenção das pessoas, e você precisa de um título que se destaque. Um título ruim é entediante.

Há muitas maneiras de chamar a atenção; você pode ser provocador, controverso, empolgante, fazer uma promessa etc. A questão é que seu título deve fazer com que as pessoas parem e prestem atenção. Eis o que diz o autor best-seller Tim Ferriss sobre títulos:

> *Trabalhe 4 horas por semana* também incomodou algumas pessoas e foi ridicularizado por outras, o que interpretei como um indicador positivo. Não é por acaso que Jay Leno parodiou o livro no ar — o título permite isso, e essa foi a ideia. Você não pode ter respostas positivas fortes sem respostas negativas fortes; e tenha cuidado, acima de tudo, com a recepção morna de todos. "Ah, isso é bom. Acho que é muito bom" é uma sentença de morte.

2. MEMORÁVEL E PESQUISÁVEL

Isso não é a mesma coisa que chamar a atenção (mesmo que muitas pessoas pensem que é). É muito mais fácil obter uma reação de alguém e depois ser esquecido do que obter uma reação e ser *memorável.*

Lembre-se, um título de livro não é apenas a primeira coisa que um leitor ouve sobre seu livro, é a única informação que um leitor tem que o leva de volta ao livro em si.

Se seu livro for recomendado aos leitores por um amigo e eles não se lembrarem do título, então não poderão procurá-lo em uma livraria ou na Amazon. O autor best-seller Scott Berkun também diz isso:

> Muitas vezes [o título] é tudo o que um comprador em potencial consegue ver e, se o nome puder atrair interesse, o livro cruza seu primeiro de muitos obstáculos na improvável luta de ser notado. Porém, os títulos ajudam muito. A maioria das pessoas ouve falar de livros da mesma forma que ouve falar de novas bandas; ou de pessoas novas para conhecer. Um amigo ou fonte confiável diz que o livro é bom e se chama <NOME AQUI>. O título nesse ponto serve como um apelido. É o que você precisa lembrar para conseguir o que quer e um pouco mais.

Isso também significa que você quer que o título do livro seja facilmente pesquisável. No mundo em que vivemos, ferramentas de busca são a forma como as pessoas encontram as coisas agora. Caso seu título não facilite a memorização e a busca no Google e na Amazon, isso é muito ruim.

3. INFORMATIVO (DÁ UMA IDEIA DO QUE SE TRATA O LIVRO)

Esse é um aspecto menos crucial para livros de ficção, mas muito importante para obras de não ficção. O título, incluindo o subtítulo, deve dar ao leitor algum tipo de ideia do que se trata o livro.

As pessoas não farão seu trabalho por você; quanto mais fácil fizer com que elas entendam o assunto, mais provável será que você atraia as pessoas que achariam seu livro interessante.

Um bom teste é se perguntar isto: ***se você dissesse a alguém o título de seu livro em uma festa, eles teriam que perguntar do que a obra se trata?***

Se assim for, provavelmente esse é um título ruim.

Não se preocupe demais com seu título. Um título excessivamente inteligente ou um pouco confuso sinaliza que o livro é direcionado a pessoas que entendem imediatamente a palavra ou frase. Isso faz com que quem não o entende de imediato se sinta menos inteligente e, portanto, menos propenso a comprar o livro.

Ao usar uma palavra ou frase que não é imediatamente compreensível por seu público-alvo, ou não transmite o objetivo do livro, você coloca um enorme obstáculo à frente de seu sucesso.

Embora o título de seu livro deva ser informativo e de fácil compreensão, ele não precisa explicitar a ideia completa do livro. Tomemos *Fora de série: outliers* ,de Malcolm Gladwell, como exemplo: esse título faz um ótimo trabalho de apresentar o conteúdo do livro sem descrevê-lo completamente.

4. FÁCIL E NÃO VERGONHOSO DE DIZER

Ter um título fácil de dizer é um conceito chamado fluência cognitiva e, para simplificar, significa que as pessoas são mais propensas a lembrar e responder favoravelmente a palavras e frases que elas podem imediatamente entender e pronunciar. Não queremos ir muito longe no aspecto psicológico aqui, mas a questão é esta: não tente ser muito sofisticado, correndo o risco de se tornar confuso. Isso apenas prejudicará seu livro.

É um fato básico da psicologia humana: as pessoas não gostam de se sentir estúpidas ou envergonhadas. Se um título de livro é difícil de pronunciar ou, mais importante, se é uma frase que soa estúpida quando dita em voz alta, isso torna a obra bem menos propensa de ser comprada e provavelmente as pessoas não falarão sobre o livro para outras.

Uma das coisas mais importantes em que se deve pensar ao escolher o título de seu livro é o boca a boca. Pense em *como as pessoas se sentirão* ao dizer o título em voz alta para seus amigos. Será que isso as fará parecer espertas ou estúpidas?

O pior título possível é aquele que faz alguém se sentir tolo ao dizê-lo em voz alta. Por exemplo, se o título de um livro for "Por que o racismo é incrível", ninguém jamais contará aos amigos sobre ele. Por melhor que o livro seja, os leitores serão questionados sobre o motivo da compra para início de conversa. O contexto social não importa apenas um pouco; ele importa muito.

Pegue uma lista de títulos ruins de livros e imagine dizer qualquer um deles em voz alta para seus amigos de uma maneira séria — você nunca faria isso.

5. CURTO

De modo geral, títulos mais curtos são melhores. Um título curto não só é mais memorável e mais fácil de dizer, como também dá mais espaço e flexibilidade para um melhor design de capa.

As pessoas sentem-se atraídas a criar títulos minuciosos e longos em um esforço para fazer com que ele sinalize a ideia do livro e seu público-alvo. No título, mantenha-se fiel à ideia central. Se quiser usar muitas palavras, deixe isso para o subtítulo.

Se puder, procure manter o título em torno de cinco palavras ou menos. O subtítulo pode oferecer contexto ou dizer um pouco mais sobre o que o leitor aprenderá. O livro de Cameron Herold, *Meetings Suck* [Reuniões são um saco]tem um título incisivo, com um subtítulo que ajuda o leitor a ver por que eles precisam do livro: *Turning One of the Most Loathed Elements of Business into One of the Most*

Valuable [Transformando um dos elementos mais detestados dos negócios em um dos mais valiosos].

PASSOS ESPECÍFICOS PARA ENCONTRAR O TÍTULO DE LIVRO PERFEITO

PASSO 1: ESCLAREÇA OS OBJETIVOS DE SEU LIVRO

Os objetivos de seu livro (construir autoridade, aumentar sua visibilidade etc.) determinam que tipo de título você escolhe. Caso queira construir uma marca a partir de seu livro de não ficção, suas opções de título serão bem diferentes do que se você quiser publicar um livro de memórias com um toque caprichoso.

Examinaremos todas as funções que seu título de livro pode servir e os lugares para seu uso potencial, antes de acompanhá-lo pelo preciso processo de pensar em ideias de título:

Como um título de livro pode ser usado

- Para vender o livro aos leitores.
- Para estabelecer a autoridade do autor em um assunto.
- Para ser um gancho para que o autor tenha visibilidade na mídia.
- Para promover uma empresa, autor, conferência ou material de estudo.
- Para anunciar/promover o livro.
- Em discursos, slides ou outras atividades presenciais.
- Em resenhas, posts em blogs, artigos etc.
- Como algo que o autor tem a dizer em todas as suas aparições na imprensa.
- Para tornar-se uma parte significativa da futura biografia do autor.
- Para decorar a capa.
- Para identificar a listagem da Amazon/B&N.
- Para iniciar uma linha de livros.

- Em camisetas, panfletos ou outro material promocional.

O objetivo dessa lista é simples: *saber quais desses objetivos se aplicam ao seu livro e certificar-se de que ele possa servir a esses objetivos.*

Por exemplo, se seu objetivo é construir uma marca, certifique-se de que o título de seu livro seja sua marca. O primeiro livro de dieta de Dave Asprey é chamado *Bulletproof: a dieta à prova de bala*, porque esta é a sua marca: Bulletproof. Um livro envolve tudo ao seu redor, não apenas a obra em si.

Se seu objetivo é ter autoridade em sua área, certifique-se de que o título do livro marque sua autoridade para quem está tentando atingir. Excentricidade não funciona em áreas acadêmicas sérias, enquanto a seriedade não funciona em áreas cômicas.

Se seu objetivo é chamar a atenção da imprensa e aumentar sua visibilidade, certifique-se de que o título do livro seja atrativo para a imprensa e faça com que ela queira comentar sobre você.

PASSO 2: FAÇA UM BRAINSTORMING DE VÁRIOS TÍTULOS POTENCIAIS

Você desejará ver o brainstorming de títulos não como uma coisa específica que faz em uma hora, mas sim como um processo de longo prazo. Pode levar meses para encontrar um título. Mas você deve começar simplesmente fazendo um brainstorming. Literalmente, crie um novo arquivo e escreva cada título de livro que possa pensar para sua obra.

Eu sei que dizer a alguém para fazer um brainstorming é como dizer a alguém para "ser criativo". Portanto, o que farei é listar todas as maneiras possíveis que conhecemos para encontrar um bom título de livro, finalizando com exemplos (lembre-se: essas técnicas não servem apenas para seu título principal; elas serão a base para seus subtítulos também). Sinta-se livre para usar qualquer uma dessas técnicas como inspiração para seu brainstorming.

Além disso, não tema colocar títulos ruins em sua lista. Eles realmente ajudam porque levarão a um bom título.

Seguem algumas das melhores práticas:

1. Use frases inteligentes ou dignas de nota do livro: isso é muito comum na ficção e pode funcionar bem com romances. Também funciona bem com livros de não ficção em que o conceito do texto pode ser resumido rapidamente ou com uma frase.

Exemplos:

- *A lógica do Cisne Negro.*
- *Lecturing Birds on Flying* [Ensinando pássaros a voar].
- *Espero que sirvam cerveja no inferno.*

2. Use frases curtas e longas: normalmente começamos com um título realmente longo e o diminuímos em frases bem mais curtas. O objetivo é que o título principal seja o mais curto possível, com não mais do que cinco palavras, e que o subtítulo ofereça o contexto e traga as palavras-chave importantes.

3. Use palavras-chave relevantes: para não ficção, em especial, mecanismos de busca importam. Você quer ter certeza de que, quando alguém pesquisar o assunto ou tema de seu livro, ele aparecerá no Google e na Amazon. Mas é preciso buscar um equilíbrio, pois você não quer sacrificar a autenticidade da obra por causa de mecanismos de busca.

Caso não tenha certeza disso, visite a Amazon e veja com que frequência os subtítulos e títulos usam palavras-chave adicionais para atrair mais tráfego nos mecanismos de busca.

Exemplos:

- *Os 7 hábitos das pessoas altamente eficazes: lições poderosas para a transformação pessoal.*
- *Mindset: a nova psicologia do sucesso.*
- *Receita previsível: como implantar a metodologia revolucionária de vendas outbound que pode triplicar os resultados da sua empresa.*

4. Faça uma promessa de benefício: alguns dos melhores títulos prometem ajudar os leitores a alcançar um objetivo ou obter algum benefício desejado. Eles prometem especificamente um resultado final que as pessoas desejam:

Exemplos:

- *Como fazer amigos e influenciar pessoas.*
- *A arte de fazer acontecer.*
- *Pense e enriqueça.*

5. Seja simples e direto: alguns dos melhores títulos são apenas afirmações básicas sobre o que é o livro. Não há nada de errado com isso; pode funcionar bem, especialmente para livros estritamente instrutivos.

Exemplos:

- *Supere o não.*
- *Steve Jobs.*
- *O poder do hábito*

6. Vise um público: Como dissemos, as pessoas usam títulos para julgar se o livro serve para elas ou não. Parte de ajudá-las a entender isso pode ser feito com o título. Você pode visar públicos específicos rotulando ou descrevendo suas características. Em especial, isso costuma dar certo se você tem uma série de livros e depois faz versões direcionadas a nichos específicos.

Exemplos:

- *O que esperar quando você está esperando.*
- *Física para futuros presidentes.*

7. Ofereça uma solução específica para um problema: isso é muito popular em meios de autoajuda e dieta. Você diz ao leitor no título exatamente qual problema seu livro resolverá. Isso é semelhante a prometer um benefício, mas não exatamente a mesma coisa; um benefício é algo viciante, como ser sexy. Uma solução para um problema retira algo negativo, como perder peso.

Exemplos:

- *Em busca de sentido.*
- *6 Ways to Lose Belly Fat Without Exercise!* [6 maneiras de secar a barriga sem exercícios!].
- *Os segredos da arte de vender.*

8. Use números para aumentar a credibilidade: as especificidades, como os números, acrescentam credibilidade e urgência a seus títulos. Elas podem fornecer estrutura para sua informação ou fazer as coisas difíceis parecerem mais fáceis. A especificidade permite que as pessoas envolvam a ideia de uma forma mais concreta, além de dar limites e certeza em relação aos prazos.

Exemplos:

- *As 48 leis do poder.*
- *As cinco linguagens do amor.*
- *As 21 irrefutáveis leis da liderança.*

9. Atice a curiosidade do leitor (mas não dê a resposta): usar declarações que parecem ser impossíveis, contrastes incomuns ou paradoxos pode deixar o leitor curioso sobre o que está no livro. A ideia é fazer uma afirmação ou declaração que parece um pouco rebuscada ou fantasiosa, mas que promete um resultado. Isso é muito popular agora com manchetes escritas em sites como UpWorthy e ViralNova.

O icônico exemplo recente disso com livros é um que já mencionamos, *Trabalhe 4 horas por semana*. Todos querem saber como trabalhar quatro horas por semana, mas parece impossível, então você pega o livro para ver do que aquele cara está falando.

Exemplos:

- *Networking Is Not Working* [O networking não está funcionando].
- *10% mais feliz.*
- *Quem mexeu no meu queijo?*

10. Utilize metáforas ou símbolos associados aos temas de seu livro: os humanos pensam com base em símbolos e metáforas. O uso desses poderosos dispositivos pode ajudá-lo a criar um título que realmente ressoe.

A icônica série baseada em metáforas é *Canja de galinha para a alma*. O título sinaliza o sentimento caloroso e nutritivo que nossa cultura associa à canja de galinha e a conecta a algo mais — histórias que nutrem sua alma.

Exemplos:

- *Faça acontecer.*
- *A alma indomável..*

11. Use aliteração: aliteração é o uso da mesma letra no início de todas ou da maioria das palavras em seu título. Isso torna as coisas mais fáceis de serem lembradas.

Exemplos:

- *The Mighty Miss Malone* [A Poderosa Senhorita Malone].
- *A Storm of Swords* [A Tormenta de Espadas].
- *The Pop-Up Paradigm* [O Paradigma Pop-Up].

12. Altere uma frase popular: isso é comum nos títulos de livros e costuma dar certo usar uma frase famosa alterando-a de maneira que faça sentido para seu livro. Isso dá certo porque está próximo de algo que as pessoas conhecem, mas não é exatamente a mesma coisa.

Exemplos:

- *A guerra da arte.*
- *Assholes Finish First* [Os Babacas Terminam em Primeiro Lugar].

13. Use gírias: gírias podem funcionar muito bem, especialmente se forem usadas de forma não intuitiva, mas também inovadora.

Exemplos:

- *Ain't Too Proud to Beg* [Nem Tão Orgulhoso para Implorar].
- *No Mopes Allowed: A Small Town Police Chief Rants and Babbles about Hugs and High Fives, Meth Busts, Internet Celebrity, and Other Adventures* [Proibido Palermas: Um Chefe de Polícia de Uma Pequena Cidade Reclama e Comenta sobre Beijos E Abraços, Batidas Policiais, Fama na Internet, Entre Outras Aventuras].

14. Tente formatos clichês (ou invertê-los): há uma infinidade de nomes de livros que podem funcionar bem se usados corretamente:

- A arte de [TEMA].
- O mito de [TEMA].
- Confissões de [TEMA].
- Como fazer [TEMA].
- A alegria de [TEMA].
- O fim do [TEMA].

Exemplos:

- *A arte de correr na chuva.*
- *O mito da masculinidade.*
- *Confissões de um assassino econômico.*
- *Como treinar seu dragão.*
- *A alegria do sexo.*
- *O fim da ciência.*

Caso sejam mal-empregados, esses tipos de títulos podem parecer clichês e enjoativos em vez de empolgantes. Essa técnica é melhor utilizada quando oferece uma reviravolta, mas não tão grande que confunda o leitor.

15. Considere criar uma frase ou palavra: isso é muito útil, especialmente se você quiser criar uma marca ou empresa ou uma linha de produtos estendida a partir de seu livro. O problema é que não é algo fácil de se fazer. Muitos autores tentam criar palavras; poucos conseguem. Portanto, tente com moderação. O elemento mais importante dessa técnica é que a palavra seja fácil de dizer e compreender.

Exemplos:

- *Babbitt.*

- *Denialism* [Negacionismo].
- *Essencialismo.*

16. Use a Amazon/Goodreads/Wikipédia como inspiração: caso se sinta pouco inspirado, você sempre pode pesquisar para conferir títulos de outros livros.

17. Use manuais de copywriting para ter ideias: se você está realmente sem inspiração e não consegue pensar em nada, leia livros sobre copywriting. Eles não são especificamente sobre títulos de livros, mas os redatores precisam entender os gatilhos de venda e são apresentadas dezenas de exemplos. Estes são três dos melhores livros de copywriting que existem:

- *POP!: Create the Perfect Pitch, Title, and Tagline for Anything* [POP! Crie a escolha, o título e o slogan perfeitos para qualquer coisa].
- *The Ultimate Sales Letter: Attract New Customers. Boost your Sales* [A carta final de vendas: atraia novos clientes. Impulsione suas vendas].
- *Advertising Headlines That Make You Rich: Create Winning Ads, Web Pages, Sales Letters and More* [Manchetes publicitárias que lhe enriquecem: crie anúncios vencedores, páginas da Web, cartas de vendas e muito mais].

PASSO 3: VERIFIQUE OS DIREITOS AUTORAIS, MARCA REGISTRADA, PALAVRAS-CHAVE E POPULARIDADE

Em primeiro lugar, deixe-me ser muito claro: **você não pode ter direitos autorais de títulos.**

Tecnicamente, você pode chamar seu livro de "O sol é para todos" ou "O Senhor dos Anéis" ou até mesmo "A Bíblia Sagrada".

Dito isso, copiar um título de livro famosos torna MUITO difícil destacar o seu livro e praticamente garantirá muitas críticas negativas de pessoas que não receberão a obra esperada.

Então, você pode dar uma marca registrada a um título, se ele fizer parte de uma marca maior. Por exemplo, o termo "Bulletproof" é marca registrada no espaço de saúde e fitness pertencente a Dave Asprey. Você (provavelmente) não pode intitular um livro "A dieta Bulletproof", porque ele infringiria uma marca registrada (não os direitos autorais).

Se parece confuso e você tem um título de livro que acha que pode ser uma violação de marca registrada, então fale com um advogado de propriedade intelectual.

Além disso, certifique-se de verificar se o título e o subtítulo têm as palavras-chave corretas que você deseja abordar em seu mercado e se estão alinhados com quaisquer questões de domínio e marca que você tenha.

PASSO 4: ESCOLHA SEUS FAVORITOS

Neste ponto, você deve ter uma longa lista de ideias de títulos. Uma vez que tenha feito isso, pode passar ao próximo passo: escolher seus títulos.

Não posso enfatizar o quão importante é este próximo passo:

> ***Todos têm opiniões sobre títulos de livros. A maioria dessas opiniões são estúpidas e erradas.***

Mesmo as pessoas que são PAGAS para criar títulos de livros (editores, editoras, etc.) costumam ser péssimas nisso.

Teste Nº 1: imagine as pessoas dizendo o título

Eis um grande teste para saber se você tem ou não um bom título de livro: imagine um de seus leitores falando de seu livro em uma festa para outras pessoas.

Se você pode vê-los com confiança dizendo o título do livro em voz alta, e as pessoas que estão ouvindo acenando com a cabeça e imediatamente compreendendo o que é o livro com base nisso (e talvez uma frase ou duas de explicação) ou pedindo mais informações porque ele parece interessante — então você tem um bom título.

Caso imagine *qualquer outra reação além dessa* , é necessário repensar seu título e provavelmente mudá-lo.

Lembre-se de que muito do marketing de livros se resume ao boca a boca, e isso diz respeito a pessoas transmitirem informação para outras. Você quer que seu título de livro inspire e motive as pessoas certas a falar sobre ele, porque sua obra permite que elas transmitam as informações certas para seus amigos.

Teste Nº 2 (opcional): faça testes reais

Eis um dos segredos para testar seus títulos: teste tanto o título principal quanto o subtítulo e faça isso em muitas iterações diferentes. Normalmente, você obterá o mesmo resultado nos testes, enquanto haverá uma coisa que claramente funciona melhor como título e outra que claramente funciona melhor como subtítulo.

- Se você já tem um grande público, também pode usar o SurveyMonkey.com.
- Para um feedback real do cliente, recomendo o uso do Pickfu.com.

Eu também recomendaria o Google Survey. Esse é um teste de mercado real de pessoas reais e pode ser feito de forma bastante barata.

COMO NÃO TESTAR SEU TÍTULO

A maioria das coisas que os autores fazem para testar seu título são muito, muito, ruins.

Por exemplo, publicar nas mídias sociais NÃO É TESTAR SEU TÍTULO. Na verdade, postar nas mídias sociais é a pior maneira possível de testar um título.

Por que seria?

Bem, seus amigos do Facebook/Instagram/Twitter provavelmente não são seu público, então perguntar sobre o título não ajudará. E, pior ainda, todos em suas redes sociais têm um ponto de vista parecido com o seu, o que muitas vezes o deixará dentro de uma bolha.

Testar com amigos e familiares não dá certo. De modo geral, eles querem deixar você feliz. Eles não querem dar uma resposta objetiva; ou querem apoiá-lo dizendo que você se sairá bem, mas não sabem o que realmente o fará se sair bem.

Além disso, muitas vezes os colegas serão críticos, porque são ciumentos. Acontece muito, e eles darão maus conselhos, mesmo que apenas de forma subconsciente.

Alguns autores irão até suas equipes de marketing para obter conselhos sobre o título, o que muitas vezes os leva para fora da bolha. Você conhece o ditado que diz que um camelo é um cavalo projetado por uma comissão? Quando você começa a receber opiniões de muitas fontes diferentes, obtém o "efeito camelo".

SEU LIVRO PRECISA DE UM SUBTÍTULO?

Se você escrever um livro de não ficção, sim, provavelmente sim.

A maneira como gostamos de definir é que o título é o gancho e o subtítulo, a explicação, a promessa do livro.

Os livros precisam de um subtítulo se for necessário contextualizar o assunto aludido no título principal. Normalmente, o subtítulo diz ao leitor alguma combinação do que é a premissa central do livro, para quem ele é voltado e que promessa cumprirá ou precisa cumprir.

Eis alguns exemplos em que os subtítulos ajudam a contextualizar o título e a cumprir a promessa do título implícito:

1. *TRABALHE 4 HORAS POR SEMANA: FUJA DA ROTINA, VIVA ONDE QUISER E FIQUE RICO*

Viu como o título prende por ser interessante e o subtítulo explica a premissa? Muito bem-feito.

2. *A CORAGEM DE SER IMPERFEITO: COMO ACEITAR A PRÓPRIA VULNERABILIDADE, VENCER A VERGONHA E OUSAR SER QUEM VOCÊ É*

É um pouco longo, mas acontece o mesmo aqui. O subtítulo contextualiza e reforça o título, que é claro, fácil de entender e de falar.

3. *COZINHA CONFIDENCIAL*

Esse originalmente tinha um subtítulo, mas depois foi descartado. Nenhum subtítulo era necessário nesta obra de não ficção, porque o significado é claro, especialmente quando é colocada uma foto de um chef na capa (e por que ele se tornou muito famoso, o que ajuda).

4. *O VULTO DAS TORRES: A AL-QAEDA E O CAMINHO ATÉ O 11/9*

Esse é um exemplo de livro em que o subtítulo é muito importante. O título pode significar muitas coisas, mas o subtítulo sinaliza rapidamente sobre o que é o livro e para quem ele interessa.

6.2

ESCREVA A DEDICATÓRIA DO SEU LIVRO

"Nós somos as histórias que contamos a nós mesmos."

— JOAN DIDION

O QUE É UMA DEDICATÓRIA DE LIVRO?

A dedicatória é um recurso que alguns autores usam para homenagear uma pessoa (ou um pequeno grupo de pessoas) que eles querem elogiar ou dar outra forma de destaque. Não é tão diferente de dedicar qualquer outra coisa, como um navio ou um monumento.

Essa proclamação geralmente é apresentada na página de dedicatória, que está no começo do livro, após a página de título.

A QUEM UM AUTOR PODE DEDICAR SEU LIVRO?

A quem ele desejar. Uma dedicatória é curta e em geral foca uma pessoa (ou grupo específico de pessoas). Costuma ser pessoal em vez de profissional. Eis as categorias de pessoas que são focos comuns da dedicatória de um livro:

1. Membros da família (cônjuge, filhos, irmãos, pais).

2. Amigos próximos.
3. Pessoas impactadas pelo livro ou nele destacadas.
4. Leitores do livro.
5. Figuras inspiradoras ou de apoio na vida de alguém.
6. Pessoas que o autor acredita que devem ser destacadas de alguma forma.

VOCÊ PRECISA DEDICAR SEU LIVRO?

Não. A maioria dos autores dedica seus livros, mas não é obrigatório.

COMO DEDICAR SEU LIVRO

1. DECIDA QUEM SERÁ O FOCO

Pense a quem você quer dedicar sua obra. Quem foi mais importante? A principal inspiração? As pessoas de quem você mais gosta?

Muitos escrevem sua dedicatória a uma criança ou dedicam seu livro a um amigo que teve impacto em seu processo criativo. Não há fórmula mágica nem é preciso incluir todo mundo. Isso deve ser breve e delicado, não há respostas erradas. Você está expressando um sentimento pessoal, portanto, só você pode decidir.

A pior coisa que se pode fazer é ficar preso na dedicatória. Faça-a ou não, mas, se decidir ter uma, não se preocupe com isso. Siga seu instinto. As pessoas que você deixar de fora podem ser lembradas nos Agradecimentos.

2. LEMBRE-SE: TODOS QUE LEREM O LIVRO VERÃO A DEDICATÓRIA

Como a dedicatória está no início de um livro, muitos dos leitores a lerão e serão influenciados por ela. Pense não apenas na pessoa ou pessoas nomeadas na dedicatória do livro, mas também em todos os leitores que passarão por essa página e serão influenciados por ela. Faça uma escolha consciente sobre qual você quer que seja esse impacto (se houver).

3. SEJA BREVE (NÃO SÃO OS AGRADECIMENTOS)

Diferente da seção de Agradecimentos, a dedicatória deve ser curta e direta. Você não deve mencionar todos que contribuíram para a criação do livro. Você pode agradecer a todos que já conheceu, nos Agradecimentos, se quiser.

4. AVALIE EXEMPLOS DE DEDICATÓRIAS DE LIVRO (SE NECESSÁRIO)

A maneira mais fácil de obter alguns exemplos de dedicatórias é pegar qualquer livro em sua prateleira e olhar. Quase todos os livros têm uma dedicatória, assim poderá encontrar exemplos infinitos. A maioria delas são muito básicas e simples, algo como:

Para minha esposa, Megan, e filhos, Ava, Jaxon e Elle.

George R.R. Martin, que escreveu a série *Game of Thrones* , tem uma dedicatória única em *As Crônicas de Gelo e Fogo*:

Para Phyllis, que me convenceu a incluir os dragões.

Essa linha concisa tem uma profundidade enorme tanto para os leitores quanto para a pessoa mencionada. Se tiver lido os livros ou assistido à série *Game of Thrones*, saberá que os dragões e o mundo de fantasia que eles representam são uma parte importante da obra. Imaginar o livro sem eles seria quase impossível. Phyllis claramente desempenhou um grande papel na criação desse mundo (e é também uma piada interna para os fãs).

Eis a dedicatória que C.S. Lewis escreveu à sua afilhada em *O leão, A Feiticeira e o Guarda-Roupa:*

Minha querida Lucy,

Escrevi esta história para você, mas, quando a comecei, não tinha percebido que as meninas crescem mais rápido do que os livros. Como resultado, você já está muito velha para contos de fadas e, quando o livro for impresso e encadernado, já estará mais velha ainda. Mas um dia terá idade suficiente para começar a ler contos de fadas novamente. Você poderá, então, pegá-lo de alguma estante, tirar o pó e me dizer o que pensa sobre ele. Provavelmente, estarei surdo demais para ouvir e velho demais para entender qualquer palavra que você diga, mas ainda serei

seu afetuoso padrinho,

C.S. LEWIS

Esse livro foi listado pela revista *Time* como um dos cem melhores romances já escritos e mesmo assim ele o escreveu para sua afilhada. Essa dedicatória dá substância real ao livro, e ao autor, antes mesmo de você se aprofundar na leitura.

O próximo exemplo é uma dedicatória curta e meiga de um livro que eu coescrevi com o dr. Geoffrey Miller:

Aos nossos eus de 17 anos, e a Bishop, Atalanta e a todos os filhos e filhas que merecem os grandes relacionamentos que desejamos para eles.

5. ESCREVA A DEDICATÓRIA DE SEU LIVRO

A primeira coisa a ter em mente é que NÃO há nenhuma fórmula específica. A dedicatória é uma das seções mais pessoais do livro e cabe a você decidir como quer utilizá-la.

O que está dentro de seu livro é mais importante e trazê-lo ao mundo é o MAIS importante.

6.3

ESCREVA OS AGRADECIMENTOS DO SEU LIVRO

"As duas únicas coisas que podem satisfazer a alma são uma pessoa e uma história; e até mesmo uma história deve ser sobre uma pessoa."

— G. K. CHESTERTON

O QUE SÃO OS AGRADECIMENTOS?

A seção Agradecimentos é onde você reconhece e agradece a todos que o ajudaram com seu livro. É uma forma de mostrar sua apreciação em um espaço público e permanente.

A QUEM VOCÊ DEVE AGRADECER?

Isso depende inteiramente de você. Reconheça todos que contribuíram com seu livro, todos que merecem receber um agradecimento. Por exemplo, os grupos comuns de pessoas que os autores agradecem incluem:

1. Membros da família (cônjuge, filhos, pais).
2. Amigos.

3. Editores/pessoas que trabalharam na produção do livro.
4. Editoras.
5. Colegas de trabalho/assistentes.
6. Agentes/gerentes.
7. Colaboradores/conselheiros/fontes de informação.
8. Professores/mestres/chefes.
9. Inspirações.

VOCÊ PRECISA DE UMA?

Não. A maioria dos livros tem uma seção de agradecimentos, mas de forma alguma elas são obrigatórias.

COMO ESCREVER OS AGRADECIMENTOS

1. LEMBRE-SE: ESSA SEÇÃO SERÁ LIDA

As pessoas lerão a seção Agradecimentos e isso impactará especialmente a quem você agradece. Essa seção é dedicada às pessoas lembradas por você, não é sobre você, então siga como fez em todo o seu livro: deixe satisfatório para as pessoas a quem você agradecerá, aquelas que lerão os agradecimentos.

2. COMECE COM UMA LISTA DE QUEM ENTRARÁ (PELO NOME COMPLETO)

Este método dá certo em muitas situações: escreva todas as pessoas a quem você quer agradecer, ANTES de começar a escrever a seção. Fazendo isso, você pode vê-los todos juntos e isso ajuda a garantir que todos que deveriam estar na lista estejam nela.

Observação: uma ótima maneira de garantir que não falte ninguém é agrupar as pessoas por categoria, para que seja mais provável que você se lembre delas. Quando reúne os membros de sua família, é menos provável que os deixe de fora.

3. SEJA ESPECÍFICO PARA AS PESSOAS IMPORTANTES

Para as pessoas mais importantes, quanto mais específico você puder ser em seus agradecimentos, melhor.

Por exemplo, isto não é específico:

> Quero agradecer a minha esposa, Veronica. Obrigado.

Isto é específico:

> Devo começar agradecendo a minha incrível esposa, Veronica. Desde ler os primeiros rascunhos, dar conselhos sobre a capa até me deixar trabalhar tranquilamente para que eu pudesse editar, ela foi tão importante para que este livro fosse escrito quanto eu fui. Muito obrigado, querida.

Ser específico no agradecimento significa fazer as pessoas se sentirem especiais. Quanto mais detalhado você for em seus agradecimentos, mais mostrará que reconheceu e apreciou a ajuda das pessoas. É gratificante quando alguém agradece por uma coisa específica que você fez, em vez de apenas agradecer de forma genérica.

À medida que avança em sua lista, é possível agrupar pessoas. Entretanto, mais uma vez, seja específico em seus agradecimentos, mesmo a grupos.

Por exemplo, isto não é específico:

> Obrigado a todos da equipe editorial.

Isto é específico:

> Obrigado a todos da equipe da Scribe que tanto me ajudaram. Agradecimentos especiais à Ellie, a sempre paciente gerente editorial; à Meghan, minha incrível editora; e à Erin, a maior designer de capa que eu poderia imaginar.

4. SEJA SINCERO EM SEUS AGRADECIMENTOS

A pior coisa que você pode fazer em uma seção de agradecimentos é dizer coisas em que não acredita. Se não está disposto a ser sincero, é melhor não escrever nada.

Sinceridade significa agradecer de forma genuína e profunda às pessoas que o ajudaram (mencionando as maneiras específicas que elas ajudaram, como já mencionado) e lembrar o modo como elas se sacrificaram por você.

Ao mesmo tempo, não sinta a necessidade de exagerar. Você não está recebendo um Oscar, então não prolongue sem necessidade ou diga coisas só para parecer legal. Faça isso de forma significativa e sincera.

5. NÃO SE PREOCUPE COM O TAMANHO

Algumas pessoas recomendam que a seção Agradecimentos tenha apenas uma página. Ignore isso.

Essa é a única seção na qual pode se estender, se quiser. Talvez, você só escreva um livro em sua vida. Se esse for o caso, reserve todo o tempo e espaço necessários para agradecer a todos que o ajudaram.

Na Scribe, colocamos a seção Agradecimentos no final, para não interferir na experiência do leitor médio. Os leitores podem pular essa seção se estiverem entediados, mas nunca se pode voltar atrás e agradecer às pessoas que você deixou de fora por causa de alguma "regra" arbitrária.

EXEMPLOS DE SEÇÕES DE AGRADECIMENTOS

Você pode pegar quase qualquer livro da sua estante e ler a seção Agradecimentos para conferir exemplos. Seguem alguns de diferentes seções de agradecimentos de livros que editamos.

Este é de *I Got There* [Eu cheguei lá]:

> Escrever um livro é mais difícil do que eu pensava e mais gratificante do que eu poderia ter imaginado. Nada disso seria possível sem meu melhor amigo, Bishop. Ele foi o primeiro amigo que fiz quando me mudei para San Antonio. Ele ficou ao meu lado durante todas as dificuldades e sucessos. Isso é uma verdadeira amizade.
>
> Sou eternamente grato a meu tio Bobby, que alimentou uma boca a mais quando não precisava. Ele me ensinou disciplina, amor, boas maneiras, respeito e muitas outras coisas que me ajudaram a ter sucesso na vida. Eu realmente não tenho ideia de onde estaria se ele não tivesse colocado um teto sobre minha cabeça ou se tornado a figura paterna da qual eu precisava desesperadamente naquela idade.
>
> Ao sr. Gentry, que se arriscou com um garoto de 23 anos e o deixou dirigir seus escritórios em Portland, Oregon. Ele nunca olhou para minha idade, minha raça ou minha falta de educação formal. Ele apenas viu um garoto sedento por aprender, crescer e ter sucesso nos negócios. Ele nunca me impediu; apenas me encorajou.
>
> Embora esse período da minha vida tenha sido repleto de muitos altos e baixos, minha fase no ramo hipotecário valeu a pena. Esse período no setor não teria sido possível sem Guy Stidham, que me ensinou a trabalhar com honestidade.
>
> Um agradecimento muito especial a Dustin Wells, que me colocou como o empregado mais bem pago da Headspring e depois me promoveu para presidente da empresa. Obrigado por me apresentar à cultura da organização.
>
> Escrever um livro sobre a história de sua vida é um processo surrealista. Estou sempre em dívida com Tucker Max, Mark Chait

> e Amanda Ibey pela ajuda editorial, percepção aguçada e apoio contínuo para dar vida às minhas histórias. É por causa de seus esforços e encorajamento que hoje eu tenho um legado a transmitir à minha família, onde antes não havia nada.
>
> A todos na Scribe Tribe que me permitem ser o CEO de uma empresa da qual tenho a honra de fazer parte, obrigado por me deixar servir, por fazer parte de nossa incrível empresa e por aparecer todos os dias e ajudar mais autores a transformar suas ideias em histórias.
>
> À minha família. À tia Jean: por ser sempre a pessoa a quem eu poderia recorrer durante esses anos sombrios e desesperados. Ela me sustentava de maneiras que eu nunca soube que precisava. A meu irmãozinho, Mario, e irmãs, Rachel e Kristin: obrigado por me dizerem que só tinham grandes lembranças de mim. Sou muito grato por tê-los em minha vida.
>
> Finalmente, a todos aqueles que fizeram parte da minha chegada ao sucesso: Jennifer Jackson, Kay Oder, Sharon Slonaker, Julie Fisher, Kathy Chesner e Brother Smith (descanse em paz). Para a equipe original da Headspring: Kevin Hurwitz, Jimmy Bogard, Mahendra Mavani, Pedro Reyes, Eric Sollenberger, Glenn Burnside, Justin Pope, Sharon Cechelli, Anne Epstein.

J.T. McCormick nomeia as pessoas que tornaram seu livro possível em ordem relativa, da mais à menos impactante. Observe como ele escreve diretamente "para" as pessoas que causaram impacto, em vez de para o leitor "sobre" essas pessoas. Ele finaliza com uma série de nomes para garantir que as pessoas não se sintam esquecidas, mesmo que ele não tenha espaço para dedicar um parágrafo inteiro a cada pessoa.

Bill Hicks, em *The Leadership Manifesto* [O manifesto da liderança], começa essa seção com um agradecimento geral aos líderes em todos os lugares, antes de mencionar alguns deles. Ele, então, agradece a sua equipe editorial e encerra com um parágrafo em que agradece ao seu CEO. Este é um bom exemplo de um agradecimento de um executivo de negócios:

> O mundo é um lugar melhor graças às pessoas que querem se desenvolver e liderar outras. O que o torna ainda melhor são as pessoas que compartilham seu tempo para orientar futuros líderes. Obrigado a todos que se esforçam para crescer e ajudar os outros a crescer. É a versão de negócios da canção "Ciclo Sem Fim" de *O Rei Leão.*
>
> A todos os indivíduos que tive a oportunidade de liderar, ser liderado por, ou observar sua liderança de longe, quero dizer obrigado por serem a inspiração e a base fundamental do meu livro.
>
> Sem a experiência e o apoio de meus colegas e da equipe da Ultimate Software, este livro não existiria. Vocês me deram a oportunidade de liderar um grande grupo de indivíduos — ser um líder de grandes líderes é um lugar abençoado para se estar. Obrigado a Chad, Dan, Dave, Gretchen, J.C., Laura, Patrick, Scott e Susan.
>
> Ter uma ideia e transformá-la em um livro é tão difícil quanto parece. A experiência é tanto desafiadora quanto gratificante internamente. Quero agradecer especialmente às pessoas que ajudaram a fazer isso acontecer. Meus totais agradecimentos a Joanie, Randy Walton, Patrick O'Neill, Barbara Boyd, Carol Raphael e Dan Bernitt.
>
> Scott Scherr, obrigado por ser um líder em quem confio, honro e respeito. Sempre ficarei feliz em ter a oportunidade de representá-lo. "Au Au Au!"

Tiffany Haddish, uma conhecida comediante, mantém o estilo "simples, mas emocionalmente eficaz" de seu livro *The Last Black*

Unicorn [O último unicórnio preto] nos agradecimentos. Ela agradece à sua família e depois encerra com uma piada alinhada com o assunto do livro e um agradecimento geral às incalculáveis pessoas que a encorajaram.

Gostaria de agradecer:

Minha avó.

Minha mãe.

Minhas tias.

Meu pai, por ter fornecido o esperma que me criou.

Todos os meus irmãos e irmãs.

Meus melhores amigos Selena, Shermona, Aiko, Shana, Richea.

Meu antigo agente, meus atuais agentes e gerentes e Tucker Max.

Departamento de Serviço Infantil e o sistema judicial por cuidar de mim quando ninguém mais o faria.

Quero agradecer a TODOS que alguma vez me disseram algo positivo ou me ensinaram algo. Eu ouvi tudo e isso foi importante.

Todos os caras com quem já fui para cama, eu curti as experiências, mas não vou citar nenhum de vocês!

Eu quero agradecer a Deus acima de tudo, porque sem Deus eu não seria capaz de fazer nada disso.

6.4

ESCREVA O PREFÁCIO DO SEU LIVRO

Antes de ler isto, deixe-me enfatizar o seguinte:

A maioria dos livros não precisa de um prefácio.

Se você não tem certeza se seu livro precisa de um prefácio, então ele não precisa.

No entanto, se você acha que precisa, este guia foi elaborado para ajudá-lo a pensar se deve apresentar um prefácio em sua obra e, em caso afirmativo, como conseguir um.

O QUE É O PREFÁCIO DE UM LIVRO?

Um prefácio é basicamente uma introdução escrita por outra pessoa que não o autor. As razões para isso são duas:

1. CONFERIR STATUS E CREDIBILIDADE AO AUTOR

Um prefácio é muitas vezes escrito por alguém que é uma autoridade ou especialista confiável. Ter essa pessoa escrevendo um prefácio é uma ótima maneira de mostrar que um autor de primeira viagem deve ser levado a sério.

Por exemplo, quando James Altucher publicou *Escolha você* ele pediu a Dick Costolo, CEO do Twitter na época, que escrevesse o prefácio. Muitos leitores não sabiam quem era James Altucher naquela época, mas sabiam que o CEO de uma das maiores empresas de tecnologia do mundo estava disposto a responder por ele e seu livro, o que era um forte sinal de credibilidade.

2. FORNECER CONTEXTO E HISTÓRICO PARA O LEITOR

Para alguns livros de não ficção, um prefácio explica por que os leitores precisam da obra e diz coisas sobre o livro que o autor não pode.

Nessa seção também é possível dizer coisas legais sobre o autor que ele não pode dizer sobre si mesmo. É muito mais eficaz quando alguém se refere ao autor como "líder de pensamento", mas isso precisa ser feito pela pessoa *certa*.

Por exemplo, produzimos um livro com um homem que era bem conhecido no ramo imobiliário, mas não fora daquele meio. Ele era amigo de Kevin Harrington, que escreveu o prefácio. Kevin é famoso em muitas áreas de negócios e não apenas conferiu status ao autor, mas também disse algumas coisas positivas que o autor não poderia dizer sobre si mesmo, ou elas teriam parecido reflexos de vaidade.

Observe novamente que os grandes prefácios fazem ambos: conferem status e fornecem contexto. Se o prefácio não conseguir uma dessas duas coisas, então não deve ser escrito. Contudo, enquanto estiver fazendo pelo menos uma, estará cumprindo sua função.

QUEM ESCREVE O PREFÁCIO?

Caso queira um prefácio para seu livro, a primeira pergunta é: *Quem você conhece que poderia escrever um?*

Se você tem um bom relacionamento com alguém que faça sentido, ótimo. Siga para a seção "Como".

Se não conhece alguém que faça sentido, então tem duas opções:

1. Contatar pessoas que você não conhece e pedir a elas que escrevam um prefácio.
2. Não ter um prefácio.

Por muitas razões, a segunda opção é a melhor.

Embora seja possível, conseguir um prefácio de alguém que você não conhece será *muito* difícil. É mais fácil **conseguir um elogio** do que um prefácio, e as melhores pessoas para pedir são aquelas com quem você tem uma conexão pessoal.

A melhor maneira de pedir a alguém que escreva um prefácio é telefonando. Se você se sente desconfortável em telefonar para alguém, então provavelmente essa é a pessoa errada para pedir que escreva um prefácio. Se você não a conhece para telefonar, por que essa pessoa escreveria um prefácio para você?

Um prefácio tende a ser uma "garantia pessoal", e esse tipo de coisa é muito mais fácil de se obter de alguém com quem você já tem um relacionamento.

Isso também exige muito trabalho. Ao contrário de um elogio que é formado por apenas algumas frases, a pessoa precisa estar disposta a escrever um texto substancial para você. Além disso, o nome dela em seu livro terá impacto, seja ele positivo ou negativo. Se procurar alguém que não conhece, é difícil pedir por ambas as coisas.

Se você não tem certeza sobre pedir a alguém que escreva um prefácio, é melhor pedir um elogio em vez disso.

Uma regra geral que gostamos de usar com nossos autores é que, se não colocarmos o "Prefácio de [NOME]" na capa do livro, é melhor pedir à pessoa um elogio.

COMO O PREFÁCIO É ESCRITO?

Escrever um prefácio parece bastante óbvio: pedir a alguém que escreva um prefácio, e ele fará isso, certo?

Algumas pessoas fazem exatamente isso. Em um mundo perfeito, todas elas fariam, mas não o fazem, por duas razões:

1. As pessoas não têm tempo para escrever.
2. Elas não são boas escritoras, por isso se intimidam.

Por essas razões, recomendamos que os autores deem a seus prefacistas duas opções se não tiverem tempo ou desejo de escrever da maneira convencional.

OPÇÃO: CARTA AO LEITOR

Essa é uma estrutura realmente simples que ajuda alguém a começar. Você pode enviar estas instruções exatas ao seu prefacista:

> "Muito obrigado por concordar em fazer isso. Segue tudo o que preciso:
>
> - Um texto bem curto com cerca de quinhentas palavras.
> - Ele pode ser visto como uma "carta ao leitor" em que você diz por que os leitores deveriam ler o livro.
> - Se você quiser dizer coisas legais sobre mim, eu não ficarei chateado :)"

Para essa opção, certifique-se de que, se você precisar fazer alguma edição do prefácio (além de notórios erros ortográficos), obtenha a aprovação do autor.

OPÇÃO: GRAVAÇÃO

Você também pode "gravar" o prefácio e depois transcrevê-lo (fazemos isso para nossos autores se eles pedirem).

O processo funciona desta forma:

1. O autor (ou alguém que ele contrata) entrevista o prefacista por telefone.
2. O autor transcreve a entrevista (usamos o Rev.com).
3. O autor (ou a pessoa que ele contrata) escreve o prefácio com base nesse telefonema.
4. O prefácio é, então, enviado ao autor que faz quaisquer alterações e depois o aprova.

Esta é a lista básica de perguntas que utilizamos para uma entrevista de prefácio:

1. Quem é o autor? Fale-me sobre ele.
2. O que é notável sobre o autor, especialmente no que diz respeito ao tema do livro?
3. O que é importante sobre o tema do livro?
4. O que o leitor precisa saber sobre o tema do livro?
5. Por que o leitor deveria se preocupar com o tema deste livro?

QUAL DEVE SER O TAMANHO DO PREFÁCIO?

Raramente um prefácio deve exceder quinhentas palavras. Se já passou disso, é preciso que ele seja excepcionalmente bom.

A menção do prefácio do autor na capa é suficiente para conferir status e credibilidade, e um texto acima de quinhentas palavras pode desinteressar ou distrair o leitor do livro em si.

O prefácio é como um trailer de filme: diga ao público o que ele precisa saber em pouco tempo e depois dê espaço para o evento principal.

O PREFACISTA PRECISA LER O LIVRO PRIMEIRO?

Não necessariamente.

As duas razões para um prefácio (conferir credibilidade ou fornecer contexto) não requerem necessariamente nenhum comentário sobre o conteúdo.

O prefácio deve realmente focar o autor: quem é, em que atua e o que pretende com este livro.

Prefacistas nem sempre precisam ter lido o livro para entender o histórico e o contexto do que está acontecendo no setor ou no espaço sobre o qual o autor escreve. Eles podem, mas não é crucial.

Agora, é claro, se o prefacista quiser ler, então que leia o livro, obviamente. Mas, em geral, você deve conhecê-lo muito bem e ter uma relação tão boa que o prefacista tenha muito a dizer a seu respeito sem conhecer o conteúdo específico do livro.

COMECE ESSE PROCESSO O QUANTO ANTES

Entenda que a maioria das pessoas leva uma eternidade para escrever seu prefácio, portanto, inicie esse processo o quanto antes. Se não o fizer, e tentar fazê-lo no último minuto, seu livro poderá sofrer um atraso.

6.5

COMO CONSEGUIR ELOGIOS INCRÍVEIS PARA SEU LIVRO

"A pessoa mais poderosa do mundo é o contador de histórias."

— STEVE JOBS

PARA QUE SERVEM OS ELOGIOS?

Há mais de quinhentos mil livros publicados a cada ano somente nos EUA. Como um leitor em potencial deve saber que o seu é realmente bom? Como ele deve saber que você e seu livro valem o tempo e o dinheiro dele?

Há várias maneiras de sinalizar que seu livro é sério e profissional. A capa, o título e a descrição são três exemplos. Uma vez que você os tenha definidos, outra forma de dar credibilidade ao seu livro é apresentar elogios.

Um "elogio à obra" é uma citação de alguém que diz algo positivo a respeito de você ou do seu livro. Seguem alguns elogios do livro de Mona Patel, *Reframe* [Ressignifique]:

"Por que não? E se? Se essas perguntas lhe fizerem parar, pode ser porque você anda com a mentalidade errada. Neste livro pessoal, Mona Patel quer prepará-lo com uma nova maneira de enxergar as coisas e trabalhar."

— SETH GODIN, GURU DO MARKETING E
AUTOR BEST-SELLER DO *NEW YORK TIMES*

"Parte negócios, parte desenvolvimento pessoal, Reframe está repleto de maneiras práticas de dar um salto na inovação."

— ADAM GRANT, PROFESSOR DA WHARTON E
AUTOR BEST-SELLER DO *NEW YORK TIMES DE DAR E RECEBER*

"Este livro, assim como sua autora, é inovador, claro e capaz de abrir caminhos para novas ideias."

— NIR EYAL, AUTOR DE *HOOKED (ENGAJADO): COMO CONSTRUIR PRODUTOS E SERVIÇOS FORMADORES DE HÁBITOS*

Feito apropriadamente, um bom elogio:

1. Mostrará que o livro é importante.
2. Fornecerá prova social de que o autor é importante.
3. Ajudará os leitores a ver que a obra é relevante para eles.
4. E, mais importante ainda, convencerá um leitor em potencial a *comprar o livro.*

Os elogios são uma ótima maneira de "credenciar" um livro (e também um autor) e ajudá-lo a destacar-se dentro da sua área.

ELOGIOS SÃO NECESSÁRIOS?

Absolutamente não. Não fique obcecado com eles. Mais uma vez, os elogios não são uma necessidade. Muitos livros famosos foram lançados e alcançaram o sucesso sem eles.

Os elogios se enquadram na categoria "desejável" e não na categoria "obrigatório".

Eles têm impacto no livro, mas não surtem tanto efeito quanto as avaliações. As avaliações reais da obra na Amazon ou no site barnesandnoble.com são muito mais eficazes em termos de venda de exemplares.

É geralmente melhor não ter do que ter maus elogios ou frases originadas de fontes desconhecidas.

Por exemplo, diga seus três livros favoritos. Quem teceu elogios a esses livros? Você provavelmente não se lembra.

ONDE FICAM OS ELOGIOS?

Os elogios são multiuso e podem ser inseridos em vários lugares. Por exemplo:

1. **Capa do livro:** normalmente apenas um pode ir na capa e ele, em geral, é de alguém com status muito elevado para seu público.
2. **Contracapa do livro:** normalmente é possível inserir até três elogios aqui, sem superlotar a contracapa.
3. **Orelhas da sobrecapa:** a sobrecapa é geralmente usada em livros de capa dura. Os elogios podem ser incluídos na primeira ou segunda orelha da sobrecapa, dependendo de várias decisões.
4. **Antes da folha de rosto:** se você tiver muitos elogios, pode inseri-los em suas próprias páginas, geralmente logo no início do livro. Isso é normalmente chamado de "Elogios antecipados".
5. **Na página do livro da Amazon/B&N:** inserir elogios na descrição do livro ou na seção "Sobre o livro" pode acrescentar muitas provas sociais à obra.
6. **Em seu site:** esse é outro lugar para inserir elogios, embora apenas um ou possivelmente dois tendam a funcionar melhor aqui.

7. **Em seus materiais de imprensa:** esse é definitivamente um lugar para colocá-los também, uma vez que eles ajudarão a alcançar a imprensa.

O QUE É UM BOM ELOGIO?

Um bom elogio em geral tem estes atributos:

1. VEM DE UMA PESSOA RELEVANTE, DE ALTO STATUS OU COM CREDIBILIDADE

Isso é fundamental. Você quer que sua fonte envie os sinais certos para a audiência do livro e transmita a autoridade que deseja alcançar com a obra. Há muitas sutilezas para isso, as quais explicaremos mais adiante nesta seção.

2. AJUDA O LEITOR A ENTENDER POR QUE O LIVRO É IMPORTANTE

Não é fácil enquadrar ou explicar seu livro a um leitor, e um elogio pode ajudá-lo a entender por que ele precisa comprar e ler o seu.

3. NÃO É EXCESSIVO OU EXAGERADO

A pior coisa que você pode fazer é conseguir que um grande nome do setor faça um elogio que parece pago ou que seja ridículo. Ser realista é melhor do que ser otimista em excesso. As pessoas tendem a desacreditar de coisas que parecem boas demais para ser verdade.

DE ONDE PODEM VIR OS ELOGIOS?

Existem três tipos básicos de elogio. Apresentaremos cada um deles em detalhes.

1. Citações de pessoas com credibilidade e de alto status.
2. Menções da imprensa.
3. Depoimentos de leitores e clientes.

CITAÇÕES DE PESSOAS COM CREDIBILIDADE OU DE ALTO STATUS

A maioria das pessoas não presta muita atenção ao que os elogios realmente dizem, já que quase todos são uniformemente positivos. Em vez disso, elas prestam atenção a *quem* fez o elogio e julgam seu livro com base em quem o endossa.

Quanto mais credibilidade e status social o endossante tiver, mais eficaz será o elogio. Você está usando um pouco da credibilidade e do status da pessoa que fez o elogio e refletindo isso em seu livro.

Um excelente exemplo é o do livro *Dar e receber*. Quando foi publicado, Adam Grant era um professor bastante desconhecido, pouco notório fora dos círculos acadêmicos. Porém, sua obra teve influência sobre muitos autores famosos, e ele pediu a eles que fornecessem elogios para seu livro. Veja a lista de pessoas que elogiaram a obra:

- Susan Cain
- Dan Pink
- Tony Hsieh
- Seth Godin
- Dan Ariely
- Gretchen Rubin
- David Allen
- Dan Gilbert
- Robert Cialdini

Todos são autores famosos (pelo menos para o tipo de leitor a quem Adam queria alcançar). Essa lista força seu público não só a dar uma chance, como também faz com que a mídia o leve a sério.

Você está tentando pegar emprestada a credibilidade e a autoridade de uma pessoa, e, às vezes, isso pode ser transmitido pela posição dela, mesmo que ela não seja famosa.

Nem todas as pessoas conhecem autores famosos e nem todos os elogios devem vir de autores famosos. Você também pode obter elogios de pessoas que têm posições de alto status.

Por exemplo, veja o livro *Chasing Excellence* [Perseguindo a excelência](um livro sobre fitness e treinamento esportivo). Você sabe quem é alguma destas pessoas?

- Javier Vázquez.
- Chris Hinshaw.
- Bethany Hart-Gerry.

Provavelmente não. Eles não são muito famosos pelo nome. Agora, vejamos como eles estão listados na página da Amazon de *Chasing Excellence*:

- Javier Vázquez, astro da Major League Baseball.
- Chris Hinshaw, triatleta profissional, vencedor do Ironman Brasil.
- Bethany Hart-Gerry, equipe olímpica de bobsled dos EUA.

Por conta de seus títulos e conquistas, você agora leva seus comentários sobre um livro de fitness e treinamento MUITO a sério, mesmo que não conheça seus nomes.

MENÇÕES DA IMPRENSA

A maioria de seus elogios virá das pessoas que você pediu. No entanto, outro bom lugar para encontrar elogios é na imprensa ou na atenção da mídia que você pode ter ganhado de uma fonte. Por exemplo:

"Hilariantemente divertido e profundamente repreensível."

— *NEW YORK TIMES*

O exemplo anterior foi uma citação sobre meu primeiro livro, *Espero que eles sirvam cerveja no inferno.* O artigo em si não era muito positivo, mas essa foi uma menção positiva, então eu a peguei e a pus em meu livro. Ter o *New York Times* mencionado em minha obra foi uma prova social significativa para um leitor em potencial.

A imprensa de qualquer lugar pode fazer a diferença, mesmo de uma fonte de mídia relativamente desconhecida. Qualquer comentário da mídia agrega credibilidade a você e a seu livro, independentemente de o elogio ter sido feito diretamente a seu livro ou não.

DEPOIMENTOS DE LEITORES E CLIENTES

Você também pode usar as opiniões de clientes como depoimentos. Se já escreveu um livro antes, suas avaliações antigas podem ser um bom lugar para pesquisar um ou dois pontos extras. Avaliações antigas podem ser encontradas na página da obra na Amazon e usadas como elogios.

Isso foi feito no livro *Receita previsível.* Os autores receberam feedback de pessoas que leram o livro e usaram os comentários como elogios (certificando-se de listar os cargos profissionais delas, para validar suas provas sociais):

"Não consegui largá-lo. Este livro me poupou muito tempo e agora minha receita está aumentando. Após lê-lo, fechamos grandes negócios imediatamente com as estratégias."

— KURT DARADICS, CEO, FREEDOM SPEAKS/CITYSOURCED.COM

"Acabei de ler seu livro. Inacreditável! Agora sei o que está errado em nosso processo de venda..."

— PAT SHAH, CEO, SURCHSQUAD

"Li Receita previsível *e é incrível!"*

— DAMIEN STEVENS, CEO, SERVOSITY

Você pode até mesmo solicitar depoimentos de clientes reais (dependendo do que faz e de como isso se relaciona com seu livro). Os autores de *Receita previsível* também fizeram isso:

"Trabalhar com Aaron Ross tem sido nada menos do que surpreendente! Seus métodos aplicados à nossa organização de vendas nos ajudaram a produzir um novo fluxo lucrativo e escalável de receitas previsíveis. Vimos pelo menos um aumento de mais de quarenta por cento de novos negócios. A melhor parte é que nos divertimos muito enquanto o fazíamos!"

— MICHAEL STONE, VICE-PRESIDENTE DE VENDAS E ESTRATÉGIA, WPROMOTE (NÚMERO 1 NO RANKING SEARCH MARKETING FIRM NA *INC. 500*)

Isso funciona porque o público de *Receita previsível* é formado por empresários e CEOs e são eles que tecem os elogios.

A QUEM VOCÊ DEVE SOLICITAR ELOGIOS?

O ideal é solicitar elogios de pessoas de sua rede que são bem conhecidas, renomadas ou têm trabalhos importantes.

A principal consideração aqui é se concentrar em perguntar às pessoas que se encaixam em dois critérios:

1. Elas são conhecidas do público que você está tentando alcançar, ou têm empregos ou cargos que parecem confiáveis para esse público.
2. Você já as conhece o suficiente para chegar a elas.

Para decidir a quem solicitar elogios, comece com uma lista grande: quanto mais nomes, maior a probabilidade de você conseguir um sim.

Elas devem ser pessoas específicas, não uma lista de pessoas famosas que você nunca conheceu.

Se não tiver alguma conexão com elas em sua rede, não as coloque em sua lista. Se não conhece a pessoa ou tem uma conexão confiável que já está estabelecida, então você não conseguirá um elogio.

Pergunte a alguém que tenha uma forte conexão tanto com seu público quanto com o conteúdo. É muito melhor obter uma citação de uma pessoa que seu público conhece bem, mas é anônima fora desse nicho, do que alguém que é muito famoso, mas não tem nada a ver com seu livro.

Por exemplo, se escrever um livro sobre varejo e for amigo de um político famoso que não tem nada a ver com varejo, um elogio dele não vai ressoar com seu público.

Por outro lado, se você conseguir que o vice-presidente da Macy's elogie seu livro, mesmo que ninguém fora do varejo tenha noção de quem ele é, essa citação será um alerta eficaz do seu livro para o público (pessoas interessadas em varejo).

COMO SE DEVE SOLICITAR UM ELOGIO A ALGUÉM?

O processo de pedir elogios pode ser um pouco desconfortável para a maioria dos autores. A melhor coisa possível a fazer quando se pede um elogio é facilitar ao máximo que as pessoas possam lhe dar um.

Nessa linha, contarei um pequeno segredinho: ***a maioria das pessoas que elogiam não leem o livro.***

Na verdade, a maioria delas *sequer escreve o elogio...* elas apenas o aprovam.

Segue o modelo de e-mail que recomendamos usar quando pedimos um elogio do livro a alguém. Naturalmente, será necessário modificá-lo com detalhes relevantes para a pessoa que você pedir:

> [INSERIR NOME],
>
> Ei, [NOME], escrevo para perguntar se você poderia escrever um elogio para meu próximo livro, [INSERIR TÍTULO].
>
> Seu apoio significaria muito para mim. [INSERIR RAZÃO ESPECÍFICA COM BASE EM SEU RELACIONAMENTO].
>
> Anexei um PDF a este e-mail com o original, para que você possa lê-lo, se desejar.
>
> Obviamente, eu adoraria se você lesse o livro inteiro, mas valorizo muito seu tempo, por isso, ofereço 2-3 exemplos de elogio para você. Sinta-se livre para aprovar qualquer um destes ou editá-los conforme queira para que reflitam seus sentimentos:
>
> [INSERIR EXEMPLO DE ELOGIO Nº 1]
>
> [INSERIR EXEMPLO DE ELOGIO Nº 2]
>
> [INSERIR EXEMPLO DE ELOGIO Nº 3]

O SEGREDO PARA ELOGIOS: ELOGIE A PESSOA, NÃO O LIVRO

A maior parte das pessoas não tem tempo para ler seu livro e considerar cuidadosamente um elogio nem se sente à vontade para elogiar algo que ainda não leram. Tudo bem.

Existe uma solução muito simples: **fazer com que elas elogiem você.** Isso é mais do que aceitável e um ato muito fácil para a maioria das pessoas.

Por exemplo, ajudei Kamal Ravikant a fazer isso em seu segundo livro, *Live Your Truth* [Viva sua verdade]. Ele é amigo de Tim Ferriss, mas Tim estava muito ocupado para ler o livro (na época; depois, ele leu e o adorou), então consegui que Tim fizesse este elogio a Kamal:

"Kamal é uma daquelas pessoas cujas palavras são tão poderosas quanto sua presença. Quando Kamal fala, eu escuto."

— TIM FERRISS, AUTOR DO BEST-SELLER DO, *NEW YORK TIMES, TRABALHE 4 HORAS POR SEMANA*

Essa citação está agora em sua página da Amazon e no livro, assim como é uma poderosa prova social para Kamal e sua obra.

MAIS UM TRUQUE PARA ELOGIOS

Falando em Tim, ele usa um grande truque para conseguir elogios, e eu o ajudei a fazer isso em dois livros.

Enquanto o livro ainda está em progresso, ele imprime o capítulo mais relevante para a pessoa a quem ele deseja pedir o elogio, destacando as seções e passagens relevantes (com um marcador e caneta) e enviando o material por correio para a pessoa, com a oferta de enviar o livro inteiro se ela quiser.

É uma tática inteligente, estratégica e generosa, que funciona quase sempre.

COMO ESCREVER ELOGIOS

Não há uma fórmula para escrever elogios, mas há algumas regras:

- Eles não podem ser muito longos, ou ninguém os lerá.
- Não podem ser muito excessivos ou exagerados, pois assim perdem a credibilidade.

O mais importante é que o elogio se concentre no benefício para o leitor — por que o leitor deveria se importar com o livro?

Para isso, o melhor conselho é encontrar na Amazon de cinco a dez livros que você acha que são boas comparações com o seu (ou que se encontram em nichos similares), ler os elogios deles e imitar seu estilo. Nichos diferentes têm estilos de elogios diferentes, e a melhor coisa que pode fazer com um elogio é não violar nenhuma norma esperada pelos leitores.

EXEMPLO DE UMA EXCELENTE LISTA DE ELOGIOS

Lembre-se, quanto mais focada for a lista de elogios em seu público, melhor será para você. Segue um excelente exemplo do uso apropriado de elogios, do livro *Common Financial Sense* [Senso financeiro comum], de Harris Nydick e Greg Makowski:

"Este guia oferece o tutorial mais prático e direto que eu já li."

— HAZEL O'LEARY, EX-SECRETÁRIO DE ENERGIA DOS EUA

"Gostaria de ter lido este livro antes em minha carreira! Prometo recompensar isso enviando um exemplar de Common Financial Sense *a cada um dos meus três filhos de vinte e poucos anos."*

— SKIP SCHWEISS, PRESIDENTE, TD AMERITRADE TRUST COMPANY

"Common Financial Sense *é um novo guia perspicaz que simplifica e desmistifica o investimento em planos de aposentadoria. Leia este livro! Ele o ajudará a tomar decisões inteligentes para buscar com sucesso seus objetivos financeiros.*"

— JOSHUA PACE, PRESIDENTE E CEO, E*TRADE

"Common Financial Sense *é um sopro de ar fresco e deveria ser uma leitura obrigatória para todos os que entram no mercado ou que já trabalham.*"

— DEAN DURLING, PRESIDENTE E CEO,
QUICKCHEK CORPORATION

A menos que você esteja no setor financeiro, poucos desses nomes significam algo para você. Mas ainda é uma lista excelente, porque as pessoas têm cargos de alto status e são extremamente importantes *para o público ao qual este livro se destina.*

Essa lista de elogios sinaliza exatamente para quem este livro é e converte essas pessoas específicas a uma taxa muito alta de leitores.

6.6

FINALIZE SEU ORIGINAL: COPIDESQUE

"Lembrem-se, fiscais da gramática: vocês vão morrer sozinhos."

— DAMIEN FAHEY

Para ser perfeitamente claro: quando dizemos que você precisa de "um original finalizado" para iniciar o processo de publicação, não nos referimos apenas a um documento que está bem próximo de seu livro finalizado. Não nos referimos apenas a um arquivo com alguns erros de digitação restantes.

Referimo-nos a um *original finalizado.*

É crucial que você faça o máximo desse trabalho antes de iniciar o processo de publicação. Adicionar um parágrafo agora, em vez de fazer isso depois que a diagramação for concluída, significa a diferença entre alguns minutos e *algumas horas* de trabalho.

NÃO estou exagerando. Finalizar seu original antes da publicação muitas vezes se traduz em milhares de dólares de economia. Vale a pena reservar um tempo para finalizar tudo por completo.

PASSO 1: CONTRATE UM COPIDESQUE PROFISSIONAL

Não posso ser mais claro do que isto: contrate pelo menos um copidesque profissional para revisar seu livro. Não confie na verificação ortográfica. Não peça a seus amigos. Não peça a seu vizinho para dar uma olhada.

Não me importa quão confiante você está de que não existem erros. Você está errado. Eles estão lá, e, se não contratar profissionais para encontrá-los, vai deixá-los passar, e os leitores pensarão que você é estúpido.

Há muitos dados sobre isso, mas a média das pessoas só detecta cerca de sessenta por cento dos erros, e até mesmo os profissionais geralmente só captam cerca de 85 por cento (é por isso que temos duas pessoas diferentes que revisam cada original dos autores na Scribe).

Ainda que sua edição de leitura em voz alta pegue muitos erros pequenos, deslizes e problemas de escrita, há um conjunto de outros problemas que os revisores profissionais procuram: pequenas regras gramaticais que os fluentes do seu idioma muitas vezes nem mesmo sabem que existem.

Por exemplo:

- Você sabe a diferença entre travessão e meia-risca?
- Você encerra frases com preposições?
- Você inicia muitas frases com conjunções?

Tais erros não são fatais, mas fazem a diferença entre um livro profissional e um que se apresenta como amador. Além disso, se a Amazon receber muitos relatos sobre erros de digitação em seu livro, ele será removido do site.

Existem dois tipos distintos de serviços de edição: aqueles que lhe permitem enviar o original e têm uma equipe interna, e as plataformas que lhe permitem encontrar freelancers. O primeiro é mais simples, mas o segundo (plataformas) tende a ser mais eficaz.

SERVIÇOS DE EDIÇÃO

Se você optar por serviços de edição, provavelmente lhe será cobrada uma taxa fixa. Você submeterá o original e, dentro de uma semana, receberá um produto acabado. Simples.

Seguem alguns dos serviços que testamos e recomendamos:

- PostScripting (postscripting.net).
- Kibin (www.kibin.com).
- Scribendi (www.scribendi.com).

PLATAFORMAS DE FREELANCERS

A outra alternativa é utilizar uma plataforma de freelancers. A maioria lhe permitirá postar a demanda gratuitamente e a plataforma receberá uma porcentagem do custo. Os copidesques geralmente trabalham por hora ou por palavra, mas alguns estarão abertos a cobrar uma taxa fixa também.

Seguem algumas das plataformas de freelancers que testamos e recomendamos:

- Upwork (www.upwork.com).
- People Per Hour (www.peopleperhour.com).
- MediaBistro (mediabistro.com).

O verdadeiro benefício de utilizar uma plataforma de freelancers em vez de um serviço é o contato direto com o copidesque. Você não só será capaz de escolher alguém que pareça mais adequado para seu projeto (e que tenha sido bem avaliado por clientes anteriores), mas também poderá transmitir a ele informações extras que possam ser úteis em seu trabalho de revisão.

PASSO 2: TRABALHANDO COM SEU COPIDESQUE

Uma vez encontrado o copidesque certo, você precisará atribuir a demanda e trabalhar com ele. Falamos com nossa equipe de profissionais para obter feedback sobre o que eles precisam para uma demanda. Estes são os conselhos deles:

1. **Defina o papel:** como disse um de nossos editores: "Raramente o copidesque é apenas um copidesque, não importa como o cliente o chame." Há muita responsabilidade que pode ser atribuída a um profissional de copidesque, e é importante esclarecer qual é essa responsabilidade.

Tradicionalmente, a tarefa de um profissional copidesque é encontrar quaisquer inconsistências e erros, como erros de digitação, gramaticais e ortográficos. Entretanto, não é raro (porque eles são a última linha de defesa contra um original problemático antes da publicação) que eles assumam mais responsabilidades.

2. **Explique o público:** nem todos os livros são escritos de forma clara para todos. Para que um copidesque possa distinguir com precisão entre o que editar e o que é uma escolha intencional de estilo, é importante que ele entenda o público do livro e a mensagem que a obra pretende transmitir.

Isso pode ser tão importante quanto o uso ou não de palavrões na obra, ou tão específico quanto o país de origem, para garantir que os dizeres e ortografias estejam corretos.

3. **Aponte o que requer atenção:** você pode muitas vezes (embora nem sempre) antecipar os problemas. Por exemplo, trabalhamos recentemente em um livro que foi escrito de tal forma que oscilava entre o tempo passado e o presente. Resolvemos esse problema no original, mas valeu a pena explicar a situação à revisora para que ela também pudesse estar atenta a erros semelhantes.

Você também pode aplicar essa estratégia. Caso saiba que tende a cometer erros de digitação ou de pontuação, por exemplo, diga ao seu revisor. Quanto mais pistas você puder dar sobre o que ele deve prestar mais atenção, melhor será seu livro.

PASSO 3: FINALIZE O PROCESSO

Uma vez que o profissional copidesque tiver concluído o trabalho, ele deve devolver um documento do Word com todas as alterações feitas com o "Controle de alterações" ativado. Esse procedimento é padrão na área e vale a pena confirmar isso **antes** de contratar o profissional de texto.

Quando receber o documento, espere encontrar várias pequenas mudanças registradas. A maioria delas serão erros óbvios que você ficará feliz em aceitar, mas algumas podem ser recomendações de frases ou perguntas sobre partes que não estão claras.

Algumas podem ser correções ortográficas ou de pontuação que são *tecnicamente* precisas, mas não usadas comumente — lembre-se, o trabalho de um profissional copidesque é seguir regras, não fazer escolhas editoriais.

Às vezes, você pode querer quebrar as regras propositalmente para se manter informal ou criar seu tom e voz únicos. Certifique-se de passar por todas essas mudanças e tome suas próprias decisões sobre o que deve ser implementado e o que não deve.

PASSO 4: PRONTO PARA PUBLICAR?

Neste ponto, você deve ter um original que lhe deixe confiante o suficiente para finalizar e publicar.

Devemos observar que você provavelmente nunca estará cem por cento confiante de que seu manuscrito está pronto para ser publicado. Nenhum escritor está.

Mas, em algum ponto — de modo geral, após todas essas etapas —, não há mais nada a fazer além de concluir e publicá-lo. Não desperdice semanas ou meses tentando conseguir sair de 99,9 para cem por cento de perfeição. Isso é impossível. Reconheça a possibilidade de uma margem mínima de erros e siga em frente.

Uma vez que seu manuscrito esteja finalizado, é hora de iniciar o processo de publicação.

PARTE 7

CONCEBA SEU LIVRO

7.1

COMO ESCREVER UMA DESCRIÇÃO DE LIVRO QUE VENDE

"Quem tenta fazer uma distinção entre educação e entretenimento não sabe absolutamente nada sobre nenhum dos dois."

— MARSHALL MCLUHAN

Após o título e a capa, o material de marketing mais importante do seu livro é a descrição.

A descrição do livro pode aparecer em vários lugares, com maior destaque na contracapa e logo abaixo do preço (na Amazon). É crucial que essa breve descrição esteja correta.

Neste capítulo, mostraremos como escrever e criar a descrição do livro e incluiremos alguns exemplos de autores que fizeram isso bem e outros que nem tanto.

POR QUE A DESCRIÇÃO DO SEU LIVRO É IMPORTANTE

A descrição do livro é o tom para o leitor sobre a razão pela qual ele deve comprá-lo. É o texto de venda para que o leitor avalie se a obra serve a ele (ou não) e depois faça a compra.

Há muitos exemplos de como as descrições de livros levam a enormes mudanças nas vendas. Uma das minhas histórias favoritas é a do livro de J. T. McCormick, *I Got There* [Eu cheguei lá].

Apesar de ter uma boa capa e de receber boas críticas, o livro não vendia tantos exemplares quanto deveria. Assim, ao nos atentarmos à descrição do livro, descobrimos as falhas e a reformulamos completamente.

As vendas dobraram — em *uma hora*.

Isso não é incomum. Em muitos casos, a descrição é o fator que solidifica na mente do leitor se o livro serve para ele ou não. Se você acertar, a compra é quase automática. Se você errar, bem pouco pode realmente salvá-lo (exceto uma recomendação da fonte certa).

Lembre-se, as pessoas estão procurando uma razão para não comprar seu livro, portanto, ter uma boa descrição dele é fundamental para mantê-las com a intenção de concluir a compra.

COMO ESCREVER A DESCRIÇÃO DO SEU LIVRO

Na Scribe, nossos profissionais copidesques usam o formato *Gancho, Dor, Prazer, Legitimidade, Ciclo Aberto,* que é muito semelhante à forma como escrevemos as introduções.

1. GANCHO

A primeira frase deve ser algo que prenda seu leitor desejado e desperte a atenção. Se isso não for feito direito, ou pior, se for feito errado, você pode perder o leitor imediatamente e então não importa o que o resto da descrição diz.

As pessoas estão sempre procurando uma razão para passar para a próxima coisa. Não dê essa oportunidade a elas. Faça da primeira frase algo que estimule a leitura do restante da descrição. Toda boa descrição de livro que você vê é interessante a partir da primeira frase.

De modo geral, isso significa focar a afirmação mais ousada do livro, ou o fato mais sensacional, ou a ideia mais convincente.

2. DOR

Uma vez que você tenha a atenção do leitor, descreva claramente a dor atual que ele sente. Se puder descrevê-la com precisão e realismo, o envolverá totalmente na descrição e o fará pensar seriamente em comprar o livro.

Você não precisa exagerar aqui, o necessário é ser preciso: que dor há na vida do leitor? Quais problemas ele não consegue resolver? Ou, talvez, quais aspirações ele não alcançou ou quais grandes objetivos ele tem? Desenvolva as dores de forma clara e direta, em linguagem simples e clara.

3. PRAZER

Em seguida, diga o que o livro fará para ajudar o leitor a sanar essa dor. Feito corretamente, isso formará uma conexão emocional ao descrever como o leitor em potencial se sentirá após ler o livro. Ou, ainda melhor, o que o leitor ganhará com a leitura do livro — como sua vida será diferente?

Será que isso deixará o leitor feliz ou rico? Vai ajudá-lo a perder peso ou a fazer mais amigos? O que ele receberá quando ler o livro?

Seja claro quanto aos benefícios, não os insinue. Você está vendendo um resultado para o leitor, não um processo (mesmo que seu livro seja o processo). Explique exatamente o que o livro é, em termos claros e óbvios.

4. LEGITIMIDADE

Trata-se simplesmente de fazer com que o leitor saiba por que ele deve ouvi-lo, por que você é a autoridade e o especialista que ele precisa ouvir. Isso pode ser muito curto e não deve ser um foco da descrição do livro. Você quer apenas provas sociais suficientes para fazer o leitor continuar lendo.

Isso também pode acontecer no gancho. Se há um fato impressionante a mencionar (por exemplo, ser um autor best-seller do *New York Times*), ele deve ser usado na primeira frase. Ou se há algo notório e surpreendente sobre você ou o livro, que pode ser acrescentado à descrição, como: "Do autor de [INSERIR FAMOSO BEST-SELLER]." Ou talvez: "Do sniper da marinha mais condecorado do mundo, este é o livro definitivo sobre atirar."

5. CICLO ABERTO

Você declara o problema ou questiona os temas de seu livro, mostra que os resolve ou responde, mas também deixa um pequeno fator-chave de fora. Isso desperta o interesse do leitor e o deixa querendo mais.

Você deve ser muito explícito sobre o que o leitor aprenderá, mas não precisa ir fundo no "como". Isso serve para criar um "ciclo aberto", por assim dizer; você está escondendo o molho secreto que está no livro.

Dito isso, não faça o leitor sentir dificuldade para entender qual é seu ponto de vista, ou como levar o leitor até lá. Isso é especialmente verdadeiro para livros prescritivos (utilitários, autoajuda, motivacionais etc.). As pessoas gostam de entender o básico do "como" (assim como o "o quê"), especialmente se for algo novo. Esse é um equilíbrio que nossos exemplos mostrarão como fazer da forma certa.

EXEMPLOS DE BOAS DESCRIÇÕES DE LIVROS

VIVID VISION [VISÃO VÍVIDA], DE CAMERON HEROLD

Muitas corporações têm declarações de missão pretensiosas e chamativas que fazem pouco para motivar os funcionários e menos ainda para impressionar clientes, investidores e parceiros.

Mas há uma forma de compartilhar seu entusiasmo pelo futuro de sua empresa de uma maneira clara, convincente e poderosa, e o empreendedor e especialista em crescimento de negócios Cameron Herold pode lhe mostrar como.

Vivid Vision é uma ferramenta revolucionária que ajudará donos de negócios, CEOs e gestores seniores a criar declarações de missão inspiradoras, detalhadas e acionáveis de três anos para suas empresas. Neste guia fácil de seguir, Herold oferece passos simples para criar sua própria visão vívida, desde o brainstorming até o compartilhamento de ideias, passando pelo uso do documento para impulsionar o progresso nos próximos anos.

Ao se concentrar no mapeamento de como você vê e sente sua empresa em cada categoria de negócio, sem se ver preso a dados e números, *Vivid Vision* cria um roteiro holístico para o sucesso que fará com que todos os seus colaboradores se apaixonem pelo quadro geral.

Sua empresa é seu sonho, um sonho que você quer compartilhar com seus funcionários, clientes e *stakeholders. Vivid Vision* é a ferramenta que você precisa para tornar esse sonho realidade.

O QUE A TORNA BOA?

Três coisas:

1. **Gancho de engajamento:** todos sabem que as declarações de missão são bobagem, mas quantas pessoas dizem isso em voz

alta? Ao fazer isso, ele toma uma posição e engaja o leitor em potencial imediatamente.

2. **Palavras-chave importantes:** tendemos a defender que você fique longe do uso de palavras-chave na descrição do livro, mas em alguns casos — especialmente em livros de negócios — o uso correto delas pode funcionar. Esse é um exemplo de onde elas funcionam. Palavras e frases como "fácil de seguir", "passos simples" e "impulsionar o progresso" realmente funcionam.
3. **Dor e benefício claros:** esse livro não é atrativo para todos, mas, para o leitor perfeito, é muito atrativo porque articula com clareza um problema real ("*declarações de missão pretensiosas e chamativas que acabam fazendo pouco*") e depois diz a você o resultado que entrega ("*declarações de missão detalhadas e acionáveis de três anos para suas empresas*") e basicamente como ele o leva até lá ("*mapeamento de como você vê e sente sua empresa em cada categoria de negócio*").

TRABALHE 4 HORAS POR SEMANA, DE TIM FERRISS:

Esqueça o antigo conceito de aposentadoria e o resto do plano de vida adiado — não há necessidade de esperar e existem inúmeros motivos para isso, especialmente em tempos econômicos imprevisíveis.

Se seu sonho é fugir da corrida dos ratos, fazer grandes viagens internacionais, ganhar uma renda mensal de cinco dígitos sem ser gerente ou apenas viver mais e trabalhar menos, *Trabalhe 4 horas por semana* é o plano ideal.

Este guia passo a passo de design de estilo de vida de luxo ensina:

- Como Tim passou de quarenta mil dólares por ano e oitenta horas por semana para quarenta mil dólares por mês e quatro horas por semana.

- Como terceirizar sua vida para assistentes virtuais no exterior por cinco dólares por hora e fazer o que você quiser.
- Como os artistas viajam pelo mundo sem abandonar seus empregos.
- Como eliminar cinquenta por cento de seu trabalho em 48 horas, utilizando os princípios de um economista italiano esquecido.
- Como trocar uma carreira de longo prazo por curtos períodos de trabalho e frequentes "miniaposentadorias".

O QUE A TORNA BOA?

Três coisas:

1. **Tem um grande gancho:** Tim diz imediatamente por que este livro é importante para VOCÊ — porque pode parar de esperar pela aposentadoria. Quem não quer se aposentar agora? Certo, eu estou interessado, me diga mais...
2. **Tem informações específicas sobre dor e prazer:** uma promessa vaga não serve de nada se não cumprir o que promete. Tim então faz promessas específicas sobre as informações contidas no livro, tanto sobre coisas que aconteceram, quanto sobre coisas que ele lhe ensinará.
3. **Faz com que você queira ler mais:** após o contraste do grande e amplo objetivo e das informações específicas, no mínimo, qualquer leitor continuará a ler as avaliações e outras informações. Você está interessado — e quer saber COMO ele ensina.

AVERAGE IS OVER [A MÉDIA NÃO EXISTE MAIS], DE TYLER COWEN

Aclamado como um dos economistas mais influentes do mundo, Tyler Cowen retorna com uma sequência ao best-seller do, *New York Times, The Great Stagnation* [A grande estagnação].

A crescente distância entre ricos e pobres significa lidar com uma grande e incômoda verdade: se não está no topo, você está no fundo.

O mercado de trabalho global está mudando radicalmente graças ao crescimento na ponta alta e na baixa. Cerca de três quartos dos empregos criados nos Estados Unidos desde a Grande Recessão pagam apenas um pouco mais do que o salário mínimo. Ainda assim, os Estados Unidos têm mais milionários e bilionários do que qualquer outro país, e continuamos a cunhá-los.

Neste livro revelador, o renomado economista e autor best-seller Tyler Cowen explica esse fenômeno: os profissionais de alto rendimento estão aproveitando cada vez mais a inteligência de máquinas na análise de dados e obtendo resultados cada vez melhores. Enquanto isso, os trabalhadores com baixos rendimentos que não se comprometeram a aprender e a aproveitar ao máximo as novas tecnologias têm poucas perspectivas. Quase todo setor empresarial depende cada vez menos do trabalho manual e este fato está mudando para sempre o mundo do trabalho e dos salários. Uma vida estável e segura, em algum ponto, não existe mais.

Com *The Great Stagnation*, Cowen explicou por que os salários medianos estagnaram nas últimas quatro décadas; em *Average Is Over* [A média não existe mais]ele revela a natureza essencial da nova economia, identifica o melhor caminho para os trabalhadores e empresários e fornece aos leitores conselhos acionáveis para aproveitar ao máximo o novo cenário econômico. É uma boa notícia desafiadora e sóbria que deve ser lida, mas que, em última análise, é empolgante. Em debates sobre o futuro econômico de nossa nação, será impossível ignorar.

O QUE A TORNA BOA?

Essa descrição acerta em quase tudo. Ela estabelece rapidamente as credenciais do autor, declara imediatamente a enorme questão social que aborda e o faz de forma que gera uma reação emocional do leitor — as questões de igualdade são bastante carregadas emocionalmente.

Em seguida, ele desenvolve dois pequenos parágrafos expondo o contexto do debate sobre a igualdade econômica e depois diz exatamente o que o livro apresentará, sem dar sua tese. Essa descrição quase o força a ler o livro.

EXEMPLOS DE DESCRIÇÕES RUINS DE LIVROS

O LADO DIFÍCIL DAS SITUAÇÕES DIFÍCEIS, DE BEN HOROWITZ

> Ben Horowitz, cofundador de Andreessen Horowitz e um dos empreendedores mais respeitados e experientes do Vale do Silício, oferece conselhos essenciais sobre como abrir e dirigir uma startup. De acordo com seu popular blog, sabedoria prática para lidar com os problemas mais difíceis que a escola de negócios não aborda.
>
> Enquanto muitas pessoas falam sobre como é ótimo abrir um negócio, poucas são sinceras sobre como é difícil administrá-lo. Ben Horowitz analisa os problemas que os líderes enfrentam todos os dias, compartilhando insights que teve desenvolvendo, gerenciando, vendendo, comprando, investindo e supervisionando empresas de tecnologia. Fã de rap, ele amplia as lições de negócios com letras de suas canções favoritas, contando diretamente sobre tudo, desde despedir amigos a caçar concorrentes, cultivando e mantendo uma mentalidade de CEO para saber o momento certo de ganhar dinheiro.

> Repleto de seu humor característico e jeito direto de falar, *O lado difícil das situações difíceis* é inestimável para empreendedores veteranos, bem como para aqueles que aspiram ter seus próprios novos empreendimentos, tirando proveito das experiências pessoais e muitas vezes humilhantes de Horowitz.

O QUE HÁ DE ERRADO COM ELA?

Essa descrição é ruim porque, com base apenas nela, o livro parece um pouco tênue e enfadonho. Se eu não soubesse nada sobre Horowitz antes de ler essa descrição, o que me faria querer saber mais sobre o autor? Ela também não diz nada realmente relevante sobre o conteúdo que o autor apresenta no livro e subestima substancialmente tanto o destaque de Horowitz quanto a ressonância e a importância da mensagem do livro. E quem se importa que ele goste de rap? O que isso importa para mim como leitor?

Compare-a com a descrição do livro de Tyler Cowen; ela explica quem é Cowen e por que eu deveria me importar, me diz sobre o que ele fala, aplica o livro à minha vida e me mostra exatamente por que preciso me importar com o que ele escreveu.

A ironia é que, por ter lido os dois livros, posso dizer que o de Horowitz é tão bom, se não *melhor* do que o de Cowen. Porém, você nunca saberia disso comparando apenas as descrições.

COERCION: WHY WE LISTEN TO WHAT "THEY" SAY [COERÇÃO: POR QUE OUVIMOS O QUE "ELES" DIZEM], DE DOUGLAS RUSHKOFF

> Notório especialista em mídia e autor de *Playing the Future* [Brincando com o futuro] Douglas Rushkoff faz uma crítica devastadora das técnicas de influência por trás de nossa cultura de consumismo desenfreado. Com uma análise hábil de como os especialistas nas áreas de marketing, publicidade, atmosfera varejista e venda manual tentam tirar nossa capacidade de

tomar decisões racionais, Rushkoff oferece um relato aguçado da ecologia da mídia atual, do consumismo nos Estados Unidos e por que compramos o que compramos, ajudando-nos a reconhecer quando somos tratados como consumidores em vez de seres humanos.

O QUE HÁ DE ERRADO COM ELA?

Descrições curtas são ótimas, mas essa é muito curta até mesmo para me dizer sobre o que é o livro. Esse é um exemplo oposto de prometer além do que é possível entregar. Veja estes termos: "devastadora", "análise hábil" e "relato aguçado" — essa descrição parece como se ele estivesse fazendo o que diz para não fazermos: vender sem conteúdo. Essa descrição jamais conectará um leitor às questões do livro de uma maneira que seja envolvente ou convincente.

OUTRAS PRÁTICAS MELHORES DE DESCRIÇÃO DE LIVROS

1. MUDE SUA MENTALIDADE: É UM ANÚNCIO, NÃO UM RESUMO

Não pense na descrição do livro como uma sinopse. Ela não se destina a resumir seu livro. Muitos autores querem colocar tudo sobre seu livro nessa seção. Resista a esse impulso.

É um anúncio publicitário. Pense nisso como um trailer. A descrição precisa ser escrita para que as pessoas *queiram ler* seu livro. Você quer que elas decidam comprá-lo.

2. USE PALAVRAS-CHAVE CONVINCENTES

Não basta ser preciso; é necessário usar palavras-chave de alto tráfego que aumentem a probabilidade de que seu livro seja encontrado em um mecanismo de busca. Por exemplo, se a *Sports Illustrated* produzisse um livro, você deveria não só dizer *Sports Illustrated* , mas também mencionar os nomes dos grandes atletas presentes no livro.

Melhor ainda, use palavras que evocam uma resposta emocional por parte do leitor. Não use "bobo" quando "idiota" funcionar melhor.

3. ENCURTE

Em média, os best-sellers da Amazon têm descrições com cerca de duzentas palavras. A maioria das descrições são divididas em dois parágrafos, mas algumas são mantidas em um, e outras em três.

4. SIMPLIFIQUE A ESCRITA

Escreva de um jeito simples. Use frases curtas e claras. Você não quer que ninguém tenha dificuldade para compreender aquilo que está tentando transmitir, porque você já aglutinou demasiadas ideias em uma frase longa.

5. ESCREVA COMO EDITOR, NÃO COMO AUTOR

Isso provavelmente será óbvio para você, mas a descrição do livro deve estar sempre em uma voz objetiva de terceira pessoa, e nunca na voz de seu autor. Ela é sempre escrita como outra pessoa descrevendo seu livro.

6. NÃO SEJA INSEGURO

Não compare seu livro com outros livros. Vejo isso acontecer o tempo todo e a única coisa que acontece é fazer o livro (e o autor) parecer imediatamente inferior. Além disso, um leitor pode odiar o livro com o qual está se comparando e você o perderá.

A única forma de uma comparação funcionar é se ela tiver sido feita por uma fonte muito respeitável e você citar a opinião dessa fonte.

7. NÃO INSISTA EM ESCREVER POR CONTA PRÓPRIA

Não consigo dizer quantos autores incríveis já tive que vieram até mim completamente confusos por não conseguirem escrever a descrição do próprio livro. Isso é normal.

A realidade é que o autor é muitas vezes a pior pessoa para escrever a descrição do seu livro. Ele está muito próximo do conteúdo e muito inserido emocionalmente. Se esse for o caso, recomendamos pedir ajuda a um amigo, procurar um editor profissional ou ainda melhor — um copidesque profissional — para conseguir assistência.

7.2

COMO ESCREVER O SOBRE O AUTOR (E POR QUE ISSO É IMPORTANTE)

A menos que você seja um autor famoso (Stephen King, J.K. Rowling, Malcolm Gladwell), a maioria das pessoas que compra seu livro não saberá quem você é.

Sendo assim, como elas aprenderão sobre você? Por que isso é tão importante?

Este capítulo explicará exatamente isto: como escrever corretamente o sobre o autor e por que essa seção é tão importante.

POR QUE O SOBRE O AUTOR É TÃO IMPORTANTE

Embora poucos autores pensem nisso, e ainda menos guias de escrita ou de publicação falem sobre o assunto, a seção "Sobre o autor" impactará nas vendas e na reputação e muitas vezes determinará que divulgação midiática você receberá.

Ela afeta diretamente as vendas. A "reputação do autor" é constantemente citada como um dos principais fatores que influenciam a compra de livros. Se você puder se estabelecer como uma autoridade no tema de seu livro, os leitores estarão muito mais propensos a comprá-lo, lê-lo e considerá-lo do jeito que você deseja. As pessoas ponderam sobre gastar sua renda e tempo com seu livro e procuram uma razão para fazer isso ou não. Assim, um bom Sobre o Autor ajuda muito (enquanto um ruim muitas vezes desestimulará o leitor a adquirir a obra).

Além disso, se você quiser que seu livro ajude a trazer oportunidades ou a estabelecer sua credibilidade ou autoridade em um assunto, muitas vezes, o Sobre o Autor é mais importante do que o conteúdo do livro em si. A triste, mas verdadeira, realidade é que mais pessoas lerão sua biografia do que sua obra. Ler um livro toma muito tempo, mas é muito fácil fazer um julgamento rápido baseado em um pequeno parágrafo. A maioria das pessoas faz isso.

O que é ainda mais verdade para os meios de comunicação. A maioria dos profissionais de imprensa tem prazos apertados e não dispõe de tempo para ler livros longos ou mesmo e-mails extensos e minuciosos. Todavia, um bom Sobre o Autor vai direto ao ponto afirmando: *esta é uma pessoa importante e eu preciso prestar atenção nela..*

COMO ESCREVER SEU SOBRE O AUTOR

Escrever sobre si mesmo é normalmente uma tarefa da qual a maioria dos escritores se esquiva, mas escrever um Sobre o Autor eficaz não precisa ser doloroso. Alguns passos simples podem levá-lo a uma biografia eficaz que não só impressionará os leitores e os meios de comunicação, mas também ajudará a vender seu livro:

1. DEMONSTRE SUA AUTORIDADE E CREDENCIAIS SOBRE O ASSUNTO DO SEU LIVRO (MAS NÃO EXAGERE)

Seja qual for o assunto de seu livro, é importante estabelecer suas credenciais nesta área. Por exemplo, se você escrever um livro de dieta, mencione diplomas profissionais, treinamentos, conquistas ou outras coisas que sinalizem claramente sua autoridade e credibilidade nesse meio.

Se você sente dificuldade com o que dizer sobre si mesmo, lembre-se que a ideia é esclarecer por que você é confiável e profissional (ao contrário de uma fonte desconhecida e não confiável), ou seja, por que o leitor deveria escutá-lo.

Para alguns tipos de livros e autores, isso é mais difícil de fazer. Se não há uma maneira clara de demonstrar autoridade direta ou credenciais — por exemplo, um romance ou um livro sobre suas histórias de vida — então não crie coisas ou tente "inventar" autoridade. Concentre-se nas outras partes da biografia do autor.

2. INCLUA CONQUISTAS QUE DEEM CREDIBILIDADE OU QUE SEJAM INTERESSANTES PARA O LEITOR (SEM EXAGERAR)

Em seu Sobre o Autor, você desejará incluir algumas conquistas alcançadas em sua vida, especialmente se não tiver credenciais diretas e autoridade no assunto do livro. Isso ajudará seu público a entender por que deveria despender tempo e dinheiro lendo o que você tem a dizer.

Se há algo em você ou em sua vida que é incomum, mesmo que não seja totalmente relevante, ainda deve considerar incluir isso em sua biografia.

Por exemplo, se você foi um bolsista Rhodes, fundou uma grande organização nacional ou ganhou um campeonato nacional de pingue-pongue — o que quer que seja. O objetivo é mostrar ao leitor que você fez coisas que importam, mesmo que elas não importem para o livro.

Se lhe faltam credenciais ou coisas interessantes, você pode sempre apresentar paixões e interesses — qualquer coisa que goste de fazer, escrever ou considere como um hobby, especialmente se for relevante para o tema do livro.

Dito isso, NÃO divague sobre coisas que não interessam ao leitor. Ponha-se no lugar dele e pergunte-se: "Este fato realmente importaria para outra pessoa além de mim?"

3. MENCIONE QUAISQUER LIVROS QUE VOCÊ TENHA ESCRITO E SEU SITE (MAS NÃO OS PROMOVA EM EXCESSO)

Caso tenha escrito outros livros, especialmente sobre o assunto, não deixe de mencioná-los. Se eles foram best-sellers ou receberam prêmios, melhor ainda. Se você já recebeu vários prêmios e acha que listar todos eles será enfadonho, busque ser breve. Escrever simplesmente "*John Smith é um autor premiado cujos trabalhos incluem...*" é mais do que suficiente para mostrar a seus leitores que você sabe o que está fazendo.

Se você tiver um site, uma página biográfica mais longa ou qualquer outra coisa que ajude a promover sua marca, então certifique-se de incluir no final do Sobre o Autor (supondo que isso atenda a seus objetivos). Mais uma vez, você não deseja se gabar aqui, portanto, seja humilde e simplesmente coloque algo como: *Saiba mais sobre John em www.johnsmithwriter.com*. É simples e tem uma clara chamada para ação.

4. CITE ALGUNS NOMES RELEVANTES, SE FOREM APROPRIADOS (SEM SER APELATIVO)

Sim, mencionar nomes pode afastar leitores se for feito da forma errada. Mas há uma maneira correta de fazer isso.

Por exemplo, se você for relativamente desconhecido, diga algo como: "A mulher que Seth Godin chamou de 'a escritora mais importante de nosso tempo' revela a você os segredos de..." Dessa forma, você se promoveria com a ajuda da reputação de Seth Godin e estabeleceria suas credenciais ao mesmo tempo (supondo que ele de fato tenha dito isso).

Além disso, se você trabalhou para ou com pessoas muito famosas, citar nomes não é visto negativamente, mas como um sinal eficaz da sua importância e capacidade para o leitor. O que importa é que exista uma razão para você usar o nome de outra pessoa e não seja apenas uma menção gratuita.

5. SEJA BREVE E INTERESSANTE (SEM DEIXAR NADA DE IMPORTANTE DE FORA)

Ainda que seus leitores estejam interessados em saber mais sobre você, eles não querem ficar entediados ou ouvir tolices arrogantes sobre o quanto você é formidável. Se o seu Sobre o Autor for muito longo ou estiver repleto de conquistas e prêmios, ele afastará os leitores e fará você parecer menos confiável.

Normalmente, se você mantiver sua biografia com menos de duzentas palavras, se sairá bem. Qualquer coisa acima disso significa que já se estendeu muito quanto a suas conquistas, vida pessoal, ou ambas. Além disso, isso fará com que sua contracapa pareça desordenada e amadora. Reduza até manter somente as coisas mais importantes.

MODELO PARA AS INFORMAÇÕES DO SOBRE O AUTOR

Este é um modelo que você pode usar para escrever seu Sobre o Autor. Não estou dizendo que é a melhor maneira de escrevê-lo; na verdade, muitas das melhores NÃO se encaixam neste modelo. Mas várias pessoas pediram um modelo fácil de ser seguido, e este é o que usamos com nossos autores.

1. **Primeira frase:** "[Autor] é [declaração para estabelecer credibilidade sobre este assunto e/ou autoria de livros anteriores.]"

2. **Segunda frase:** declaração(ões) estabelecendo ainda mais a credibilidade ou as qualificações do autor para escrever o livro.
3. **Terceira frase (opcional):** informação histórica ("antes disso") que é pelo menos tangencialmente relevante ao livro ou muito convincente de outra forma.
4. **Quarta frase**: endosso da credibilidade do autor por outros, prêmios, ou alguma outra prova social, se disponível.
5. **Quinta frase**: poucas informações pessoais.
6. **Sexta frase:** link para site ou outro recurso (se relevante).

É assim que esse modelo se apresenta na prática:

> Will Leach é o fundador da TriggerPoint Design, uma empresa líder em pesquisa comportamental e consultoria em design especializada no uso da economia comportamental e do design de decisões para orientar a tomada de decisões dos consumidores. Ele é instrutor de design comportamental na Cox School of Business na Universidade Metodista do Sul e tem mais de vinte anos de experiência em percepção do comportamento trabalhando com empresas da Fortune 50 para resolver seus mais importantes desafios comportamentais. Will é o único bicampeão do Prêmio EXPLOR por seu trabalho em design de comportamento e é conhecido como a maior autoridade dos Estados Unidos na aplicação da ciência do comportamento ao marketing. Will mora em Dallas com sua esposa e família.

SE VOCÊ NÃO CONSEGUE ESCREVER SOBRE SI MESMO, BUSQUE A AJUDA DE AMIGOS

As pessoas, especialmente os escritores, têm dificuldade para escrever sobre si mesmas. Muitas vezes, o Sobre o Autor é a parte mais difícil do processo de marketing para o autor.

Se você não tem certeza se seu Sobre o Autor parece incompleto ou arrogante demais, peça feedback a alguns amigos. Por exemplo, quando escrevi minha primeira biografia, eu cometi todos os erros descritos. Eventualmente, pedi a meu amigo, Nils Parker, que a escrevesse para mim. É sempre mais fácil para seus amigos elogiá-lo e ver as coisas incríveis que você faz.

EXEMPLOS DE SOBRE O AUTOR DE DIFERENTES AUTORES

Apresentarei muitos Sobre o Autor diferentes para lhe dar uma ideia de quantos autores diferentes as fizeram:

COM STATUS ELEVADO E CURTA: LYNN VINCENT

Esta biografia é a perfeita "menos é mais" para uma autora com muitas credenciais. Quando você tiver feito o que Lynn fez, pode simplesmente dizer isso de forma rápida e sucinta.

> Lynn Vincent é a autora best-seller do *New York Times de O céu é de verdade e Somos todos iguais*. Autora ou coautora de dez livros, Lynn já vendeu 12 milhões de exemplares desde 2006. Ela trabalhou por 11 anos como escritora e editora na revista nacional de notícias quinzenais e é veterana da Marinha dos Estados Unidos.

COM STATUS ELEVADO, MAS PROMOVE POUCO: MICHAEL LEWIS

Compare o Sobre o Autor anterior com o de Michael Lewis. Ele é um autor muito conhecido, mas reduz bastante sua biografia, que ajudaria muitos leitores a entender quem ele é e por que eles deveriam se importar (mesmo Michael Lewis não é famoso o suficiente para supor que as pessoas o conhecem).

> Michael Lewis, autor de *Bumerangue, O jogo da mentira, A nova novidade, Moneyball, The Blind Side, Pânico, Home Game e A jo-*

gada do século, entre outras obras, vive em Berkeley, Califórnia, com sua esposa, Tabitha Soren, e seus três filhos.

UM SOBRE O AUTOR RUIM: AMANDA RIPLEY

Muitos autores têm biografias diferentes em livros diferentes (porque deixam que ela seja escrita pela editora, o que é um grande erro). Você pode ver a diferença na autora Amanda Ripley. Sua biografia ruim é estranhamente enfadonha e há excesso de autopromoção:

> Amanda Ripley é uma jornalista literária cujas histórias sobre comportamento humano e políticas públicas apareceram na *Time, The Atlantic* e *Slate,* e ajudaram a *Time* a ganhar dois National Magazine Awards. Para falar do seu trabalho, ela fez aparições na ABC, NBC, CNN, FOX News e NPR. O primeiro livro de Ripley, *Impensável,* foi publicado em 15 países e transformado em um documentário da PBS.

UM SOBRE O AUTOR BOM: AMANDA RIPLEY

Por outro lado, nesta boa biografia, Amanda se destaca muito mais como especialista — principalmente porque seus outros livros são citados, assim como seus prêmios.

> Amanda Ripley é jornalista investigativa da *Time, The Atlantic* e de outras revistas. Ela é a autora, mais recentemente, de *As crianças mais inteligentes do mundo e como elas chegaram lá.* Seu primeiro livro, *Impensável: como e por que as pessoas sobrevivem a desastres,* foi publicado em 15 países e transformado em um documentário da PBS. Seu trabalho ajudou a *Time* a ganhar dois National Magazine Awards.

UM SOBRE O MÉDICO RUIM: DR. DAVID PERLMUTTER

Esta é uma longa e ininterrupta sequência de coisas difíceis de processar. O dr. Perlmutter é muito qualificado, mas menciona tudo (inclusive prêmios da faculdade de Medicina). Isso diminui o efeito geral.

> David Perlmutter, MD, FACN, ABIHM, é neurologista certificado pelo Conselho de Neurologia e membro do American College of Nutrition, e recebeu seu doutorado da Universidade de Medicina de Miami, onde ganhou o prêmio de pesquisa. O dr. Perlmutter é professor recorrente em simpósios patrocinados por instituições médicas como a Universidade de Columbia, a Universidade do Arizona, o Instituto Scripps e a Universidade de Harvard. Ele contribuiu extensivamente para estudos médicos mundiais com publicações no *Journal of Neurosurgery*, *Southern Medical Journal*, *Journal of Applied Nutrition* e *Archives of Neurology*. Ele é o autor de *The Better Brain Book* [Como aprimorar o cérebro] e do best-seller do *New York Times*, *A dieta da mente*. Ele é reconhecido internacionalmente como líder no campo das influências nutricionais em distúrbios neurológicos. O dr. Perlmutter foi entrevistado em muitos programas de rádio e televisão sindicalizados nacionalmente, incluindo *20/20*, *Larry King Live*, CNN, Fox News, *Fox and Friends*, *The Today Show*, *Oprah*, *Dr. Oz* e *The CBS Early Show*. Em 2002, o dr. Perlmutter recebeu o Linus Pauling Award por suas abordagens inovadoras aos distúrbios neurológicos e, além disso, recebeu o Denham Harmon Award por seu trabalho pioneiro na aplicação da ciência radical livre à Medicina Clínica. Ele recebeu o prêmio de Médico do Ano da Associação Nacional de Alimentos Nutricionais de 2006. O dr. Perlmutter atua como assessor médico no programa *Dr. Oz*.

UM BOM SOBRE O MÉDICO: DR. BENJAMIN CARSON

Compare a biografia anterior com a do dr. Carson, que se concentra apenas nas credenciais e status os quais o leitor entenderia como suas especialidades para empresas para as quais trabalha.

> Dr. Benjamin Carson é professor de neurocirurgia, cirurgia plástica, oncologia e pediatria, e diretor de Neurocirurgia Pediátrica da Johns Hopkins Medical Institutions. Ele também é autor de quatro livros best-sellers: *Mãos talentosas*, *Sonhe Alto*, *The Big Picture* [O panorama geral] e *Risco calculado: aprenda a decidir com ousadia*. Ele faz parte das diretorias da Kellogg Company, Costco, Academy of Achievement, entre outras, e é Membro Emérito da Yale Corporation.
>
> Ele e sua esposa, Candy, cofundaram o Carson Scholars Fund (www.carsonscholars.org), uma organização sem fins lucrativos voltada a contrabalançar a crise norte-americana na educação. Eles identificam e recompensam modelos acadêmicos do quarto ano do Ensino Fundamental ao segundo ano do Ensino Médio que também demonstram qualidades humanitárias, independentemente de raça, credo, religião e status socioeconômico. Há mais de 4,8 mil acadêmicos em 45 estados. Ben e Candy são pais de três filhos adultos e residem no Condado de Baltimore, Maryland.

BOM EQUILÍBRIO: TIM FERRISS

Tim se inclina agressivamente para a ideia de listar todas as coisas legais que ele fez e os meios de comunicação notórios que o mencionaram. Porém, ainda assim, ele torna sua biografia interessante e relevante para o leitor:

> Timothy Ferriss é um empreendedor em série, autor best-seller do *New York Times* e investidor/conselheiro-anjo (Facebook, Twitter, Evernote, Uber e mais 20 empresas). Conhecido por suas técnicas de aprendizagem rápida, os livros de Tim — *Trabalhe 4 horas por semana*, *4 horas para o corpo* e *The 4-Hour Chef* [O chefe de 4 horas] foram publicados em mais de trinta idiomas. *Trabalhe 4 horas por semana* ficou sete anos na lista de best-sellers do *New York Times*.

Tim já apareceu em mais de cem meios de comunicação, incluindo o *New York Times*, *The Economist*, *TIME*, *Forbes*, *Fortune*, *Outside*, NBC, CBS, ABC, Fox e CNN. Ele é professor convidado de empreendedorismo na Universidade de Princeton desde 2003. Seu popular blog www.fourhourblog.com tem mais de um milhão de visitantes mensais, e sua conta no Twitter @tferriss foi selecionada pela Mashable como uma das cinco únicas contas "obrigatórias" para empreendedores. O programa de TV em horário nobre de Tim, *The Tim Ferriss Experiment* (www.upwave.com/tfx), ensina técnicas de aprendizagem rápida para ajudar os espectadores a produzir resultados aparentemente sobrehumanos em um tempo mínimo.

DESEQUILIBRADA (CONFUSA E COM AUTOPROMOÇÃO EM EXCESSO): CHERYL STRAYED

O Sobre o Autor de Cheryl é parecido com o de Tim, mas apresenta várias coisas não relacionadas de forma confusa e menciona outras com as quais nenhum leitor jamais se importaria (por exemplo, o diretor de um filme baseado em seu livro). A seção poderia ser 25 por cento mais curta e muito mais impactante.

Cheryl Strayed é autora dos best-sellers do *New York Times*, *Livre* e *Pequenas delicadezas* e do romance *Torch*. *Livre* foi escolhido por Oprah Winfrey como sua primeira seleção para o Clube do Livro 2.0 da Oprah. *Livre* ganhou um prêmio Barnes & Noble Discover, um Indie Choice Award, um Oregon Book Award, um Pacific Northwest Booksellers Award e um Midwest Booksellers Choice Award, entre outros. A adaptação cinematográfica do livro será lançada pela Fox Searchlight em dezembro de 2014. O filme será dirigido por Jean-Marc Vallée, estrelado por Reese Witherspoon e contará com um roteiro de Nick Hornby. Os textos de Strayed foram publicados por *The Best American Essays*, *The New York Times Magazine*, *The Washington Post Magazine*, *Vogue*, *Salon*, *The Missouri Review*, *The Sun*, *Tin House*, *The Rumpus* — onde ela escreveu a popular coluna de conselhos

> "Dear Sugar" — e em outros lugares. Strayed foi editora convidada da *Best American Essays 2013* e contribuiu para muitas antologias. Seus livros já foram traduzidos para mais de trinta idiomas em todo o mundo. Ela possui um mestrado em escrita de ficção da Universidade de Syracuse e um bacharelado da Universidade de Minnesota. Cheryl vive em Portland, Oregon, com seu marido e seus dois filhos.

AUTOPROMOÇÃO EM EXCESSO: REBECCA SKLOOT

Segue abaixo um exemplo de autopromoção excessiva e desnecessária. Rebecca Skloot escreveu um grande best-seller (*A vida imortal de Henrietta Lacks*), mas ela menciona todo tipo de bobagem em um Sobre o Autor que faz com que nenhum leitor se interesse. Você tem uma sensação de "demasiados protestos" a partir dela. Compare esta biografia com a de Ferriss, que também faz muitas listas, mas as conclui rapidamente.

> Rebecca Skloot é uma premiada escritora científica cujos artigos foram publicados na *New York Times Magazine*; *O, The Oprah Magazine*; *Discover*; entre outras. Ela trabalhou como correspondente da *Radiolab* da NPR e da *NOVA scienceNOW* da PBS e é editora colaboradora da revista *Popular Science* e editora convidada de *The Best American Science Writing 2011*. Ela é ex-vice-presidente do National Book Critics Circle e leciona não ficção criativa e jornalismo científico na Universidade de Memphis, na Universidade de Pittsburgh e na Universidade de Nova York. Seu livro de estreia, *A vida imortal de Henrietta Lacks*, levou mais de dez anos de pesquisa e escrita e tornou-se instantaneamente um best-seller do *New York Times*. Ela apareceu em inúmeros programas de televisão, incluindo *CBS Sunday Morning* e *The Colbert Report*. Seu livro foi aclamado pela crítica, com resenhas no *The New Yorker*, *Washington Post*, *Science*, *Entertainment Weekly*, *People* e muitos outros. Ganhou o *Chicago Tribune* Heartland Prize e o Wellcome Trust Book Prize e foi nomeado

> O Melhor Livro de 2010 pela Amazon.com e o Livro do Ano da *Entertainment Weekly*; *O, The Oprah Magazine*; *The New York Times*; *Washington Post*; *US News & World Report;* e inúmeros outros veículos.

AUTOPROMOÇÃO ABSURDAMENTE EM EXCESSO: DINESH D'SOUZA

Encerrarei com um dos piores Sobre o Autor que já li. Essa é uma biografia real, tirada da página da Amazon de seu livro mais recente. São mais de quinhentas palavras de bobagens absurdamente inseguras e arrogantes. Não consigo imaginar ler esse Sobre o Autor e não respeitar MENOS o autor depois disso:

> Dinesh D'Souza tem uma carreira de 25 anos como escritor, acadêmico e intelectual público. Ex-analista de políticas na Casa Branca de Reagan, D'Souza também foi membro da American Enterprise, da Hoover Institution e da Universidade de Stanford. Ele foi presidente do The King's College em Nova York de 2010 a 2012.
>
> Chamado de "um dos maiores jovens criadores de políticas públicas do país" pelo *Investor's Business Daily*, D'Souza rapidamente tornou-se conhecido como um grande influenciador das políticas públicas por meio de seus textos. Seu primeiro livro, *Illiberal Education* [Educação iliberal] (1991), divulgou o fenômeno do politicamente correto nas faculdades e universidades norte-americanas e tornou-se um best-seller do *New York Times* por 15 semanas. Ele foi listado como um dos livros mais influentes dos anos 1990.
>
> Em 1995, D'Souza publicou *The End of Racism* [O fim do racismo], que se tornou um dos livros mais controversos da época e outro best-seller nacional. Seu livro de 1997, *Ronald Reagan: How an Ordinary Man Became an Extraordinary Leader* [Ronald Reagan: como um homem comum se tornou um líder extraordi-

nário], foi o primeiro livro a defender a importância intelectual e política de Reagan. *The Virtue of Prosperity* [As virtudes da prosperidade] (2000) explorou as implicações sociais e morais da riqueza.

Em 2002, D'Souza publicou *What's So Great About America* [O que há de tão bom nos Estados Unidos], seu best-seller do *New York Times*, que foi aclamado pela crítica por seu patriotismo reflexivo. Seu livro de 2003, *Letters to a Young Conservative* [Cartas a um jovem conservador], tornou-se um manual para uma nova geração de jovens conservadores inspirados no estilo e nas ideias de D'Souza. *The Enemy at Home* [O inimigo no lar], publicado em 2006, suscitou um furioso debate tanto para a esquerda quanto para a direita. Ele tornou-se um best-seller nacional e foi publicado em brochura em 2008, com um novo posfácio do autor respondendo aos seus críticos.

Assim como nos primeiros anos de sua carreira, D'Souza foi um dos porta-vozes mais articulados do país por um conservadorismo racional e pensativo. Nos últimos anos ele tem sido um defensor igualmente brilhante e contundente do cristianismo. *What's So Great about Christianity* [O que há de tão grandioso no Cristianismo] não apenas explicou inteligentemente as doutrinas centrais da fé cristã, mas também mostrou como a liberdade e a prosperidade associadas à civilização ocidental repousam sobre o fundamento do cristianismo bíblico. *Life after Death: The Evidence* [Vida após a morte: a evidência] mostra por que a crítica ateísta da imortalidade é irracional e chega à conclusão surpreendente de que é razoável acreditar na vida após a morte.

Em 2010, D'Souza escreveu *The Roots of Obama's Rage* [As raízes da raiva de Obama], que foi descrito como o livro político mais influente do ano e provou ser mais um best-seller.

Em 2012, D'Souza publicou dois livros, *Abandonado por Deus* e *Obama's America: Unmaking the American Dream* [Os Estados Unidos de Obama: desfazendo o sonho americano], este último subindo para o primeiro lugar da lista de best-sellers do *New York Times* e inspirando um documentário sobre o mesmo tema. O filme, chamado *2016: Obama's America*, subiu para o segundo lugar de maior documentário político de todos os tempos, passando *Sicko* de Michael Moore e *Uma Verdade Inconveniente* de Al Gore. Além disso, *2016* alcançou o número 4 na lista de documentários mais vendidos.

Tais esforços — para não mencionar um estilo afiado e divertido — permitiram a D'Souza participar de debates altamente promovidos sobre o cristianismo com alguns dos ateus e céticos mais famosos de nosso tempo.

Nascido em Mumbai, Índia, D'Souza veio para os Estados Unidos como estudante de intercâmbio e se formou Phi Beta Kappa na Faculdade de Dartmouth em 1983.

D'Souza foi nomeado um dos pensadores conservadores mais influentes dos Estados Unidos pela *New York Times Magazine*. O World Affairs Council o listou como uma das quinhentas principais autoridades do país em questões internacionais, e a *Newsweek* o citou como um dos mais proeminentes asiático-americanos do país.

Os artigos de D'Souza apareceram em praticamente todas as principais revistas e jornais, incluindo o *New York Times*, *Wall Street Journal*, *The Atlantic Monthly*, *Vanity Fair*, *New Republic* e *National Review*. Ele participou de inúmeros programas de televisão, incluindo *The Today Show*, *Nightline*, *The News Hour* na PBS, *The O'Reilly Factor*, *Moneyline*, *Hannity*, *Bill Maher*, *All Things Considered* da NPR, *Kudlow Report* da CNBC, *Lou Dobbs Tonight* e *Real Time with Bill Maher*.

LEMBRE-SE: SEU SOBRE O AUTOR EVOLUI CONFORME VOCÊ EVOLUI

Trate o Sobre o Autor como um documento vivo. Só porque você o escreveu uma vez, não significa que esteja finalizado. À medida que você evolui e se aprimora como escritor, sua biografia também deve ser alterada, e a melhor parte é que é fácil alterá-la on-line.

Além disso, lembre-se que, se você escreve para diferentes gêneros ou diferentes assuntos, algumas de suas conquistas e atividades anteriores serão mais relevantes para seus leitores do que outras. Não é uma má ideia ajustar seu Sobre o Autor para cada nova obra que você lançar.

Escrever seu Sobre o Autor é uma tarefa importante. Na verdade, essa pequena seção é geralmente a única fonte de informação que os leitores potenciais têm sobre você (o autor) e é por isso que é um dos textos mais importantes do material de marketing que você escreve para seu livro. Leve a biografia a sério, faça do jeito certo e ela o ajudará a vender livros.

7.3

COMO TIRAR A FOTO DO AUTOR CERTA

Esta é uma dura e importante verdade que a maioria dos autores evita:

> ***Os leitores julgarão você e seu livro com base na sua foto de autor.***

É justo? Talvez sim, talvez não.

É verdade? Com certeza (provavelmente você também faz isso).

Por que as pessoas fazem isso?

Porque, biologicamente, os seres humanos são criaturas visuais. Mesmo que na maior parte das vezes seja inconsciente, os julgamentos instantâneos de semelhantes com base unicamente em características físicas e expressões faciais eram uma forma de os humanos avaliarem rapidamente ameaças, oportunidades e determinarem o status social relativo de uma nova pessoa para saber como interagir com ela. Uma discussão profunda sobre esse tema está muito além do escopo deste livro, mas, basicamente, isso evoluiu porque funcionou (há muitas pesquisas e estudos sobre o assunto, e a maior parte se enquadra no que é chamado de "teoria dos sinais").

Pode parecer ruim, mas na verdade é uma coisa boa. Agora que você entende a importância da sua foto de autor, significa que pode assegurar-se de tirar uma boa foto e usá-la como uma vantagem eficaz.

Neste capítulo, mostrarei alguns exemplos de fotos de autor, tanto boas quanto ruins, para que você possa ver como isso funciona na prática. Depois, mostrarei exatamente como garantir que consiga uma ótima foto de autor para seu livro.

A REGRA DA FOTO DO AUTOR QUE REGE TODAS ELAS

Há muitas maneiras diferentes de tirar uma foto de autor eficaz, e uma regra geral quando se trata de fotos de autor (ou qualquer foto de perfil) é:

> ***Saiba o que você quer transmitir para qual público, então sinalize corretamente.***

Esse é o segredo para tudo relacionado a fotos. A foto de autor de um CEO de uma empresa da Fortune 500 deve ser totalmente diferente da foto de autor de um comediante em ascensão.

Por quê? Porque elas transmitem coisas diferentes a grupos diferentes.

De modo geral, a foto do CEO deve transmitir profissionalismo, eficácia, confiabilidade e confiança. Já a foto do comediante pode ser maluca, boba ou até mesmo séria e pensativa: tudo depende do estilo cômico que ele pretende transmitir ao público.

Para ter certeza de que tirará a foto de autor certa, você precisa se fazer duas perguntas:

1. O QUE ESTOU TENTANDO TRANSMITIR COM MINHA FOTO?

Você diz tanto com sua aparência quanto com suas palavras. Claramente suas palavras são a parte mais importante de seu livro. Porém, retomando, as pessoas são criaturas visuais e julgarão seu livro (até certo ponto) pela sua aparência.

A boa notícia é que, de certo modo, é muito mais fácil formar a imagem que quer em uma foto estática. Você pode enfatizar quaisquer características ou aspectos de sua aparência que quiser e também é possível minimizar quaisquer limitações físicas que seriam difíceis de esconder em pessoa; a altura, por exemplo.

É possível transmitir seriedade ou infantilidade, profissionalismo ou pretensão, positividade ou pessimismo; realmente depende de você. O importante a lembrar é que não se pode fazer tudo isso de uma só vez.

Uma foto de autor bem calculada é uma das melhores maneiras de formar uma relação de confiança entre você e o leitor certo.

2. A QUEM ESTOU TENTANDO TRANSMITIR?

Não é apenas o que você transmite, mas também a quem quer transmitir que determina sua foto de autor.

Por que isso acontece?

Porque grande parte da transmissão se trata de dizer a um grupo específico de pessoas que você é uma delas ou que fala a língua do grupo delas.

Por exemplo, se sua intenção é transmitir ao meio corporativo que você é um profissional competente e confiável, em quem eles devem confiar e ouvir, então deve entender que os profissionais desse meio veem o terno convencional de negócios do ocidente como um sinal-chave não apenas de competência, mas de pertencimento à sua tribo. Aparecer vestido com um terno na foto transmite que *você é um deles* .

Por outro lado, se você quer transmitir confiança à comunidade tecnológica e de startups, então posar com um terno transmite o sinal contrário. Os profissionais desse setor enxergam ternos como um sinal de estar fora de sintonia com sua comunidade. Caso queira que eles o vejam como competente e com espírito técnico, vista roupas mais informais.

Nãoépossívelexageraraimportânciadecompreenderisso.Lembre-se, a transmissão não se trata apenas de que mensagem você passa, mas também do que outras pessoas enxergam. Afinal, o que elas veem depende quase inteiramente do grupo do qual fazem parte e com o qual se identificam.

Ter um olhar de vanguarda em um setor significa que você pode ser excluído de outros. Portanto, saber a quem está tentando atrair e a que sinais eles respondem é fundamental para você.

Tudo isso é abstrato. Mostraremos vários exemplos de fotos de autor, tanto boas quanto ruins, e os comentaremos.

EXEMPLOS DE FOTOS DO AUTOR

FOTOS GENÉRICAS DE ESCRITOR

Joanna Penn

Esta é uma foto clássica de autora. Ela transmite calor e abertura. Joanna tem um sorriso aberto e sincero em seu rosto; quase se pode notar seu entusiasmo e alegria.

Ao fazer a foto em preto e branco, e com um recorte rente que enquadra o rosto, seu foco é direcionado às coisas que ela quer que você saiba sobre ela: Joanna é positiva, otimista e encorajadora.

Isso faz sentido para ela; Joanna escreve muitos livros sobre escrita, publicação e marketing. É professora e escritora, e essa foto transmite tanto confiança quanto calor humano.

Lisa Cartwright

Esta não é, de forma alguma, uma boa foto de autora. Em primeiro lugar, ela está inclinada para o lado em um ângulo estranho que parece um cartaz indie dos anos 1990. Em segundo lugar, é uma coleção de erros técnicos: está desfocada, mal iluminada, saturada demais etc. Essa foto poderia ter sido tirada por um amigo em uma noite com uma câmera descartável. Em terceiro lugar, seu sorriso parece forçado e pouco genuíno.

O que ela está transmitindo aqui? Meu primeiro pensamento inconsciente é algo como: "Por que a foto não está centralizada?" Seja intencional ou não, essa foto transmite falta de profissionalismo, amadorismo e falta de conexão emocional.

FOTOS DO AUTOR PARA PÚBLICO TÉCNICO

Eric Ries

Eric é um grande autor na área tecnológica e deseja transmitir que está na área técnica. Porém, tem um pensamento visionário e um status elevado.

Veja como ele faz isso: Eric apresenta um corte de cabelo simples, seus óculos são contemporâneos, seu sorriso é autêntico. Foi fotografado de cabeça erguida, não o contrário. A iluminação realça o melhor em seu rosto e tom de pele. Ele não está recuando ou acentuando nenhum aspecto físico negativo de sua aparência.

Sua camisa tem estilo sem ser ostensiva e, talvez o mais importante, repare no fundo da foto. Ele está iluminado e tem um degradê de cor, o que lhe dá uma sensação moderna que lembra a tecnologia e o futuro.

Essa foto mostra uma compreensão muito sofisticada de como ele tenta se posicionar: um autor técnico sério, mas não o estereótipo do nerd da tecnologia socialmente desajustado. Ele quer que pessoas fora da área tecnológica também o vejam sob uma boa perspectiva.

Giff Constable

Giff está obviamente transmitindo sinais muito diferentes para seu público. Esta foto é basicamente a "foto genérica do LinkedIn de um profissional de tecnologia". Ele apresenta um corte de cabelo liso e dividido. O fotógrafo inexperiente o fotografou de baixo, capturando seu sorriso no pior ângulo. Sua camisa distrai e é visualmente pouco atrativa. O fundo hiperbranco faz Giff parecer muito pálido e agride os olhos. Um fundo excessivamente iluminado pode arruinar uma foto.

Essa foto transmite sinais bem claros, nem todos positivos. Se ele está escrevendo um livro para uma tribo específica que aprova esses sinais — por exemplo, engenheiros "nerds" — e quer transmitir a eles que faz parte do grupo, essa foto do autor realmente faz isso. Se esse é o único público que Giff deseja alcançar, então essa foto é bem-sucedida.

O problema é que ela afastará a maioria das pessoas que não se identifica diretamente com aquele público. Compare-a com a foto anterior: é o completo oposto. Eric e Giff atuam na mesma área, tecnologia, e fisicamente são até parecidos. Contudo, as fotos parecem totalmente diferentes, não é mesmo?

FOTOS DE AUTORES DE NEGÓCIOS

Patrick Lencioni

Esta é uma foto de autor profissional de negócios muito tradicional. Tudo sobre essa imagem diz que este homem é um executivo de negócios norte-americano: ele transmite força, estabilidade, confiança e que faz parte desse meio de vida.

O terno é feito sob medida, escuro, caro e de bom gosto. Além disso, é acompanhado por uma gravata conservadora. Sua aliança de casamento está claramente visível. Seus cabelos são grisalhos, penteados, mas não rígidos, e seu sorriso está presente, mas não é forçado. Ele está sentado diante de um quadro branco, sinalizando que é detentor de conhecimento e uma fonte de ideias.

Isso faz sentido. O mercado-alvo de Patrick é a tradicional América corporativa, e essa foto fala diretamente com ela, afirmando que mesmo com algumas ideias novas (o quadro branco), ele ainda faz parte dela.

Jay Papasan

Jay tem uma versão diferente da foto do autor profissional de negócios. Ela transmite que ele é um legítimo homem de negócios, porém mais jovem e moderno.

Ele veste um terno escuro e de bom gosto, mas não usa gravata e o botão superior de sua camisa está aberto. O fundo é verde e ambiental, outro código de abertura e modernidade.

Andrii Sedniev

Se o autor está tentando se comunicar com a comunidade empresarial, há muitos problemas com esta foto. A gravata parece ter vindo de uma gôndola de liquidação do brechó. Tem cores mal combinadas, está desalinhada e é claramente barata. O colarinho da camisa não está nem mesmo enfiado em seu paletó. O ajuste tanto do paletó quanto da camisa é desleixado e não personalizado. Além disso, o material da camisa e do casaco são brilhantes, o que geralmente é um sinal de que o terno é barato.

Seu cabelo está ligeiramente sem corte, o que não só transmite juventude e inexperiência, como também transmite desleixo. Ele nem se deu ao trabalho de cortar o cabelo para fazer sua foto profissional.

Seu sorriso é forçado, como se ele estivesse tentando esconder seus dentes e não tivesse confiança em si mesmo. Tudo nessa foto diz "amador". Só de olhar as fotografias, você pode dizer que Patrick e Jay são profissionais sérios, estabelecidos, e que Andrii não é.

Mona Patel

Este é um exemplo de uma foto de uma grande autora de negócios. Todos os sinais mostram as mesmas coisas básicas. Contam uma história coerente sobre seu gosto, sua cordialidade e sua habilidade:

1. Ela está sentada em uma cadeira com um design muito moderno, o que transmite um bom gosto estético.

2. A foto foi tirada em um loft vazio, em estilo de armazém. Isso transmite uma sensibilidade específica de design, contemporânea e minimalista.
3. A simetria do corredor atrai o olhar para o seu rosto. O corte fora do centro transmite originalidade e singularidade. Diz que haverá algo especial neste livro que não se encontra em outro lugar.
4. Ela está vestida com um traje clássico e perfeitamente ajustado, com elegantes botas de couro. Isso demonstra tanto um excelente estilo pessoal quanto profissionalismo empresarial, tudo de uma só vez.
5. Ela não está olhando na direção da câmera e está sorrindo calorosamente, como se conversasse casualmente com alguém ao fundo. Isso transmite calor e acessibilidade.
6. Ela desvaloriza sua atratividade física com uma roupa de corte reto e cabelos e maquiagem simples. Ela se veste com uma roupa tradicionalmente masculina (camisa com botões e calças pretas), mas a personaliza para torná-la feminina e deixa um botão extra aberto.
7. A foto está em preto e branco, o que transmite alto design e sensibilidades artísticas.

Se tudo lhe parece um pouco artístico, pense em como essa foto o faz sentir. Você se sente atraído por ela, seu calor e sorriso (mas não de uma forma sexual). Sabe que ela está na moda e tem um ótimo gosto e consegue perceber o estilo de Mona. Porém, a foto ainda faz você levá-la a sério como uma CEO inteligente e profissional.

As fotografias profissionais podem ser bem mais desafiadoras para as CEOs sérias do que para os homens (por muitas razões), e Mona seguiu essa linha perfeitamente.

DUAS FOTOS DO MESMO AUTOR

Patrick Vlaskovits

Este é um exemplo perfeito de como é fácil criar um ar de competência e confiança com uma foto de autor. Nesse caso, o mesmo autor tem duas fotos diferentes. A da esquerda é muito escura, não há sorriso e é mal enquadrada. A da direita é bem enquadrada, ele apresenta um belo sorriso e está vestido com roupas profissionais, mas casuais.

Como eu disse anteriormente, parte da decisão "ruim" ou "boa" diz respeito a quais sinais você deseja transmitir. Caso Patrick fosse um ensaísta e comentarista social, talvez a primeira foto funcionasse.

Contudo, seus livros não tratam disso, tampouco ele visa se comunicar com esse público. Seus livros são sobre empreendedorismo, branding e startups. Para falar com esse público, é melhor ser otimista, positivo e caloroso. Características que a segunda foto sinaliza.

JAMES ALTUCHER

A primeira foto faz com que James pareça menos um gênio e mais um louco. Seus óculos estão desalinhados, seu cabelo desgrenhado, ele veste uma camiseta branca maltrapilha e nem parece estar olhando para a câmera.

Agora, compare com a segunda foto. Ele veste roupas escuras estilizadas e está posicionado à frente de um fundo agradável: tudo isso transmite competência e profissionalismo. James também transmite peculiaridade e humor: sentado de pernas cruzadas, mantendo sua marca registrada de cabelos cacheados e um sorriso travesso. A foto reflete quem James é e ainda transmite que ele é sério, profissional e tem bom gosto.

A mesma pessoa transmitindo sinais totalmente diferentes e criando reações emocionais totalmente diferentes no espectador.

COMO TIRAR SUA FOTO DE AUTOR

PASSO 1: DECIDA QUE SINAIS DESEJA TRANSMITIR

Antes mesmo de escolher um fotógrafo, você precisa decidir exatamente o que deseja que sua foto de autor transmita e para qual público ela será destinada. Caso você já tenha estabelecido o posicionamento para seu livro, isso deve ser relativamente fácil. Há realmente apenas duas perguntas a serem respondidas:

- Quem é meu público?
- O que eu quero que ele pense sobre mim?

Uma vez que tenha uma boa ideia disso, você está pronto para escolher seu fotógrafo.

PASSO 2: ESCOLHA UM EXCELENTE FOTÓGRAFO

Não fotografe sua própria foto de autor. Ponto final. Não importa quão boa seja a sua conta do Instagram, nada melhor do que as habilidades de um fotógrafo profissional.

Como você escolhe um excelente fotógrafo? Nada melhor do que olhar portfólios. Visite sites de fotógrafos, veja as fotos que eles fizeram e atente-se a quem tem um estilo que representa o que está procurando. Por exemplo, se quiser uma foto de perfil em uma floresta, então encontre um fotógrafo especializado nisso.

Uma vez que encontre um fotógrafo que já tenha feito fotos como você quer, você tem o profissional de que precisa.

Alguns lugares para contratar um fotógrafo profissional[6]:

Thumbtack

Esta é uma boa maneira de encontrar um profissional acessível em seu bairro. Digite seu código postal e alguns detalhes sobre o trabalho. Você receberá lances de fotógrafos de sua área com links para seus portfólios.

Model Mayhem

Obviamente, um banco de dados de modelos é um ímã para fotógrafos, e o Model Mayhem tem um diretório específico para encontrar fotógrafos. A melhor parte: há uma opção em que fotógrafos iniciantes o fotografarão de graça.

GigSalad

GigSalad é como a Craigslist para serviços de reservas para eventos ou produções. Se você pesquisar "Fotografias de Perfil", receberá uma lista de dezenas de fotógrafos de sua cidade especializados no tipo exato de fotos que precisa.

Yelp

O Yelp é muitas vezes um bom recurso para encontrar grandes fotógrafos em sua área e apresenta extensas avaliações por parte das pessoas.

6 Algumas informações desta sessão referem-se a serviços que podem ser localizados somente nos EUA.

PASSO 3: EXPRESSE EXATAMENTE O QUE VOCÊ QUER

Não seja tímido em dizer ao seu fotógrafo o estilo da foto que quer obter e aponte as fotos do portfólio dele para ajudar a explicar o que você deseja. Se precisar, traga outras fotos que ajudem a explicar o que você quer. Quanto mais claro e explícito você for, com exemplos visuais, melhor será o resultado final.

Além disso, é preciso certificar-se de obter os recursos adequados de seu fotógrafo. Você quer tudo isto:

- Alguns fotógrafos lhe venderão todas as fotos que tirarem por uma taxa, outros querem cobrar uma taxa por foto. Certifique-se de que você esteja ciente antecipadamente de como eles cobrarão e o que receberá.
- Obter versões coloridas e em preto e branco da foto escolhida. Deixe o fotógrafo fazer a conversão, essa costuma ser a melhor opção.
- Obter arquivos brutos do fotógrafo, assim como as versões prontas on-line.
- Ter a certeza de que receberá os arquivos brutos e não precisará pagar nenhuma taxa de licença.
- Se sua foto principal for uma foto de corpo inteiro (como James ou Mona), talvez você também queira tirar algumas fotos de perfil em vez de tentar editá-las/recortá-las por conta própria.

PASSO 4: TESTE SUA FOTO DE AUTOR (OPCIONAL)

Se você não tem certeza se sua foto de autor transmite ou não os sinais que deseja, há uma maneira de testar isso: use um serviço chamado PhotoFeeler.com. Você pode carregar sua foto e obter avaliações em múltiplas dimensões que lhe dizem exatamente o que as pessoas pensam sobre ela.

7.4

COMO CONSEGUIR UMA EXCELENTE CAPA DE LIVRO

Eu poderia escrever um livro inteiro apenas para falar de capas de livros. É um assunto profundamente interessante com uma riqueza de arte e dados nas entrelinhas... mas eu não farei isso, porque provavelmente você não se importa.

Em vez disso, simplificarei o máximo possível para que você consiga sua capa de livro ideal.

Este capítulo mostrará o que precisa saber sobre capas de livros, por que você precisa de um capista, como encontrar um bom profissional, como trabalhar com ele para garantir que ele crie a capa que você deseja e como se certificar de ter a capa certa quando o processo estiver finalizado.

O QUE VOCÊ PRECISA SABER SOBRE CAPAS DE LIVROS

Há três grandes princípios que você precisa conhecer:

1. SEU LIVRO SERÁ JULGADO POR SUA CAPA (E ISSO É BOM)

Todos nós conhecemos o ditado: "Não julgue um livro pela capa." Entretanto, essa não é a realidade da vida, não é mesmo?

Todos julgam livros por suas capas.

De fato, quase não podemos nos deter biologicamente. Os seres humanos são criaturas visuais. A maioria de nós se orienta pelo mundo por meio da visão, e ela é nosso principal sentido. Os seres humanos podem ser imediatamente atingidos, envolvidos e movidos pela cor e forma, porque essas imagens entram no cérebro literalmente à velocidade da luz. Esse é o poder do design.

A questão é a seguinte: *é uma boa notícia que as pessoas julguem seu livro pela capa* .Caso contrário, podem não fazer nenhum julgamento, e a falta de julgamento significa que elas não comprarão ou lerão seu livro.

Você consegue imaginar caminhar por uma livraria repleta de livros com capas sem nenhuma outra informação além do título? Ou visitar o site da Amazon e olhar apenas para os títulos dos livros? Isso tornaria a decisão de compra muito mais difícil.

As pessoas julgarão a capa do seu livro e usarão esse julgamento para avaliar se querem comprá-lo. Essa é uma chance de conquistar um leitor e alcançar a pessoa exata que precisa ler seu livro.

2. VOCÊ NÃO DEVE CRIAR A CAPA DE SEU PRÓPRIO LIVRO

Quando quer uma garrafa de cerveja, você mesmo a prepara?

Quando quer um casaco novo, você mesmo o costura?

Quando precisa de uma nova barra de sabão, você mesmo a faz?

Não. Você compra essas coisas de pessoas que são especialistas em fazê-las.

Não é diferente com capas de livros. Você não deve criar a capa do seu próprio livro. É necessário recorrer a um profissional para conseguir uma capa à altura.

É por essa mesma razão que a maioria das pessoas não produz cerveja caseira, embora não seja terrivelmente complicado. É por isso que ninguém usa roupas caseiras, embora sejam fáceis de fazer — são horríveis quando comparadas com as alternativas profissionais.

A única diferença real entre cerveja, casacos e capas de livros é que algumas pessoas *pensam* que podem criar suas próprias capas de livros, ainda que, na verdade, não sejam capazes.

Por alguma razão que não consigo entender, muitos autores pensam que também são designers. Não sei se o software de design é divertido de usar, ou se o design tem uma simplicidade que desmente sua dificuldade, mas deixe-me esclarecer uma coisa:

> ***A menos que você seja um designer que atua há anos com mais de vinte títulos em seu portfólio, não deve criar sua própria capa.***

3. HÁ CAPAS DE LIVROS OBJETIVAMENTE BOAS E RUINS

O design da capa do livro não é completamente subjetivo. Há capas boas e ruins e um bom designer pode lhe dizer claramente a diferença entre elas.

Isso porque a capa de um livro é uma obra de arte com um propósito específico:

> ***As capas dos livros existem para dar forma visual ao conteúdo escrito.***

Uma excelente capa faz com que alguém em seu público-alvo diga: "Preciso ler isto", mostrando por que o livro é importante de uma forma que seja imediatamente compreensível (ou pelo menos despertar seu interesse o suficiente para querer aprender mais). Isso deve ajudar seu público a perceber que eles deveriam ler seu livro.

Outra maneira de pensar é definida por Chip Kidd, um capista famoso, que diz: "uma capa de livro é uma degustação do conteúdo, quase como se fosse a versão haiku[7] de seu livro".

Dito isso, uma boa capa de livro não é apenas uma expressão da ideia por trás das entrelinhas, é a forma como o público primeiramente se engaja com a ideia.

É marketing. E é assim que se mede uma capa de livro objetivamente boa:

> ***Uma boa capa de livro mostra o que está no livro e faz com que o público se interesse por sua leitura.***

O QUE FAZER ANTES DE CONTRATAR UM CAPISTA

Agora que entende qual é o propósito de uma capa e por que uma capa de livro profissional é importante, você está pronto para encontrar um bom capista e contratá-lo para o serviço, certo?

Não tão rápido.

O principal problema que os capistas têm com os autores é a má comunicação. O autor não tem ideia do que os profissionais querem, ou tem conceitos vagos e ambíguos de capa, e os dois nunca entram em sintonia.

---

7 Haiku é uma breve composição poética, de origem japonesa, que obedece à estrutura formal de 17 sílabas ou fonemas, distribuídos em 3 versos.

Você pode evitar esse problema se dedicando um pouco antes de encontrar um capista. Isso não só resultará em uma capa melhor, mas também pode poupar muito dinheiro.

1. VEJA MUITAS CAPAS DE LIVROS, TANTO EM SUA ÁREA COMO FORA

A primeira coisa a fazer é ter uma ideia de como são outros livros em sua área, e talvez obter algumas ideias a partir deles.

Acesse a Amazon e faça uma busca na categoria em que seu livro se enquadra. Procure no Pinterest por títulos mais artísticos se desejar. Caso queira um clássico, procure no Bookcoverarchive.com os títulos mais vanguardistas e melhores.

Ao passar algum tempo olhando para muitas capas de livros de seu gênero, ficará chocado com o quão repetitivas elas são. Isso é comum.

Não se sinta mal em usar alguns desses modelos. Eles existem por uma razão e o ajudarão, na verdade. É bom que as pessoas possam identificar seu livro pelo gênero em que você pretende classificá-lo.

Também é importante olhar para livros em muitas outras áreas para obter ideias. Só porque seu livro é sobre psicologia não significa que você tenha que usar os mesmos recursos visuais de todos os livros de psicologia. É possível obter algumas ideias de livros de negócios ou de autoajuda, até mesmo de romances.

Além disso, não se sinta mal em pegar inspiração de seus livros favoritos. A grande arte e o design não surgem magicamente no vácuo. Eles precisam nascer de algum ponto de inspiração.

2. RESTRINJA-SE A ALGUMAS CAPAS QUE TÊM ELEMENTOS DO QUE VOCÊ DESEJA

Enquanto olha centenas de capas, salve alguns exemplos das que você realmente gosta ou daquelas que têm elementos que aprecia. A razão pela qual está fazendo isso deve ser óbvia: é necessário *mostrar* (e não apenas tentar descrever) ao capista o que você gosta.

Salve os links ou imagens e envie-as ao capista/designer. Uma imagem vale por mil palavras, o que significa uma economia enorme em seu tempo e dinheiro. Os designers enxergam o mundo visualmente, e a melhor maneira de conseguir explicar um ponto de vista é mostrá-lo.

Na Scribe, temos um documento com dez capas muito diferentes que mostramos aos autores para conhecer o gosto deles; fazer isso é uma prática comum.

3. ESCOLHA MARCAS OU OUTRAS OBRAS DE ARTE QUE CAPTUREM SUA ESTÉTICA

Não olhe apenas para capas. Veja logotipos, sites, artes, fotos ou praticamente qualquer imagem que você possa encontrar que seja de alguma forma semelhante ao que quer na capa de seu livro.

Lembre-se de que o design está em toda parte. Você adora a simplicidade leve e simples do logotipo da Apple? Ou está mais interessado na ludicidade do preto e verde do Android?

Você está essencialmente criando uma colagem (algumas pessoas chamam isso de *moodboard*) de inspiração visual e ideias que podem ajudar seu capista a entender como transmitir melhor a mensagem de seu livro ao seu público.

COMO ENCONTRAR UM CAPISTA?

Há muitos lugares para contratar capistas. Dividiremos por preço e, como sempre, quem cobra mais caro oferece o melhor serviço. Você recebe por aquilo que paga. Capistas que cobram altos valores por seus serviços fazem isso porque os livros em que eles trabalharam VENDEM.

1. CAPISTA INDEPENDENTE

A opção de maior qualidade é sempre contratar um capista independente. Muitos dos melhores capistas do mundo, que trabalham regularmente com grandes editoras, estão disponíveis para serem contratados em regime de freelance.

Há algumas maneiras de encontrar esses profissionais. Uma das melhores opções é o Reedsy, uma plataforma de freelancers desenvolvida especificamente para autores. A outra opção é visitar sites de design mais abrangentes, como Behance ou Dribbble, e procurar por capistas. Eles podem demorar a responder, mas a qualidade oferecida pelos profissionais presentes nesses sites também é excelente.

Contudo, o melhor método é olhar dentro de seus livros prediletos e descobrir quem foi o capista. Em seguida, procure no Google o nome dele. Na maioria das vezes, encontrará o site desse profissional de design e poderá contatá-lo diretamente.

2. 99DESIGNS

O 99Designs (e sites similares como Crowdspring) podem funcionar às vezes, pelo menos para conseguir capistas decentes.

No 99Designs, você publica um resumo detalhado com todos os parâmetros técnicos e exemplos visuais que encontrou. Os capistas, então, leem essas informações e publicam seus trabalhos. Dezenas de profissionais pegam seu resumo, criam uma capa e postam para sua aprovação. Você então tem a opção de escolher o capista vencedor para pegar a capa, ou, se não gostar de nenhuma das opções, obter um reembolso completo sem problemas.

O 99Designs é ótimo como uma primeira opção para testar se uma excelente capa valeria o seu investimento. Dessa forma, você pode ver opções, ter algumas ideias e, com sorte, conseguir uma ótima capa. Porém, se isso não ocorrer, não há problema, você pode voltar ao painel de desenho com as outras opções.

Recomendamos fazer o concurso Silver. Os concursos de nível inferior realmente repelem os melhores capistas do site, e os de nível superior não parecem oferecer muito mais qualidade (e na verdade tendem a receber menos envios).

3. UPWORK

O próximo passo na escada de qualidade seria uma plataforma de freelancers como a Upwork. A qualidade geral na Upwork não é alta, mas há alguns capistas de talento escondidos lá. Saiba que levará um tempo para encontrar a pessoa certa em um desses sites, mas você será capaz de descobri-la. Os anúncios de emprego normalmente recebem dezenas, se não centenas, de respostas, e os capistas tipicamente apresentam um portfólio de trabalhos anteriores.

Descarte qualquer pessoa que tenha recebido avaliações negativas e, em seguida, concentre cem por cento do seu tempo de triagem avaliando portfólios. Faça uma comparação lado a lado das capas que gostou quando fez sua pesquisa na Amazon. Elas parecem ser de qualidade semelhante? Se você não pode dizer, pergunte a um amigo que entenda o básico do design.

Os portfólios são a única coisa que lhe dá uma imagem real da qualidade do trabalho dos capistas. Caso se interesse pelos trabalhos anteriores deles, provavelmente gostará do próximo. Todo o resto é apenas marketing.

4. FIVERR

Fiverr é uma plataforma de serviços disponíveis por cerca de cinco a cinquenta dólares. Há diversas capas de livros na Fiverr, mas quase todas são uma completa porcaria.

Nunca usei a Fiverr para design de capas, mas amigos conseguiram encontrar alguns bons capistas.

O que acontece é que um capista iniciante faz um ótimo trabalho, recebe várias avaliações de cinco estrelas e depois migra para outro site onde pode cobrar acima de cinco dólares por seu trabalho. Pense desta maneira: se alguém tem algum talento em design, por que trabalharia por cinco dólares por capa?

5. FAÇA VOCÊ MESMO (SEM CUSTO)

Se você fizer isso, é um tolo e receberá exatamente aquilo pelo que paga.

COMO COOPERAR COM UM CAPISTA?

Uma vez que tenha escolhido um capista e negociado o preço, vem então a discussão da ideia de capa. Aqui é o momento em que todo aquele trabalho que fez antes entra em jogo.

1. MARQUE A PRIMEIRA CHAMADA EM TELEFONE OU VÍDEO

Agende sua primeira chamada por telefone ou vídeo. O e-mail é uma forma muito difícil de se comunicar com estranhos de forma efetiva, especialmente sobre conceitos abstratos como design.

2. ENVIE AS CAPAS E LOGOTIPOS QUE VOCÊ GOSTA ANTES DA CHAMADA

Antes da chamada, envie um briefing do design de capa. Ele deve incluir todas as capas de livros que você gosta, todos os logotipos e outras fotos que lhe agradam e todas as coisas que reuniu. Faça isso com pelo menos um dia de antecedência. Capistas gostam de ter tempo para digerir imagens e ideias.

3. EXPLIQUE SUAS IDEIAS

Na chamada, compartilhe o que tem em mente:

- Comece explicando quem é seu leitor-alvo.
- Explique o que você gosta e não gosta em cada capa.
- Fale sobre como quer que sua capa seja.
- Discuta os sinais que está tentando transmitir ao seu público.
- Se puder, discuta as emoções que deseja que o leitor sinta quando vir a capa.

Quanto mais você explicar todas as suas ideias para o capista, melhor ele fará o trabalho.

4. PEÇA PELO MENOS TRÊS MODELOS

Esse costuma ser o padrão de bons capistas. Eles apresentarão uma série de ideias e mostrarão pelo menos três modelos diferentes.

5. FAÇA CRÍTICAS CONSTRUTIVAS SOBRE OS MODELOS

Quando você receber os modelos de capa, se um lhe agradar muito, ótimo. Faça observações específicas, dê seu feedback para conseguir o seu resultado desejado e então o processo estará concluído.

Caso não esteja satisfeito com nenhuma das capas, tudo bem também. Volte a falar com o capista e, sendo educado, seja o mais específico possível sobre o que você gostaria que fosse diferente no projeto.

Não se trata de ficar bravo ou frustrado com o capista. Ele não está dentro da sua cabeça e, se os modelos de capas produzidos não se encaixaram em sua visão, tudo bem. Basta ser mais claro e metódico em sua descrição e você chegará lá.

Lembre-se disto: seu capista é um ser humano que tem sentimentos, mas também um profissional que quer fazer um ótimo trabalho. Os dois fazem parte da mesma equipe. Você pode ser firme, mas também deve ser educado e compreensivo.

COMO VOCÊ PODE CONFERIR SE TEM UMA BOA CAPA DE LIVRO?

Uma vez que você tenha uma capa, ou pense que tem uma, estas são as perguntas a fazer para verificar se ela funciona para você:

1. ELA SE DESTACA?

Isso é crucial. Olhe para a capa de todos os ângulos; imprima e fixe-a em sua parede. Pense em todas as maneiras possíveis de alguém olhar para ela — em uma tela, em uma livraria etc. — e certifique-se de que a capa se destaque de todas as maneiras. Você consegue ler o título? A imagem está clara?

Verifique também a capa como uma miniatura. Sua capa fica bem quando você a encolhe até uma minúscula miniatura? É assim que a maioria de seus leitores a verão, como uma pequena imagem na Amazon.

2. ELA TEM UM FOCO CLARO?

Estabeleça um foco principal para a capa; nada é mais importante do que isso. Seu livro é sobre algo e a capa deve refletir claramente essa ideia. Você deve ter um elemento que assuma o controle, que comande a maior parte da atenção, do espaço, da ênfase na capa.

Não caia na armadilha de encher sua capa com vários elementos, três ou quatro fotos, ilustrações, mapas ou chamadas “flutuantes”. Isso só confunde as pessoas, e pessoas confusas perdem o interesse.

Não caia na armadilha de acreditar que sua capa é um outdoor e cada centímetro de espaço precisa ser preenchido com as maiores palavras possíveis. A tipografia precisa se ajustar à quantidade apropriada de vazio para que seja legível. O que NÃO está em sua capa é tão importante quanto o que está nela. Um capista de qualidade conhecerá intimamente o tamanho apropriado da fonte para legendas, destaques e títulos do autor. Pedir que essas fontes sejam maiores servirá apenas para prejudicar o impacto do design.

3. ELA INDICA A QUE O LIVRO SE REFERE E PARA QUEM ELE É DESTINADO?

Não apenas seu livro deve se destacar, mas também, em um relance, seu público deve saber:

- O gênero específico de seu livro.
- O tema ou foco geral da obra.
- Alguma ideia do tom ou posicionamento do livro.

Uma capa de livro excelente é aquela que captura o conteúdo do miolo do livro de algum modo fundamental e talvez imprevisto.

Ao mesmo tempo, não caia na armadilha de sentir que precisa mostrar um conteúdo, elemento ou cena do livro (ninguém saberá disso até terminar de ler o livro de qualquer maneira).

4. VOCÊ EXPLOROU MUITAS OPÇÕES?

Alguns autores perdem muito tempo tentando encontrar a capa perfeita. Normalmente, isso se dá porque é uma forma de aliviar a ansiedade quanto à publicação durante o processo de design da capa.

Essa é a parte mais criativa da produção editorial, e muitas pessoas ficam nervosas por conta do que acontecerá quando ela terminar. Elas pressionam o capista com múltiplos ajustes, pensando que assim melhorarão a capa.

Na realidade, ambos estão fugindo de seus medos e sabotando seu design de capa. Pergunte ao capista quando ele acha que a capa está pronta, pois ele é a única fonte imparcial quanto a isso.

5. VOCÊ FEZ UMA ESCOLHA CORAJOSA?

Vemos isto acontecer o tempo todo: apresentamos três modelos de capa a um autor e quase sempre há uma escolha não otimizada, uma escolha segura e uma grande escolha.

A grande escolha quase sempre exige que o autor seja corajoso ao optar por ela. Ela terá algum ângulo ou posição nova em sua área, ou fará uma declaração que seja controversa ou apenas diferente de uma forma que lhe deixará um pouco desconfortável.

Eu diria que apenas cerca de 25 por cento dos autores fazem a escolha corajosa.

Você não precisa fazer a escolha corajosa, mas ela é quase sempre a melhor (se houver uma escolha corajosa disponível). Esteja ciente se isso acontecer com você.

A escolha segura não é ruim, mas significa que seu livro não se destacará nem receberá a atenção que merece. A escolha corajosa conseguirá isso. Se você não tem certeza de como fazer uma escolha corajosa, segue uma maneira de pensar sobre isso:

> ***A escolha corajosa diz o que todos pensam, mas não dizem em voz alta. A capa corajosa é aquela da qual as pessoas se lembrarão. Você trabalhou muito na escrita de seu livro para dar a ele uma capa medíocre só porque algum estranho no Facebook não gosta de azul.***

Orgulhe-se de sua conquista. Seja ousado. Deixe sua marca.

6. NÃO PEÇA FEEDBACK NAS MÍDIAS SOCIAIS

A melhor maneira de garantir que você escolha uma capa medíocre (ou mesmo ruim) é pedir a opinião das pessoas nas mídias sociais.

Seu leitor potencial médio, quando perguntado sobre a capa que gosta, canalizará a mentalidade de rebanho interna e escolherá o título que mais se parece com o que já saturou seu mercado. Ele escolhe o design mais comum, porque, para ele, comum significa se encaixar. É verdade, encaixar-se é melhor do que parecer uma bagunça, mas o jogo da capa, antes de tudo, significa SER MEMORÁVEL.

Além disso, uma boa capa de livro não é feita para agradar a todos. Ela é feita para apelar ao público-alvo do livro. Seus 2,5 mil amigos no Facebook incluem pessoas que você conheceu no colegial, sogros e aquele cara que conheceu em uma conferência três anos atrás. Eles não são o público-alvo do seu livro.

7.5

DIAGRAME SEU LIVRO

Você já começou a ler um livro e na primeira página, antes de ter se envolvido com o conteúdo, imediatamente teve um mau pressentimento e não conseguiu levar a obra a sério? Às vezes, sem nem conseguir explicar o motivo?

Esse é o impacto da diagramação do livro (às vezes chamada de composição tipográfica ou design de miolo).

A diagramação do livro é uma daquelas coisas em que a maioria das pessoas nunca repara... a menos que esteja errada. Apesar de parecer tão simples (ou talvez por causa disso), a diagramação é um dos principais fatores que separam os livros amadores dos profissionais.

Descreverei como diagramar tanto livros impressos quanto eletrônicos, pois são formatos muito diferentes e devem ser feitos de forma diferente.

Algumas pessoas se referem aos PDFs que você baixa e visualiza em uma tela como "e-books". Não é sobre isso que estamos falando. Um e-book nesse caso é um formato único, tipicamente EPUB ou MOBI, que é baixado e lido com um dispositivo ou software especializado, como o Kindle.

DESIGN RUIM

ESTE É UM EXEMPLO de design de página **ruim**. Doloroso de ler, certo? Você provavelmente nem sequer deseja ler esta página. Aguente firme por um momento e logo de cara perceberá algumas coisas:

TIPOGRAFIA RUIM

-Escolha de fontes ruins (Cambria e Arial). Cambria (uma das fontes-padrão do Word) na verdade não é tão ruim para a tela, mas sofre na impressão. Arial é onipresente porque é uma fonte do sistema Windows há muito tempo, mas é apenas uma Helvetica piorada.

-Hifenização/justificação malfeita. Softwares de diagramação profissional como o Adobe InDesign usam algoritmos eficazes e personalizáveis para ajudar a produzir um fluxo de texto natural. Outros, nem tanto.

-As pequenas coisas. TODAS AS CAIXAS-ALTAS, textos sublinhados, "aspas retas" e duplos hífens -- há centenas de nuances que se somam para apresentar um texto com aspecto profissional ou como se tivesse saído direto do Word (e nesse caso foi assim -- foi dessa forma que esta página foi criada).

MAL-USO DO ESPAÇO

Em quase todos os lugares -- as margens são muito pequenas, o espaço entre linhas é muito apertado e o espaço após cada frase é muito grande. É uma coisa sutil, mas que faz uma enorme diferença na legibilidade.

ESTRUTURA RUIM

A maioria dos aplicativos de escrita inclui uma hierarquia definida para organizar as informações -- **Título 1, Título 2** etc. -- e a maioria dos escritores a ignoram completamente. Em vez disso, eles optam por títulos arbitrários ou inconsistentes que tornam difícil para o leitor folhear o texto rapidamente ou entender como ele é priorizado ("este é um novo tópico, ou apenas uma subseção?"). Por exemplo, embora os três títulos desta página façam referência ao mesmo "nível" de informação, cada um deles tem um estilo diferente.

18 - DESIGN RUIM

• • • • • • • • • BOM DESIGN • • • • • • • • •

ESTE É UM EXEMPLO de *bom* design de página. Logo de cara, você notará algumas diferenças importantes:

BOA TIPOGRAFIA

- *Tipografias profissionais* (Adobe Caslon Pro e Brandon Text)
  Caslon é considerada uma escolha muito "segura" e popular entre os diagramadores por uma boa razão: sua leitura é muito confortável e ela se adapta a uma grande variedade de conteúdo.

- *Justificação com aspecto natural e hifenização cuidadosa*
  Não há grandes espaços entre as palavras ou hífens aparecendo nas laterais dos parágrafos.

- *As pequenas coisas fazem uma grande diferença*
  VERSALETES, "aspas curvas", travessões — e sem sublinhado. Este último é novidade para a maioria das pessoas, mas, além dos links, o sublinhado é em sua maioria uma relíquia da máquina de escrever manual. Hoje podemos dar **ênfase** de formas *melhores* e mais PROFISSIONAIS.

BOM USO DO ESPAÇO

O texto desta página tem espaço para respirar, foi feito com uma grade de base e tem espaços individuais após a pontuação (o espaçamento duplo está errado, esqueça o que sua professora disse). Legal, não é?

BOA ESTRUTURA

A informação é organizada de forma clara e consistente. Muito mais fácil para o leitor seguir, absorver, referenciar e passar os olhos.

BOM DESIGN · 19

DESIGN DE MIOLO É DIFÍCIL

O design de miolo é fácil de fazer. Basta formatar palavras em uma página. O Google Docs faz isso automaticamente. Qual é o grande problema, não é?

Assim como as capas, o que parece fácil é muito difícil. Na verdade, trabalhar com tipografias é considerado a coisa mais difícil de se fazer em design. A primeira coisa a se perceber é que há muito mais do que se pode esperar no design do miolo de um livro. Estas são apenas algumas das decisões que devem ser tomadas:

- Tamanho da página (como explicado mais adiante).
- Cor vs. preto e branco.
- Outras considerações físicas (brochura vs. capa dura, gramatura do papel etc.).
- Seleção de fontes.
- Margens da página.
- Decisões de espaçamento.
- Direção artística e elementos de design.
- Barras laterais (se houver).
- Se/como você deseja incorporar ilustrações, fotografia ou outros gráficos.

Há também todos os detalhes de publicação mais técnicos que seu revisor deveria ter pegado, mas provavelmente não pegou, como certificar-se de usar os traços certos nos lugares certos (hífen, travessão e meia-risca têm usos distintos). O mesmo vale para as aspas (retas vs. curvas — são diferentes), símbolos matemáticos (× vs. x) e quase todos os outros símbolos nos quais pode (mas não quer) pensar.

Por exemplo: você sabia que certas fontes e estilos de justificação podem dar dor de cabeça a seus leitores? Seu diagramador sabe.

Você sabia que quebrar um parágrafo inadequadamente, deixando apenas uma linha parcial na página seguinte, pode interromper o engajamento mental que os leitores têm com seu conteúdo? Esses fragmentos solitários são chamados de "viúvas" e seu diagramador sabe como corrigi-los.

Entretanto, na verdade, essa é apenas uma pequena parte do problema. A principal razão de ser tão complicado e caro é que *ninguém quer fazer isso* .

Diagramar um livro é um trabalho árduo e cansativo que requer muitas horas de alguém com pelo menos uma forte base de habilidades em design. A maioria dos designers escolheram essa área porque adoram trabalhar em projetos bonitos e criativos. A diagramação de livros impressos apresenta esses elementos, certamente. Porém, também exige muita precisão e considerações práticas "chatas" que os designers nem sempre gostam de seguir (não diferente, digamos, do design industrial).

DEVO PULAR COMPLETAMENTE UMA VERSÃO IMPRESSA?

Imprimir livros dá muito trabalho. Então por que você deveria fazer isso?

A razão é que deve fazer isso precisamente *porque* dá muito trabalho. O mercado livreiro recebe milhares de novos autores todos os dias. Como você sabe, pode ser difícil se destacar.

Devido ao quão desafiador é fazer um bom livro impresso, e como pode ser vergonhoso quando feito do modo errado, muitos novos autores evitam esse desafio e publicam apenas em formato e-book. Em muitos círculos, isso começou a ser uma linha divisória entre livros que deveriam ser levados a sério e livros que não deveriam.

Muitas pessoas acham que e-books não são "livros de verdade" e os descartam como menos impressionantes do que os livros impressos. Caso escreva um livro de negócios, isso é crucial. Você não pode distribuir (ou vender) um e-book em uma conferência ou em uma palestra.

Criar uma versão em brochura ou capa dura de alta qualidade é uma das maneiras mais eficazes de garantir que seu livro seja levado a sério e visto como um livro "de verdade". Não pularíamos este passo se a credibilidade for um objetivo essencial para você.

DIAGRAMANDO UM LIVRO IMPRESSO

COMO DEVE SER UMA BOA DIAGRAMAÇÃO?

Essa não é uma pergunta fácil de responder. Como dissemos anteriormente, poucas pessoas reparam na diagramação — a não ser que ela esteja ruim; aí é um enorme problema.

No início do capítulo, incluímos uma comparação de imagens com os principais elementos do design do miolo, e depois uma explicação de alguns deles — não porque esperamos que você os aprenda, mas por duas outras razões:

1. Assim, quando você contratar um designer profissional para diagramar seu livro (o que nós recomendamos), terá uma lista de coisas que poderá discutir com ele.
2. Portanto, saberá como é uma diagramação boa ou ruim.

PRINCIPAIS ELEMENTOS DA DIAGRAMAÇÃO

Margens de página

Um dos principais elementos em todo o design é o que se chama "espaço negativo". Esse é o espaço que não contém nada. Para o miolo de seu livro, isso significa as margens entre as palavras e a borda da página.

Veja o uso de margens nos exemplos de Design Ruim e Bom Design. Você vê como, sem mesmo saber por que, cada uma dessas margens é importante e serve a um propósito?

As margens externas dão espaço para o leitor segurar o livro sem cobrir as palavras.

A margem interna assegura que o texto não alcance a área de encadernação e se torne difícil de ler.

A margem inferior é dedicada ao título do livro, número de página e seção atual (ou nome do autor). A margem superior apresenta um espaço branco que equilibra o resto da página. (Observação: esses papéis são intercambiáveis).

Tradicionalmente, as quatro margens são próximas em tamanho e medem cerca de 1,5 centímetro, embora a margem interna seja normalmente 25 a cinquenta por cento maior do que as outras três.

Tipografia

Agora, veja a tipografia e as escolhas de fontes. As fontes e tipos são um campo incrivelmente complexo e muito importante para os livros. Os livros profissionais são tradicionalmente escritos em fontes como Adobe Caslon Pro e Brandon Text.

A fonte que você escolher deve ser claramente legível, e ter letras em itálico, seminegrito, negrito e em caixa-baixa, tudo incluso e bem-feito. Um tamanho confortável para a maioria dos livros é a fonte 11.

Isso é claramente visível nos exemplos comparativos de design. A fonte do exemplo Design Ruim é dolorosa de se ler, enquanto a fonte do Bom Design parece calma e relaxante.

Títulos e Cabeços

É muito importante que os títulos conduzam a um fluxo de palavras de fácil leitura na página. Você pode ver a diferença novamente nas páginas Design Ruim e Bom Design. Os títulos na página Design Ruim parecem turbulentos e confusos, já os da página Bom Design parecem espaçados e estruturados.

Cabeçalho e rodapé

Veja na parte inferior da página, onde o número da página está ao lado do título do capítulo. Qual parece melhor? Claramente, a página de Bom Design é mais agradável. É menor, o ponto parece melhor do que um traço e as escolhas de fonte fazem mais sentido.

Tamanho da página

Não há regras rígidas em torno do tamanho das páginas, mas há tendências gerais. Os tamanhos das páginas são medidos em centímetros, primeiro na horizontal, depois na vertical.

O tamanho do livro mais comum é 16 × 23 centímetros. Ele funciona para livros de quase todos os estilos e é geralmente o padrão do setor.

Na Scribe Media, nós normalmente usamos 13 × 20 centímetros. Esse tamanho ligeiramente menor tende a ser mais comum em livros de negócios. Há muitos livros que também são 14 × 21 centímetros e eu consideraria esse o limite mínimo antes que o livro comece a parecer estranhamente pequeno.

COMO DIAGRAMAR SEU LIVRO IMPRESSO

Como a maioria das etapas desse processo, existem duas opções: é possível fazer por conta própria ou você pode contratar alguém mais talentoso que faça isso profissionalmente.

FAÇA VOCÊ MESMO

Como já discutimos, uma diagramação barata pode mudar completamente a percepção do seu livro. Contudo, se é a única opção com a qual você consegue arcar, há algumas maneiras de diagramar por conta própria. Caso *realmente* queira fazer tudo, você precisa aprender a usar o Adobe InDesign, assim como os fundamentos da tipografia e do design profissional. Para ser claro: *não* faça isso se valoriza seu tempo. Em vez disso, recomendamos um aplicativo muito mais amigável chamado Vellum. Ele não é gratuito, e é exclusivo para o Mac, mas é a melhor ferramenta disponível para os usuários que gostam de pôr a mão na massa e permite produzir tanto arquivos para livros impressos quanto arquivos de e-books.

A qualidade da diagramação para livro impresso é apenas satisfatória, mas ainda assim melhor do que você seria capaz de fazer por conta própria ou contratando um designer de baixo nível. É como a diferença entre a edição de uma foto no Instagram e no Photoshop. Um iniciante será capaz de conseguir um resultado satisfatório do Instagram rapidamente. O Photoshop é muito mais eficaz e um profissional poderá conseguir um resultado muito *melhor* com ele, mas ele precisou investir muito tempo (e dinheiro) para chegar a esse nível.

Caso decida contratar um designer, o que eu recomendo, há basicamente três opções:

OPÇÕES BARATAS

Há pessoas que oferecem serviços de diagramação na Fiverr. Bookalope e Upwork são outras opções.

Como descrevemos anteriormente no capítulo, a qualidade desses projetos gráficos é realmente baixa. É fácil se iludir ao olhar para uma tela de computador e pensar que o PDF parece satisfatório, mas já testamos esse caminho o suficiente para saber como funciona.

Busque opções baratas apenas se você estiver de acordo que o livro não pareça totalmente profissional. Sinceramente, achamos que seguir o caminho do “faça você mesmo” é uma alternativa melhor do que contratar diagramadores que ofereçam serviços de baixa qualidade. Isso representa o quão ruim o resultado costuma ficar.

OPÇÕES INTERMEDIÁRIAS

Há alguns diagramadores decentes em sites como Reedsy e similares. Muitas vezes, eles reúnem designers gráficos que fazem da diagramação uma atividade secundária e não necessariamente têm muita experiência especializada em design de livros. Porém, é possível encontrar algumas pessoas que farão um trabalho satisfatório o suficiente. Mas cuidado: não presuma que você também conseguirá uma conversão de e-books de qualidade, pois muitos designers gráficos simplesmente carecem de experiência.

OPÇÕES CARAS

A outra alternativa é contratar um verdadeiro profissional. Mais do que qualquer outra parte do processo de criação do livro, exceto talvez a edição, há uma enorme diferença entre os bons diagramadores e os medíocres. Caso contrate um mau editor, ele é pior do que inútil. Se você contratar um grande editor, ele pode transformar completamente seu livro. O mesmo vale para a diagramação.

O problema com freelancers que cobram caro não é sua qualidade; ela é boa. O problema é o preço e o tempo de retorno.

Por estarem em uma área com tão pouca concorrência, eles são capazes de fazer seu trabalho lentamente e cobrar muito por ele. Contudo, caso se importe apenas com alguém que entrega um ótimo resultado, os poucos freelancers que você pode encontrar aqui fazem um excelente trabalho.

DIAGRAMANDO UM E-BOOK

Em comparação com o horror de diagramar um livro impresso, diagramar um e-book é na verdade bastante simples. Ao contrário do trabalho manual e da estética de design que precisam ser incluídos em um livro impresso, a criação de e-books é, na maioria das vezes, um trabalho de codificação e muito dele é automatizado. O custo é menor, e os resultados são mais consistentes.

COMPREENDENDO OS FORMATOS DE ARQUIVOS DE E-BOOKS

Existem dois formatos-padrão de arquivos de e-books. EPUB (livro.epub) é o padrão universal e é utilizado pela Apple iBook, Nook, Kobo e a maioria dos outros revendedores de e-books. Esses arquivos são um pouco mais personalizáveis e têm um pouco mais de flexibilidade para o design. Além disso, francamente, são apenas mais fáceis de usar.

Os arquivos MOBI (livro.mobi) são para o Kindle da Amazon. Como a Amazon é o grande player do setor, ela é capaz de estabelecer seus próprios padrões que são diferentes aos de qualquer outra empresa. Pode ser um pouco mais complicado editar os arquivos MOBI, mas são cruciais, pois a Amazon será o local onde a grande maioria de seus livros será vendida.

COMO DIAGRAMAR SEU E-BOOK

Como a maioria das etapas deste processo, há duas opções: você pode fazer por conta própria ou contratar alguém.

Sejamos francos sobre isso: a menos que você tenha decidido usar o Vellum apresentado anteriormente, *não diagrame por conta própria.*

Fique longe de qualquer conversão "automatizada" de e-books que envolvam o carregamento de um arquivo PDF ou Word. Ironicamente, a Amazon aceita esses formatos e tentará criar um arquivo Kindle a partir deles, mas os resultados nunca são bons.

Ao contrário dos livros impressos, os diagramadores de e-books que cobram barato fazem um trabalho melhor do que você fará. Portanto, não vale a pena mexer com isso. Assim como ocorre com alguns dos outros elementos de design, há três lugares aos quais nos dirigiríamos para obter diferentes qualidades de e-book.

FIVERR

Como discutimos, a Fiverr é uma plataforma de serviços que estão disponíveis por cinco dólares. Obviamente, não importa o que você receba, não será da mais alta qualidade, mas, com e-books, eles são realmente aceitáveis.

Eu não recomendaria essa plataforma para o autor de um livro profissional de negócios, ou para um livro que possui muita hierarquia e títulos (você deve usar o Word e hierarquizar os títulos com a devida antecedência, porque um diagramador da Fiverr não vai corrigi-los), mas, para autores com um orçamento seriamente apertado, é uma opção.

UPWORK

O Upwork é uma boa opção intermediária. Você pode encontrar talentos bem baratos e, se procurar muito, profissionais de alta qualidade. Especialmente para algo como a diagramação de e-book — que não é muito complicada — encontrar alguém com muita experiência, ótimas avaliações e alguns bons exemplos de trabalhos anteriores geralmente é suficiente para garantir o sucesso.

PROFISSIONAIS

A opção final é trabalhar com uma empresa que seja realmente profissional. O desafio aqui é que muitas das empresas que parecem profissionais são de fato apenas intermediárias com preços exorbitantes que se colocam entre você e quem cobra mais barato. Não confunda preço alto com garantia de profissionalismo.

Caso não queira perder tempo e deseje apenas que seja feito corretamente sem contratempos, essa é provavelmente sua melhor opção.

7.6

COMO PRECIFICAR SEU LIVRO DEVIDAMENTE[8]

A precificação de livros pode ser algo muito simples ou incrivelmente complexo; tudo depende da profundidade dos detalhes em que você se aprofunda.

A maior parte da complexidade diz respeito à precificação de livros de ficção, ou à remuneração de escritores profissionais. Isso não é realmente muito útil para autores que escrevem livros de negócios ou de desenvolvimento pessoal.

Este guia é o mais simples possível (na verdade, você pode até pular para a seção "Como precificar seu livro" agora mesmo se quiser) e fornecerá apenas as informações relevantes, para que você possa decidir com confiança como precificar seu e-book, livro em brochura ou livro de capa dura.

PRECIFICAÇÃO DE LIVROS

O maior mercado de e-books, de longe, é a Amazon, que estabelece o padrão para os preços de e-books. Ela tem um conjunto bastante

8 Você pode conferir mais detalhes na Amazon.com: https://kdp.amazon.com/pt_BR/help/topic/G200641280.

simples de regras para a forma como permite que seus autores precifiquem os e-books:

- Entre US$ 0,99-US$ 2,98, eles pagam 35 por cento de royalties.
- Entre US$ 2,99-US$9,99, eles pagam 70 por cento de royalties.
- Acima de US$10, eles pagam 35 por cento de royalties.

Agora, veja este gráfico que compara as vendas de livros com o preço. Estes dados não são perfeitos (foram coletados pelo Smashwords), mas se alinham bastante com nossa experiência e nossos dados observando centenas de autores de negócios e desenvolvimento pessoal.

COMO OS PREÇOS DE E-BOOKS IMPACTAM O VOLUME DE VENDAS UNITÁRIAS?
Dados mostrados como múltiplos do volume unitário até dez dólares ou mais

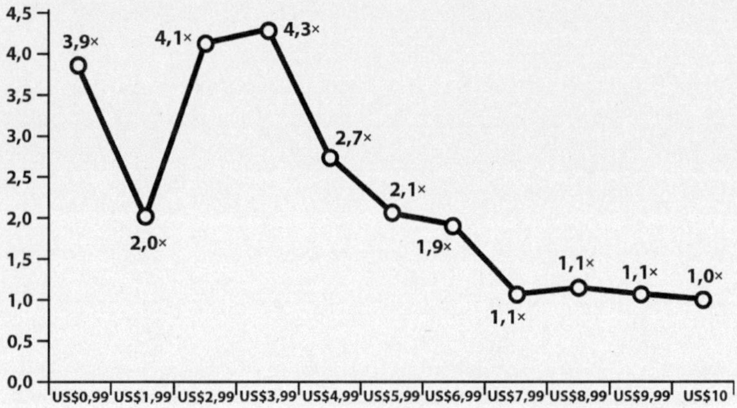

Como você pôde ver, existem basicamente três níveis:

- Maximizar exemplares: 0,99-3,99 dólares.
- Meio-termo: 4,99-6,99 dólares.
- Maximizar o valor percebido: 7,99-9,99 dólares.

Há ali alguns pontos de dados chocantes.

Por exemplo, não há diferença nas vendas entre 7,99 e 9,99 dólares. E talvez a mais chocante, livros a 0,99 centavos de dólar vendem *menos* do que livros que custam 3,99 dólares.

Isso realmente me leva ao meu próximo ponto, que é um fator muito importante para o preço de livros de negócios e de desenvolvimento pessoal: a **credibilidade.**

Os livros são, dentro de certos limites, bens de Veblen. Isso significa que as pessoas muitas vezes julgarão a qualidade de seu livro, pelo menos parcialmente, em razão do seu preço.

Você pode até mesmo ver o impacto do efeito do bem de Veblen nos dados de preços dos livros. O fato de não haver diferença de vendas entre 7,99 e 9,99 dólares aponta que, dentro de certas faixas de preço, o valor na verdade não tem um impacto sobre a demanda.

Os dados deixam bem claro que existem quatro faixas de preço:

E-BOOKS	
Preço Elevado	US$7,99-US$9,99
Normal	US$4,99-US$6,99
Barato	US$2,99-US$3,99
Baratíssimo	US$0,99-US$1,99

Por que isso importa?

Porque, para muitos autores, o preço *muito baixo* de um livro *prejudicará* sua credibilidade junto a seus leitores.

É assim que funciona com muitos produtos de luxo. As pessoas presumem que você vale o que pede. Então, se pedir um preço baixo, elas presumem que é isso que você vale.

(A propósito, lembre-se de que a maioria de nossos autores não está concentrada principalmente em ganhar dinheiro pela venda de livros, mas sim em usar o livro para ganhar dinheiro de outras maneiras).

Em vista desses dois fatores, para a maioria dos autores, há realmente três preços a escolher (pelo menos para preços a longo prazo, sem contar com as promoções que você faz):

- **Se você quiser maximizar as unidades vendidas:** 3,99 dólares (ou possivelmente 0,99 centavos de dólar em alguns casos raros).
- **Se você quer um bom equilíbrio entre vendas e percepção:** 6,99 dólares.
- **Se você quer maximizar a percepção de status elevado e não se importa com as vendas:** 9,99 dólares.

PRECIFICAÇÃO DE LIVROS EM BROCHURA

Na Scribe, geralmente usamos o KDP[9] para os livros em brochura que publicamos, pois essa ferramenta é fácil de usar e produz livros de alta qualidade.

A precificação do KDP é tão complicada que eles criaram uma calculadora para ajudar autores a descobrir quais serão seus royalties. Ela inclui variações baseadas em preto e branco ou cor, número de páginas do livro, sangria e outros fatores.

A boa notícia é que você não precisa usá-la, porque, quase sempre, as taxas de royalties ficam em torno de quarenta por cento. Por exemplo, se você vender seu livro em brochura por dez dólares, provavelmente terá cerca de quatro dólares de lucro.

9 Kindle Direct Publishing (KDP) é a plataforma de autopublicação de e-books da Amazon.

A precificação de livros em brochura é semelhante à de e-books, basta adicionar cerca de sete a dez dólares a cada preço. Portanto, a tabela de preços ficaria assim:

LIVROS EM BROCHURA	
Preço Elevado	US$17,99-US$19,99
Normal	US$14,99-US$16,99
Barato	US$11,99-US$13,99
Baratíssimo	US$7,99-US$10,99

Essa regra geral tem funcionado muito bem para a precificação dos livros de nossos autores: qualquer que seja o preço do e-book, acrescente cerca de sete a dez dólares pelo preço do livro em brochura.

PRECIFICAÇÃO DE LIVROS DE CAPA DURA

É quase impossível dar grandes conselhos sobre precificação de livros de capa dura e royalties, porque muitos elementos afetam o preço. Por exemplo, cor, preço de impressão, tamanho, nicho, sangria e muitos outros fatores.

Apesar dessas variações, encontramos uma maneira bastante segura para precificar livros de capa dura que acompanha muito bem o preço de livros em brochura: o livro de capa dura deve custar de 12 a 15 dólares a mais do que o e-book.

Por conta disso, espere uma taxa de royalties de cerca de 45 por cento — mas com ALTAS variações dependendo de vários fatores.

Há uma importante exceção a isso: eu não daria um preço superior a 27,99 dólares a um livro de capa dura a menos que você tenha uma razão muito específica para fazê-lo.

LIVROS DE CAPA DURA	
Preço Elevado	US$25,99-US$27,99
Normal	US$20,99-US$24,99
Barato	US$16,99-US$19,99
Baratíssimo	US$12,99-US$15,99

COMO PRECIFICAR SEU LIVRO

Portanto, vamos agora resumir e dar a você a melhor estrutura de precificação:

Se você quiser maximizar as unidades vendidas:

- E-book: US$3,99 (ou 0,99 centavos de dólares em alguns casos promocionais) [taxa de royalties: 70%].
- Livro em brochura: US$10,99-US$12,99 [taxa de royalties: ~40%].
- Livro de capa dura: US$14,99-US$16,99 [taxa de royalties: ~45%].

Se você quiser um bom equilíbrio entre vendas e percepção (duas opções diferentes):

Opção 1:

- E-book: US$6,99 [taxa de royalties: 70%].
- Livro em brochura: US$13,99-US$16,99 [taxa de royalties: ~40%].
- Livro de capa dura: US$18,99-US$21,99 [taxa de royalties: ~45%].

Opção 2 (grande difusão): essa opção ajusta seu livro em brochura e/ou de capa dura conforme sua "lista de preços", para que ele permaneça em alta por valor percebido. Então o preço do e-book é relativamente baixo, mas não muito baixo, para maximizar as vendas a esse público.

- E-book: US$4,99 e-book [taxa de royalties: 70%].

- Livro em brochura: US$16,99 [taxa de royalties: ~40%].
- Livro de capa dura: US$24,99 [taxa de royalties: ~45%].

Se você quiser maximizar a percepção de status elevado:

- E-book: US$9,99 [taxa de royalties: 70%].
- Livro em brochura: US$17,99-US$19,99 [taxa de royalties: ~40%].
- Livro de capa dura: US$24,99-US$27,99 [taxa de royalties: ~45%].

PARTE 8

PUBLIQUE SEU LIVRO

8.1

COMO ESCOLHER A OPÇÃO DE PUBLICAÇÃO CERTA

Muitas pessoas se confundem com o panorama editorial (o que é compreensível) e querem saber o máximo de informações possíveis antes de começar sua jornada de publicação de livros. Este capítulo é longo e abrangente e responde a perguntas como:

- Como funciona o mercado editorial?
- Quais são as coisas mais importantes a saber?
- O que é "autopublicação"?
- O que é "publicação tradicional"?
- Qual é a diferença e por que ela importa?
- Devo autopublicar ou publicar meu livro de forma tradicional?
- Como conseguir publicar da forma tradicional?
- Como avaliar editoras tradicionais?
- Qual a diferença entre publicação profissional e publicação amadora e por que isso importa?

COMO COMPREENDER O PANORAMA EDITORIAL

O panorama editorial pode ser muito confuso, o que acontece por muitas razões. A mais relevante para você é que o mercado editorial mudou drasticamente durante a última década e a maioria dos conselhos que as pessoas fornecem são datados e equivocados.

Além disso, a maioria dos guias de publicação de livros é voltada para escritores profissionais, romancistas ou entusiastas. Empreendedores, empresários, executivos e outros profissionais que escrevem livros de negócios e de desenvolvimento pessoal devem olhar a publicação de livros por um viés completamente diferente do de escritores profissionais.

Esta seção examinará as três opções de publicação de livros mais comuns, explicará os prós e os contras de cada uma e o ajudará a entender exatamente qual delas você deve escolher.

PUBLICAÇÃO TRADICIONAL, AUTOPUBLICAÇÃO E PUBLICAÇÃO HÍBRIDA

A primeira coisa que você precisa entender é que existem dois grandes modelos de publicação: o **tradicional** e a **autopublicação**.

Vou me aprofundar em cada opção, definir quais são seus princípios básicos e pontuar os questionamentos que você deve fazer para decidir qual delas seguir.

Há também uma terceira opção, chamada publicação híbrida. Na minha opinião, a publicação híbrida é de longe a pior das três, e eu comentarei sobre ela brevemente no final.

PUBLICAÇÃO TRADICIONAL

RESUMO

Na publicação tradicional, um autor deve encontrar um agente literário para representá-lo perante as editoras. Em seguida, junto ao agente, o autor se apresenta a uma editora com sua ideia de livro. Se a apresentação tiver êxito e a editora propor fechar um contrato com o autor, ela comprará a propriedade da licença de impressão em troca de um adiantamento sobre os royalties (que o autor não precisa pagar). O profissional está por conta própria para escrever o livro, às vezes com ajuda da editora, às vezes não. A editora, então, gerencia e controla todo o processo de publicação e distribuição (a segunda e a terceira etapas).

PROPRIEDADE E DIREITOS

Uma editora é sempre proprietária da licença de impressão (que inclui digital), enquanto o autor é sempre proprietário dos direitos autorais. Todos os outros direitos (filme, extrato etc.) são negociáveis. Isso significa que a editora tem a palavra final sobre todos os aspectos do livro.

TAXA DE ROYALTIES TÍPICA

Livro de capa dura: 15%

Livro de negócios em brochura: 7,5%

Mercado de massa: 5%

ADIANTAMENTO CONTRA ROYALTIES

O valor varia muito, dependendo do autor. Não existe um adiantamento "médio", mas, nesse ponto, algumas editoras tradicionais não oferecem adiantamentos inferiores a seis dígitos, porque, se acham que o livro não venderá o suficiente para justificar um adiantamento de seis dígitos, não querem publicá-lo.

ESCRITA E EDIÇÃO

Este é tipicamente o trabalho do autor. As editoras oferecem pouca ajuda, limitada a alguma edição e revisão. Note que uma editora geralmente tem o direito absoluto de mudar seu conteúdo e sua escrita como quiser: isso é parte do que ela paga com seu dinheiro.

SERVIÇOS DE PUBLICAÇÃO E DESIGN

As editoras fazem (geralmente) tudo em matéria de publicação e design, embora a qualidade varie muito. Você não pode escolher a encadernação em brochura ou capa dura, o preço ou a maioria das outras decisões.

DISTRIBUIÇÃO

As editoras fazem todo o trabalho.

MARKETING

Normalmente, editoras oferecem bem pouco marketing. Na maioria das vezes, elas podem inibir o marketing (explicado a seguir). Elas geralmente esperam que o autor faça a maior parte da divulgação.

Por que isso acontece?

A economia do setor costuma ser baseada em torno da distribuição. No período pré-internet, estar na Borders e na Barnes & Noble era uma grande parte do que vendia livros. As pessoas costumavam ir às livrarias para decidir o que comprar. Quando a distribuição imperava, as editoras tradicionais imperavam.

Agora, é claro que isso não é mais verdade. Por causa da internet e de todas as plataformas on-line (Facebook, Instagram, e-mail etc.), nós nos relacionamos com autores e ideias fora da livraria. Depois vamos à livraria (ou mais provavelmente à Amazon ou Audible) para comprar o exemplar.

Em resumo, as grandes editoras nunca tiveram um relacionamento com o cliente final (o leitor). Elas poderiam ter feito isso a qualquer momento, mas decidiram não o fazer. E elas continuam a não fazer, por causa de questões preexistentes.

PRESTÍGIO E PERCEPÇÃO

Normalmente o ponto mais alto dos três modelos, mas deficiente em prestígio e irrelevante para os leitores.

TEMPO DE PUBLICAÇÃO

Doze a 36 meses.

VANTAGENS

1. Adiantamento monetário antes da publicação.
2. Maior potencial para cobertura dos meios de comunicação tradicionais.
3. Sinalização social.
4. Maior chance de exposição em livrarias.

DESVANTAGENS

1. Muito difícil de conseguir fechar um contrato (menos de um por cento das propostas são aceitas).
2. Enorme investimento de tempo.
3. Perda de propriedade.
4. Perda do controle de marketing.
5. Perda do controle criativo e de conteúdo.
6. Vantagem financeira limitada.

PROBLEMA DA PUBLICAÇÃO TRADICIONAL Nº 1: VOCÊ AO MENOS CONSEGUE FECHAR UM CONTRATO DE PUBLICAÇÃO TRADICIONAL?

Ao considerar a publicação tradicional, a primeira e mais importante pergunta que precisa fazer a si mesmo é: **você pode ao menos conseguir fechar um contrato de publicação com uma editora tradicional?**

A maioria dos autores não consegue, portanto, não há motivo para perder tempo tentando. Para conseguir um contrato com uma editora tradicional, é preciso passar por estas etapas:

1. Encontre um agente literário disposto a representar você e sua ideia de livro para uma editora (isso é muito difícil, pois a maioria dos agentes recebe milhares de pedidos por semana).
2. Escreva uma proposta de livro (essa é uma tarefa tão grande, que os autores frequentemente pagam escritores freelancers para fazer isso por eles).
3. Promova a proposta de livro às editoras (via agente literário).
4. Peça a uma editora que lhe faça uma oferta com base em sua proposta e apresentação.
5. Negocie e aceite essa oferta.

Parece muita coisa, mas, em alguns casos, pode ser fácil. A decisão de uma editora depende de um fato simples: ***você tem um público ansioso para comprar muitos exemplares de seu livro?***

Caso tenha um grande público — pessoas que já o seguem de alguma forma, como uma lista de e-mail, mídia social, ou algo parecido — a maior parte disso poderá ser feita, até mesmo de forma fácil. Normalmente, as editoras precisam ver um caminho claro para a venda de 25 mil livros no primeiro mês antes mesmo de considerar fechar contrato com um autor.

Se você não tiver um público que esteja pronto para comprar seu livro, é quase impossível conseguir fechar um contrato com uma editora tradicional.

A razão disso é que as editoras tradicionais são terríveis na venda e no marketing de livros e atualmente dependem quase exclusivamente dos autores para fazer isso por elas. Não sou o único a dizer isso. O agente literário Byrd Leavell afirma o seguinte (ele já atendeu a vários autores best-sellers do *New York Times* que venderam mais de dez milhões de livros de não ficção):

> As editoras não compram nada que não venha com um público já estabelecido que compre o livro. Elas não correm mais riscos, não apostam nos autores e só querem coisas certas. Eu nem mesmo trago um autor a editoras a menos que ele tenha um público que garanta 25 mil pré-vendas de exemplares.

Se não tem um público fiel — pessoas que o seguem e estão acostumadas a comprar coisas de você — então não tem quase nenhuma chance de conseguir fechar um contrato.

PROBLEMA DA PUBLICAÇÃO TRADICIONAL Nº 2: SE VOCÊ CONSEGUISSE FECHAR UM CONTRATO COM UMA EDITORA TRADICIONAL, DEVERIA ACEITAR A OFERTA?

Vinte anos atrás, nem era preciso pensar: claro que você aceitaria a oferta, porque não havia outras opções para levar um livro aos leitores.

O jogo mudou desde então. No mundo moderno da publicação de livros, as editoras tradicionais não são mais as guardiãs dos livros: elas oferecem bem pouco prestígio ou acesso, e outras opções de autopublicação são melhores do que uma editora tradicional para a maioria dos autores.

Neste momento, existem realmente apenas três razões para um autor fechar um contrato com uma editora tradicional:

1. Você precisa do adiantamento

Caso já tenha um grande público, uma editora provavelmente lhe dará um adiantamento. Porém, ele está diretamente ligado às vendas esperadas de livros.

Não se trata de caridade: as editoras fazem isso porque esperam ganhar mais dinheiro do que você quando vende seus livros para seu público. Caso não tenha um grande público, sua chance de conseguir um adiantamento é essencialmente zero (a menos que haja algum outro ângulo que faça com que a editora tenha certeza de que você venderá muitos livros).

O interessante é que, mesmo que seu livro não venda, você não precisa devolver o adiantamento. Ele é seu.

Entretanto, não se engane — você pagará por esse dinheiro de outras maneiras. Você não possui mais a licença de impressão do livro, o que significa que não pode fazer nada com esse conteúdo a não ser tê-lo no livro. O conteúdo não é mais seu e, se o livro for um grande sucesso, você recebe apenas uma pequena fração dos lucros. Você vende o potencial da obra para a editora.

2. Você precisa ter a atenção dos principais meios de comunicação para que o livro seja um sucesso

Se você precisa de muita atenção da grande mídia para que seu livro seja um sucesso, publicar com uma editora tradicional realmente ajuda. Quando digo grande mídia, refiro-me aos principais meios de comunicação, como o *New York Times, Wall Street Journal*, dentre outros.

Os tipos de pessoas que se enquadram nessa categoria tendem a ser celebridades, políticos, atletas etc. Eles são o tipo de indivíduos cujo tempo é extremamente valioso e geralmente tendem a ser ricos. A propósito, eles têm que pagar por RP para conseguir a atenção da mídia também. Eles chamam muita atenção, principalmente porque são famosos, mas NÃO têm sua própria plataforma (o que significa um canal direto para seu público).

Deixe-me ser muito claro: publicar com uma editora tradicional não significa que o livro será citado na mídia. Na verdade, as chances são pequenas, mesmo que você chegue a um contrato com uma editora tradicional. Cada uma delas lança dezenas de milhares de livros por ano, e as livrarias e varejistas não têm espaço nas prateleiras para todos eles.

Isso ajuda porque, embora nenhum leitor se importe com a editora, os jornalistas que trabalham para grandes veículos de comunicação ainda olham para a editora como um sinal de credibilidade.

3. Você quer o sinal social e o sentimento de aceitação que vem de ser "escolhido" por uma editora tradicional

Sejamos honestos: esta é a principal razão pela qual a maioria das pessoas quer fechar um contrato com uma editora tradicional. Elas querem se sentir como se fossem as "escolhidas", que tal seleção é um sinal inegável de sua importância e relevância.

Fechei contratos com várias grandes editoras (Simon & Schuster e Little Brown), então queria muito que isso fosse verdade — que tais contratos significassem que agora eu sou inquestionavelmente alguém importante. Porém, não é.

Eis um grande exemplo: uma Ferrari é um carro descolado. Mas o que você acharia se um senhor de idade comprasse uma? Talvez ele esteja tentando compensar algo, certo?

Funciona da mesma forma com as editoras tradicionais. Ter o nome de uma editora "chamativa" na lombada de seu livro não o torna importante. No mundo moderno, nenhum leitor observa ou se preocupa com quem publica seu livro.

De fato, em muitos círculos (especialmente de empreendedores e pensadores visionários), a publicação tradicional está começando a ser vista como um sinal negativo. No mundo editorial moderno, controlar os direitos e o uso de seu livro é agora visto como muito mais importante pela maioria dos autores. Na verdade, a publicação tradicional é agora a nova publicação por "vaidade" — porque autores com contratos tradicionais procuram por aquele ânimo de ego e validação externa em vez de "validar" a si mesmos e ter domínio sobre sua obra.

PROBLEMA DA PUBLICAÇÃO TRADICIONAL Nº 3: OS DILEMAS DA PUBLICAÇÃO TRADICIONAL VALEM A PENA?

Mesmo que você consiga fechar um contrato de publicação tradicional e acredite em uma das três razões para publicar dessa forma, os dilemas ainda podem torná-la uma má escolha para você. Estes são os principais dilemas da publicação tradicional:

1. Ausência de propriedade dos direitos e lucros

Você literalmente vende à editora não apenas os lucros positivos do livro, porém, mais importante, *você vende o controle de sua propriedade intelect.* Uma vez que as editoras são as donas dos livros, elas só se preocupam em vender exemplares. Você não pode mais fazer nada com seu livro que não envolva PAGAR às editoras por exemplares da obra, porque é assim que elas ganham dinheiro.

2. Perda do controle criativo e de conteúdo

Não se engane: uma vez que você feche um contrato com uma editora, ela se torna dona do livro e de todo o seu conteúdo, assim, pode decidir tudo o que estará na obra. As editoras têm a palavra final sobre cada palavra, a capa do livro, a biografia do autor, tudo.

Posso dizer por experiência própria que as editoras, como grupo, tendem a tomar decisões estéticas terríveis. Isso ocorre por muitas razões, mas a maior é o que eu chamo de "seleção adversa". Embora algumas pessoas que trabalham em editoras sejam editores profundamente habilidosos e atenciosos cujo trabalho torna os livros bem melhores, essas pessoas são raras e tendem a trabalhar apenas com os maiores autores. A maioria dos profissionais que trabalham em editoras fazem isso porque não são suficientemente bons para ganhar a vida como escritores. Eu não digo isso para diminuir ninguém, digo simplesmente para que você entenda que alguém que não tomou decisões boas o bastante por conta própria sobre a própria escrita está agora em posição de ter *poder de decisão final sobre seu livro.*

3. Perda do controle de marketing (e nenhum suporte)

Editoras não fazem marketing. Preciso enfatizar isso o máximo possível: as editoras esperam que VOCÊ faça todo o trabalho de vender o livro para ELAS. Elas não têm um plano para vender 25 mil exemplares do seu livro. Esse é o SEU trabalho.

Isso pode ser bom para um romancista com um grande público consolidado, mas se você é alguém como os autores com quem minha empresa trabalha e quer que seu livro promova você ou seu negócio, uma editora tradicional restringe muito suas opções.

Por exemplo, se você quiser se posicionar como um especialista em algo, o que acontece se as editoras não acharem que o tema de seu livro agrada a pessoas suficientes? Elas não se importam com seu negócio, elas só se importam em vender exemplares de livros. Então, farão você ir mais longe com seu tema, o que significa que o livro não será tão atraente para o público específico que está tentando alcançar.

Pior ainda, como a ÚNICA maneira de a editora ganhar dinheiro é vendendo exemplares do livro, não se pode dar exemplares de graça, não se pode fornecer o PDF de graça, não se pode usar seu conteúdo em outros lugares para alavancar seu negócio. As editoras agora vão forçá-lo a colocar todos os seus esforços de promoção na venda de exemplares, o que nem sempre o ajuda a alcançar o maior número de pessoas possível.

Além disso, as editoras não lhe dão NENHUM controle sobre o preço do livro para impedi-lo de fazer acordos de marketing. Esse tipo de flexibilidade é criticamente importante para o marketing, e elas não o farão.

4. Imenso investimento de tempo

Ainda que você consiga fechar um contrato tradicional, isso exige um grande esforço. É necessário encontrar um agente literário para representá-lo em uma editora tradicional, apresentar uma proposta de livro interessante para editoras e, então, buscar um acordo.

Desde o início do processo até a publicação, normalmente são 24 meses —muitas vezes, 36. São de dois a três ANOS, o que é um tempo incrivelmente longo no mundo moderno, especialmente para um autor de não ficção.

5. Exposição em livrarias

Muitas pessoas acham que a publicação tradicional é seu método preferido porque é a melhor maneira de expor seu livro nas livrarias. Esse não é um cálculo exato. As editoras tradicionais de livros não conseguem expor a maioria de seus livros nas livrarias em larga escala. Além disso, as obras que são expostas tendem a ser retiradas rapidamente — a menos que vendam muitos exemplares. E seu livro não será exposto até que já tenha provado que venderá muitos exemplares.

AUTOPUBLICAÇÃO

RESUMO

No modelo de autopublicação, o autor mantém a propriedade de seu livro e gerencia e controla todo o processo. A autopublicação ocorre em muitas formas diferentes, mas em sua essência o autor faz o trabalho editorial (ou gerencia autônomos ou empresas de serviços editoriais que trabalham por uma taxa). Não há necessidade de aceitação, nenhum adiantamento e o autor retém todos os direitos.

PROPRIEDADE E DIREITOS

O autor mantém todos os direitos.

TAXA DE ROYALTY

Variável, geralmente entre quarenta e cem por cento, dependendo do canal de vendas.

ADIANTAMENTO CONTRA ROYALTIES

Não.

ESCRITA E EDIÇÃO

O autor gerencia. Existem muitas variações de ajuda, mas todas são pagas.

SERVIÇOS EDITORIAIS

O autor gerencia. Existem muitas variações de ajuda, mas todas são pagas.

DISTRIBUIÇÃO

O autor gerencia. Existem muitas variações de ajuda, mas todas são pagas.

MARKETING

O autor gerencia. Existem muitas variações de ajuda, mas todas são pagas.

PRESTÍGIO E PERCEPÇÃO

Variável, depende totalmente da qualidade do livro.

TEMPO DE PUBLICAÇÃO

O mais rápido que você conseguir.

AS VANTAGENS INCLUEM:

- Propriedade plena dos direitos e royalties.
- Completamente personalizável em todos os aspectos.
- Comercialização rápida.
- Controle total de marketing.
- Controle criativo total.
- Liberdade total.

AS DESVANTAGENS INCLUEM:

- É muito trabalho para fazer direito.
- Se for pouco profissional, resultará em má aparência e baixo status.
- Demora para aprender e gerenciar o processo por conta própria.
- Se você contratar excelentes profissionais para lhe ajudar, se tornará um processo caro.

PROBLEMA DA AUTOPUBLICAÇÃO Nº 1: VOCÊ CONSEGUE FAZER UM TRABALHO PROFISSIONAL?

Essa é uma questão crucial para a autopublicação, uma que supera todas as outras.

Se você conseguir fazer um trabalho profissional com seu livro, então a autopublicação é quase sempre a melhor aposta para a maioria dos autores.

Caso não consiga fazer um trabalho profissional, então talvez você não deva se autopublicar, talvez não deva sequer publicar um livro.

O ditado está certo: todos julgam um livro pela capa. Porém, não apenas pela capa. O título, a descrição, a foto do autor, os elogios, até mesmo o Sobre o Autor: tudo isso conta uma história sobre a credibilidade e a autoridade desse livro e desse autor. Um livro profissional faz você parece profissional.

As editoras tradicionais costumavam ser as únicas que tinham a experiência e o acesso às pessoas talentosas necessárias para produzir livros que parecem profissionais. Isso era verdade há trinta anos, mas não mais.

Na verdade, quase todos os melhores talentos que existem são freelancers e podem ser contratados a preços razoáveis. Só na minha empresa, utilizamos escritores, editores, revisores, redatores e capistas que trabalhavam para editoras tradicionais e passaram a ser freelancers, ou utilizamos os mesmos freelancers que as editoras tradicionais utilizam.

Algumas pessoas pensam que ainda existe um estigma para a autopublicação, contudo, os dados parecem dizer o contrário. Hugh Howey (que autopublicou seu romance *Silo* , vendeu milhões de exemplares e ganhará uma adaptação cinematográfica dirigida por Ridley Scott) realizou um estudo de duzentos mil títulos e comprovou que os livros autopublicados na Amazon tinham, em média, uma classificação mais alta do que os livros publicados tradicionalmente.

Tudo isso se resume ao fato de que, se você estiver disposto a se dedicar muito para garantir que seu livro autopublicado seja superprofissional, então você se sairá bem.

PROBLEMA DA AUTOPUBLICAÇÃO Nº 2: QUAL É O MAIOR DILEMA DA AUTOPUBLICAÇÃO?

Há realmente um grande dilema:

> ***A autopublicação profissional de um livro exige que você despenda tempo ou dinheiro (ou ambos).***

Não é difícil seguir todas as etapas necessárias para publicar um livro profissional. Este livro detalha claramente cada uma. Só leva tempo. O caminho é contratar excelentes profissionais ou, melhor ainda, contratar uma empresa de serviços editoriais para gerenciar todo o processo para você. Isso requer dinheiro.

É um cálculo bastante simples: se você tem dinheiro, gaste-o para economizar tempo. Se você não tem dinheiro, seu tempo não é seu bem mais precioso, então use-o para aprender como publicar profissionalmente seu livro (este livro é sobre isso).

PUBLICAÇÃO HÍBRIDA

RESUMO

No modelo híbrido, a propriedade dos direitos varia dependendo da editora com a qual o autor trabalha. Entretanto, a ideia básica é que ela tenta parecer uma editora tradicional, mas paga pouco ou nenhum adiantamento. Ainda assim, fica com a maior parte dos royalties, controla muito do processo e faz alguma parte do trabalho editorial.

PROPRIEDADE E DIREITOS

Variável

TAXA DE ROYALTY

Variável, geralmente de 15 a 25 por cento, mas pode chegar a cinquenta por cento.

ADIANTAMENTO

Normalmente não há, mas, às vezes, é muito pequeno.

ESCRITA

Nenhuma ajuda.

SERVIÇOS EDITORIAIS

Geralmente sim, mas varia muito.

DISTRIBUIÇÃO

Geralmente sim, mas varia muito.

MARKETING

Geralmente sim, mas varia muito.

PRESTÍGIO E PERCEPÇÃO

Varia bastante.

TEMPO DE PUBLICAÇÃO

Seis a 24 meses.

POR QUE ESCOLHER O MODELO HÍBRIDO EM VEZ DOS OUTROS DOIS?

No modelo híbrido, a editora lhe dirá que combina as vantagens de uma editora tradicional com a flexibilidade e o lado positivo da autopublicação. Essa é a teoria, mas nunca funciona dessa forma na prática.

"Híbrido" não existe na verdade. É uma palavra inventada por editoras que basicamente cobram uma taxa por serviço, mas ainda assim levam uma porcentagem do lucro.

O que essas editoras fazem é pagar pouco ou nenhum adiantamento, mas ainda recebem muito dos royalties, controlam muito do processo e fazem parte do trabalho editorial. Elas tentam dar aos autores a ilusão de status de serem "selecionados" por uma editora, mas os obrigam a fazer todo o trabalho, enquanto detêm os direitos e ainda levam vantagem — tudo isso SEM pagar um adiantamento.

A publicação híbrida é geralmente um negócio terrível para os autores.

Outro problema é que, na publicação híbrida, muitas vezes, a editora tentará manter os direitos autorais ou outros direitos. Um dos principais atributos das antigas editoras tradicionais é que elas SEMPRE reservam os direitos autorais ao autor e quase sempre deixam todos os outros direitos para o autor (filmes, TV etc.). Elas só se preocupam com os direitos envolvidos em torno do aproveitamento do livro impresso e direitos relacionados.

RESUMO: O QUE VOCÊ DEVE ESCOLHER?

QUEM DEVE OPTAR PELA PUBLICAÇÃO TRADICIONAL:

- Celebridades.
- Atletas.
- Músicos.
- Atores.
- Políticos.

- Escritores profissionais (romancistas etc.).
- Qualquer pessoa que possa obter um adiantamento considerável.

QUEM DEVE OPTAR PELA AUTOPUBLICAÇÃO:

- Empreendedores.
- Empresários.
- Executivos.
- Planejadores financeiros.
- Advogados.
- Médicos.
- Proprietários de empresas.
- Consultores.
- Coaches.
- Praticamente todos os outros.

QUEM DEVE OPTAR PELA PUBLICAÇÃO HÍBRIDA:

- Praticamente ninguém.

8.2

QUANTO CUSTA AUTOPUBLICAR UM LIVRO?[10]

Muitos autores preocupam-se com o custo da publicação. Não há nada de errado em querer economizar dinheiro, mas, aqui na Scribe, nós atendemos autores que têm outras carreiras. Pessoas como médicos, CEOs, consultores, advogados, gestores de patrimônios e outros profissionais de alto nível que usam seu livro como credencial para aumentar sua autoridade, ampliar sua visibilidade e ser um registro do legado da sua carreira.

Tais autores não podem se dar ao luxo de publicar seu livro a baixo custo, porque, se o fizerem, o livro terá um resultado insatisfatório. Eles querem economizar dinheiro, sim, mas nunca às custas de lançar um produto mal produzido que leva o nome deles na capa.

Se essa é uma preocupação genuína, então, antes de determinar quanto custa publicar um livro, há duas perguntas que você deve responder primeiro:

1. Qual é o valor do seu tempo?
2. Quão profissional você quer que o livro seja?

10 No Brasil, os valores variam de acordo com o Editor Independente contratado.

O VALOR DE SEU TEMPO

Esse é um fator incrivelmente importante para os clientes da Scribe. Como eu afirmei, nossos autores são profissionais de alto nível com carreiras altamente bem remuneradas. Seu tempo é extremamente valioso, portanto, um fator que eles devem considerar é o custo de oportunidade de seu tempo.

Custo de oportunidade é um conceito da microeconomia que diz que toda ação tem não apenas um custo direto, mas também um custo em termos da oportunidade perdida, e você deve levar em conta ambos ao calcular o custo total.

Vejamos a publicação de livros, por exemplo. Caso tenha um trabalho de varejo que pague dez dólares por hora, então o custo de oportunidade do seu tempo é de dez dólares por hora.

Contudo, se você tem uma carreira que lhe paga 250 mil dólares por ano, dada uma semana normal de trabalho de quarenta horas, você ganha 125 dólares por hora. Esse é o custo de oportunidade do seu tempo.

Essa diferença muda fundamentalmente o cálculo do custo real de publicação de um livro. A título de exemplo, digamos que tenha duas opções para publicar seu livro. Você mesmo pode fazer tudo relacionado à publicação da obra ao longo de cem horas de trabalho ou pode pagar alguém para fazê-lo por dez mil dólares e não despender tempo trabalhando nele.

Para a pessoa que ganha dez dólares por hora, a escolha é clara: cem horas de trabalho valem mil dólares para ela, o que é muito mais barato do que pagar dez mil dólares para outra pessoa. Ela mesma deve fazer isso.

A pessoa que ganha 250 mil dólares por ano (125 dólares por hora) deve pagar dez mil dólares. Para ela, cem horas de trabalho valem

12,5 mil dólares, então ela economiza 2,5 mil dólares ao contratar alguém a dez mil dólares.

Pode ser complicado calcular o custo de oportunidade se você estiver procurando ser preciso, mas é bastante simples de ser compreendido. A questão não é ter números exatos, mas entender o valor de seu tempo e perceber que deve, como regra, despender seu tempo onde você gera mais valor para si mesmo.

A QUALIDADE: AS PESSOAS JULGAM VOCÊ COM BASE EM SEU LIVRO

Como eu disse anteriormente, a maioria dos guias sobre o custo de publicação informam a maneira mais barata de fazê-lo. Esse não é um caminho plausível para nossos clientes. Se você tem uma reputação profissional a manter, então o uso de serviços baratos para publicar seu livro vai realmente prejudicá-lo.

O fato é que os leitores julgarão seu livro e não apenas isso; eles julgarão você com base na qualidade de seu livro. Esse é um daqueles fatos desagradáveis, mas verdadeiros, da vida. Todos nós dizemos "você não deve julgar um livro pela capa", mas todos nós fazemos isso. Quanto antes aceitar esse fato e depois se adaptar a ele, melhor será seu livro e, portanto, sua carreira.

Ao avaliar o custo, a métrica que um profissional deve usar é a qualidade. Como você pode obter alta qualidade a um baixo custo, NÃO como você pode obter o menor custo.

Para ajudar você a perceber isso, ao explicar cada etapa de publicação e o custo, classificarei as faixas de preço para cada nível: **Baixa qualidade, Aceitável, Alta qualidade, Melhor possível.**

Não é necessário pagar pelo Melhor possível todas as vezes, ou mesmo pela Alta qualidade. Às vezes, Aceitável é bom o suficiente. O segredo é saber onde e quando economizar dinheiro, e onde gastá-lo, para garantir que você obtenha o melhor uso para seu dinheiro.

UM COMENTÁRIO SOBRE O CUSTO DA ESCRITA

Tecnicamente, não é parte do processo editorial, mas é uma daquelas áreas que pode variar de grátis (sem contar com o custo de oportunidade, é claro) até seis dígitos.

A questão aqui é: se você precisa de ajuda e, se sim, que tipo de ajuda quer? Caso queira ghostwriting, isso vai variar de quarenta mil a cem mil dólares ou mais. Se você quiser um serviço mais parecido com o turn-key Scribe Professional, isso custa 36 mil dólares. Caso queira algo em que você faz a escrita, mas sob orientação profissional, temos um programa de autoria guiada que custa apenas 12 mil dólares.

Se quiser um coach de escrita, você pode buscar tais profissionais também, e eles variam de algumas centenas a dezenas de milhares. Há diversos livros que podem ajudá-lo e cursos on-line para fazer, todos com preços que variam de gratuitos a vários milhares. E, claro, você pode escrever por conta própria, sem a ajuda de ninguém.

De todos os aspectos da publicação de um livro, este é o mais difícil de se pagar por ser muito pessoal. Além disso, essa é uma área na qual o preço nem sempre é igual à qualidade. Vou deixar isso sem referência de preço, mas saiba que SEMPRE há um custo aqui, mesmo que seja apenas o custo de oportunidade do seu tempo.

- Baixa qualidade: não se aplica.
- Aceitável: não se aplica.
- Alta qualidade: não se aplica.
- Melhor possível: não se aplica.

CUSTO DE PUBLICAÇÃO: EDIÇÃO

É mais fácil precificar a edição do que a escrita, mas ainda não é tão simples como você pode imaginar. A questão não é apenas a diferença na qualidade dos editores; o problema está na grande variação dos diferentes tipos de edição.

Para o propósito dessa precificação, vamos supor que estamos falando de uma edição completa do conteúdo, que é o que a maioria dos autores precisa após escrever o rascunho de seu manuscrito.

- Baixa qualidade: menos de mil dólares.
- Aceitável: de dois mil a quatro mil dólares.
- Alta qualidade: de cinco mil a dez mil dólares.
- Melhor possível: 15 mil dólares ou mais.

CUSTO DE PUBLICAÇÃO: COPIDESQUE

É fácil encontrar serviços de copidesque que cobram pouco. O problema é que, se isso não for feito direito, você e seu livro parecerão terríveis. Quando as pessoas encontram erros gramaticais ou ortográficos em seu livro, elas literalmente pensam que você é estúpido. Isso é totalmente injusto e irracional, mas é verdade (pense nisso, você também comete essa injustiça com autores). Portanto, certifique-se de pagar o suficiente para garantir que o serviço seja feito de uma maneira satisfatória.

É por isso que recomendamos pelo menos DOIS profissionais diferentes para revisar seu trabalho. Os preços abaixo refletem apenas um, então duplique o que quer que seja que você use.

Os custos de copidesque são altamente variáveis, mas os valores abaixo refletem o total de pagamento por hora de um livro de 35 mil palavras.

- Baixa qualidade: trezentos dólares (vinte dólares por hora).
- Aceitável: 450 dólares (trinta dólares por hora).
- Alta qualidade: seiscentos dólares (quarenta dólares por hora).
- Melhor possível: 750 dólares (cinquenta dólares por hora).

CUSTO DE PUBLICAÇÃO: COPYWRITING

Isso é algo que os autores muitas vezes esquecem, mas é de importância crucial para fazer com que as pessoas comprem o livro. Uma grande parte da decisão de compra para os leitores é a descrição do livro.

- Baixa qualidade: de cinco a 25 dólares.
- Aceitável: de 25 a 75 dólares.
- Alta qualidade: de 75 a cem dólares.
- Melhor possível: de 150 a trezentos dólares.

CUSTO DE PUBLICAÇÃO: FOTO DO AUTOR

Outra coisa que, se a escolha for a mais barata, vai prejudicá-lo. Nosso desdobramento sobre a importância da foto do autor explica isso em profundidade, mas é simples e fácil de entender isso: as pessoas julgam você com base em sua aparência. Portanto, certifique-se de transmitir os sinais corretos.

- Baixa qualidade: de zero a 99 dólares.
- Aceitável: de cem a trezentos dólares.
- Alta qualidade: de 350 a mil dólares.
- Melhor possível: 1,5 mil dólares ou mais.

CUSTO DE PUBLICAÇÃO: CAPA DO LIVRO

Escrevemos extensivamente sobre como conseguir uma ótima capa de livro, e este será provavelmente o maior centro de custo que você precisa para publicar uma obra. Porém, novamente: as pessoas julgam um livro pela capa, portanto, você deve produzir uma boa.

- Baixa qualidade: de cem a 150 dólares.
- Aceitável: de duzentos a quinhentos dólares.
- Alta qualidade: de 750 a 1,5 mil dólares.
- Melhor possível: dois mil dólares ou mais.

CUSTO DE PUBLICAÇÃO: DIAGRAMAÇÃO

A diagramação do livro realmente só importa quando for feita da forma errada. Ninguém repara em uma boa diagramação (a menos que apresente um projeto gráfico incrível ou algo parecido). Então, você não precisa gastar muito aqui. Só é necessário não fazer da forma errada.

- Baixa qualidade: de zero a quinhentos dólares (o software Vellum está no meio desta faixa).
- Aceitável: de 750 a mil dólares.
- Alta qualidade: 1,5 mil dólares.
- Melhor possível: 2,5 mil dólares ou mais.

CUSTO DE PUBLICAÇÃO: IMPRESSÃO DE LIVROS (SOB DEMANDA/E-BOOK)

Há duas formas básicas de imprimir livros: impressão sob demanda ou impressão comercial offset.

Na impressão sob demanda, os custos de impressão dos pedidos são retirados dos royalties, de modo que não há custo de publicação antecipada.

Dessa forma, tudo o que você gasta depende do formato. O KDP não cobra nada para montar os livros encadernados e e-books. O IngramSpark cobra 49 dólares pela preparação física do livro (capa dura ou brochura) e 25 dólares pela preparação do e-book. A qualidade para o IngramSpark tende a ser aproximadamente a mesma do KDP.

- Baixa qualidade: não se aplica.
- Aceitável: zero e/ou de 25 a 74 dólares.
- Alta qualidade: não se aplica.
- Melhor possível: não se aplica.

CUSTO DE PUBLICAÇÃO: IMPRESSÃO DE LIVROS (OFFSET)

A impressão em offset significa basicamente livros de capa dura. Esse tipo de impressão é feita quando os livros não são impressos sob demanda, mas sim em grandes lotes, o que é necessário para capas duras de alta qualidade. Esses livros tendem a ser de maior qualidade, mas custam muito mais, por nenhuma outra razão além do fato de você estar pagando pela impressão do livro antes que ela seja concluída.

É quase impossível cotar um preço aqui sem saber a quantidade de livros que você encomendará. Por exemplo, mil livros normalmente custam entre cinco e sete dólares cada. Ao passo que, se você imprimir cinco mil, o preço unitário cai para cerca de três dólares, e para mais de dez mil unidades o preço unitário muitas vezes cai para menos de dois dólares.

Além disso, nem todos precisam de uma capa dura. Por essa razão, não podemos realmente incluir isso no custo de publicação, mas saiba que, se você quer livros de capa dura de alta qualidade, então terá que gastar mais com a impressão.

- Baixa qualidade: não se aplica.
- Aceitável: não se aplica.
- Alta qualidade: não se aplica.
- Melhor possível: não se aplica.

CUSTO DE PUBLICAÇÃO: ISBN

Os ISBNs são uma espécie de tormento. Para a maioria de nossos autores, há regalias em ter seu próprio ISBN (que fornecemos como parte do trabalho conosco, é claro).

O ISBN é o número de 13 dígitos acima do código de barras no verso de seu livro, que informa às livrarias e bibliotecas todas as informações importantes sobre ele.

Se você utiliza um ISBN gratuito designado a você pelo KDP ou IngramSpark, há desvantagens. Em primeiro lugar, seu livro parece mais autopublicado. Em segundo lugar, você limitará suas chances de uma livraria vender seu livro, pois muitas não aceitarão livros do KDP especialmente.

Você não precisa obter seu próprio ISBN, mas isso fará com que você pareça mais legítimo.

- Baixa qualidade: Grátis.
- Aceitável: de 85 a 99 dólares.
- Alta qualidade: 125 dólares.
- Melhor possível: 125 dólares.

CUSTO TOTAL DE PUBLICAÇÃO

- Baixa qualidade: em torno de dois mil dólares.
- Aceitável: em torno de cinco mil dólares.
- Alta qualidade: em torno de 13 mil dólares.
- Melhor possível: em torno de 18 mil dólares.

Mais uma vez, esse não é um verdadeiro custo total, porque a ajuda para escrever e a publicação de capa dura *não* estão inclusos. Porém, espero pelo menos ter ajudado você a entender qual é a faixa de preços que deve se atentar ao considerar os custos de publicação.

8.3

TUDO O QUE VOCÊ PRECISA SABER SOBRE A DISTRIBUIÇÃO DE LIVROS AUTOPUBLICADOS

Neste capítulo, apresentarei diferentes formatos de livros — e-book, brochura, capa dura e audiobook — e ajudarei você a decidir se deve utilizá-los, depois explorarei as opções para impressão e distribuição de cada versão.

COMO DISTRIBUIR SEU E-BOOK

O lugar mais fácil para começar é com um e-book porque ele não precisa ser impresso, então você fica apenas com a distribuição.

VOCÊ DEVE FAZER UM E-BOOK?

Sim, se possível. Não há quase nenhuma razão para não o fazer.

Quando os e-books surgiram, as pessoas disseram que eles seriam o fim dos livros impressos. Esse futuro não chegou e, de acordo com números recentes, parece estar ficando mais distante... dependendo da parte do quadro geral que você escolher olhar.

Um relatório mostrou que as vendas unitárias de e-books caíram de 180 milhões para 162 milhões de unidades de 2016 a 2017.[11] Outro relatório mostrou que as vendas de e-books caíram 4,7 por cento em 2017.

No entanto, esses números refletem apenas os e-books publicados tradicionalmente. O mercado de e-books independentes está prosperando, especialmente para gêneros como romance, ficção científica e fantasia.

É difícil saber o número total de vendas de e-books em comparação com os livros impressos, mas as estimativas apontam para cerca de 485 milhões de vendas de e-books para oitocentos milhões de vendas de livros impressos em 2017.

Seja lá o que esteja acontecendo com os números gerais de vendas, quase meio bilhão de vendas mostram que os leitores ainda adoram e-books. Se você tem a capacidade de criar uma versão de e-book de seu livro, essa é definitivamente uma opção que vale a pena.

Em resumo: sim, faça um e-book.

FATORES DE DISTRIBUIÇÃO DO E-BOOK

A Amazon representa 83 por cento das vendas de e-books nos EUA, então é obrigatória para autores que procuram distribuir seus e-books.[12] A única questão é se você deve distribuir somente na Amazon.

---

11 MILLIOT, J. E-Book Sales Fell 10% in 2017. , 25 abr. 2018. Disponível em: www.publishersweekly.com/pw/by-topic/digital/content-and-e-books/article/76706-e-book-sales-fell-10-in-2017.html. Acesso em: 17 set. 2019.

12 JENTETICS, K. Amazon's Ebook Market Share - Is It Big Enough? , 28 jan. 2019. Disponível em: publishdrive.com/amazon-ebook-market-share/. Acesso em: 20 fev. 2019.

Para o mercado norte-americano, 17 por cento das 485 milhões de vendas de e-books não é nada, especialmente se você estiver procurando alcançar o maior número possível de leitores.

Além disso, se você estiver procurando vender seu e-book internacionalmente, tenha em mente que outros varejistas detêm quotas de mercado significativas no exterior. O Kobo, por exemplo, está em alta no Canadá e no Japão.

Você pode conseguir isso apenas vendendo seu e-book na Amazon, milhões de autores fazem isso, mas ela não deve ser seu único ponto de venda se você tiver ambições para seu livro.

Em resumo: distribua em todas as plataformas de e-book.

COMO DISTRIBUIR SEU E-BOOK

Para vender seu e-book estritamente na Amazon, carregue-o pelo Kindle Direct Publishing, ou KDP. (A Amazon fornece instruções para fazer isso em seu programa KDP Jumpstart).

É gratuito configurar um título de e-book no KDP. Você precisará de arquivos finais de livros que satisfaçam suas diretrizes de qualidade e conteúdo, mas, presumindo que você trabalhou com editores e designers profissionais que entendem de diagramação e design de capas, seus arquivos finais devem ser aceitos.

Para vender seu e-book em qualquer outro lugar — Google Play, Apple Books, Nook, Kobo, entre outros — você tem algumas opções. BookBaby.com é o que usamos para autores da Scribe e permite distribuir seu livro para todos os principais pontos de venda. Há outras opções, como Smashwords e Draft2Digital, que você pode usar para atingir o mesmo objetivo.

No BookBaby, o custo para configurar um e-book depende de quantos gráficos estão no livro. Um upload típico custa 249 dólares. Cada gráfico gera cerca de dois dólares de custo adicional.

Em resumo: use o KDP e plataformas de terceiros para distribuir seu livro em qualquer lugar.

COMO DISTRIBUIR SEU LIVRO EM BROCHURA

VOCÊ DEVE FAZER UM LIVRO EM BROCHURA?

Apesar da proliferação de e-books, a maior parte das vendas ainda é de livros físicos.[13]

A maioria dos autores deve imprimir em brochura, já que a impressão sob demanda tornou tão fácil e barata a distribuição de exemplares de alta qualidade de seu livro. Às vezes, os autores apenas produzem livros de capa dura para exclusividade e para garantir que os leitores obtenham apenas a versão de alta qualidade de seu livro. Mas, para a grande maioria dos autores, um livro em brochura faz sentido como uma maneira fácil de obter exemplares físicos de sua obra para os leitores.

Em resumo: sim.

FATORES NA DISTRIBUIÇÃO DE LIVROS EM BROCHURA

Caso queira vender um livro em brochura, a grande pergunta é: como você imprimirá seu livro?

Suas opções são impressão sob demanda e impressão offset.

Com a impressão sob demanda, seus livros são impressos conforme são pedidos, e custa cerca de quatro dólares por livro.

13 PARKER, O. Print Books vs. e-Books - an Update. , 16 mar. 2018. Disponível em: graphicartsmag.com/articles/2018/03/print-books-vs-e-books-update/.

Com a impressão offset, você imprime grandes lotes de livros, armazena-os e atende a pedidos enquanto a Amazon lhe envia ordens de compra. Gráficas como Bang e Thomson Reuters armazenarão os livros para você.

Com a impressão offset, quanto mais livros você encomenda, mais barato se torna cada exemplar. Para livros entre 150 e 350 páginas, o preço muitas vezes funciona assim:

- Mil exemplares: em torno de três dólares.
- Dois mil exemplares: em torno de dois dólares.
- Cinco mil exemplares: em torno de 1,35 dólar.
- Dez mil exemplares: em torno de 1,15 dólar.

Se você sabe que venderá milhares de exemplares de seu livro, talvez seja um palestrante profissional ou tenha uma enorme lista de e-mail, a impressão offset pode ser uma boa opção.

Para a maioria dos autores, a impressão sob demanda faz muito mais sentido. Não há custos iniciais (além de taxas de configuração), você não precisa gerenciar os pedidos e não fica com um depósito cheio de livros se quiser alterar o conteúdo após imprimir cinco mil exemplares.

Em resumo: a maioria dos autores deve imprimir sob demanda.

COMO DISTRIBUIR SEU LIVRO EM BROCHURA

A outra metade da equação é como sua escolha de impressão afeta a distribuição. Vamos começar com as duas opções de distribuição para impressão sob demanda, já que essa é a opção que a maioria dos autores utiliza:

1. Suba seu livro para o KDP para vender livros em brochura sob demanda na Amazon (configuração gratuita).

2. Suba seu livro para o IngramSpark para vender livros em brochura sob demanda em qualquer outro lugar (custo de configuração: 49 dólares).

O KDP faz a distribuição de livros em brochura fora da Amazon (se você se registrar para a opção Distribuição Expandida), mas o IngramSpark faz um trabalho mais eficaz na distribuição para um número maior de varejistas.

(A maioria dos autores deve fazer ambos, mas tenha em mente que, se fizer o upload no IngramSpark, além do KDP, certifique-se de NÃO selecionar a Amazon como varejista durante o processo. Você acabará com uma listagem duplicada da Amazon, ambas as quais serão puxadas para baixo.)

Agora vamos falar sobre a distribuição de um livro em brochura usando impressão offset.

Para vender na Amazon, você precisará solicitar uma conta no Amazon Advantage. Caso seja aprovado, a conta custa 99 dólares por ano e oferece 45 por cento de royalties aos autores.

Você receberá pedidos de compra da Amazon com base nas estimativas da empresa para o próximo volume de vendas e enviará esses pedidos diretamente ao depósito da Amazon. A partir daí, a Amazon atenderá a pedidos individuais dos leitores.

A distribuição além da Amazon será quase impossível como autor independente.

O IngramSpark faz a distribuição de livros em brochura impressos sob demanda para livrarias, o que significa que as livrarias podem comprar seu livro, mas a verdade é que a maioria delas não faz isso. Em nossa opinião, isso não importa.

Para ter exposição na maioria das livrarias, você precisa de um representante de vendas que vá à loja para convencê-los a estocar seu livro. No entanto, é muito difícil fazer isso sem o suporte de uma editora tradicional, que vem com sua própria longa lista de consequências negativas.

Em resumo: para distribuição limitada, mas com fácil distribuição de livros em brochura, use o KDP.

COMO DISTRIBUIR SEU LIVRO DE CAPA DURA

VOCÊ DEVE FAZER UM LIVRO DE CAPA DURA?

A maioria dos autores não precisa de um livro de capa dura. Para aqueles que precisam, é por uma ou mais destas razões:

- Eles querem exemplares especiais para presentear amigos, família ou clientes.
- Como um impresso de maior qualidade, um livro de capa dura é mais adequado para sua marca.
- Eles sabem que venderão milhares de exemplares e querem maximizar a receita.

Se você quer que seu livro seja visto como de maior qualidade aos olhos dos leitores, ou que as pessoas paguem mais por ele, faz sentido produzi-lo com capa dura.

Em resumo: você provavelmente não precisa de um livro de capa dura (mas alguns autores precisam).

FATORES DE DISTRIBUIÇÃO DE LIVROS DE CAPA DURA

Assim como com os livros em brochura, suas opções de impressão para livros de capa dura são: impressão sob demanda ou impressão offset.

No entanto, o KDP não oferece uma opção sob demanda para livros de capa dura. Sua única opção para livros de capa dura sob demanda é usar o IngramSpark, que vem com um problema ocasional: alguns livros de capa dura podem aparecer como "fora de estoque" durante semanas na Amazon quando montados pelo IngramSpark.

Custando mais de dez dólares por exemplar, os livros de capa dura impressos sob demanda também são caros.

A impressão em offset pode ser muito mais barata por exemplar, mais uma vez presumindo que você saiba que pedirá milhares de exemplares.

Segue uma relação aproximada para impressão offset para livros de capa dura entre 150 e 350 páginas:

- Mil exemplares: em torno de cinco dólares.
- Dois mil exemplares: em torno de 3,50 dólares.
- Cinco mil exemplares: em torno de 2,50 dólares.
- Dez mil exemplares: em torno de dois dólares.

A maioria dos autores com os quais trabalhamos faz livros de capa dura impressos em offset. Contudo, se você quer capas duras e não precisa de muitos exemplares, o IngramSpark é a melhor aposta.

Em resumo: dependendo da quantidade, qualquer opção pode ser a melhor.

COMO DISTRIBUIR SEU LIVRO DE CAPA DURA

Configure seu livro de capa dura com impressão sob demanda com o IngramSpark para vender pela Amazon.

Como os livros em brochura, o IngramSpark também distribuirá seu livro a outros grandes varejistas. Ele estará à venda em todas as plataformas on-line. Porém, mais uma vez, não espere que seu livro chegue às livrarias.

Caso escolha a impressão offset, vale o mesmo que foi discutido antes: você precisa do Amazon Advantage.

Em resumo: depende do método de impressão que você escolher.

8.4

COMO ESCREVER UMA PROPOSTA DE LIVRO DE NÃO FICÇÃO (COM MODELO)

Se você vai se autopublicar (como provavelmente deveria), então não leia este capítulo. Se estiver determinado a fazer com que seu livro seja escolhido por uma editora tradicional, este capítulo lhe mostrará o próximo passo.

Para aqueles autores que podem conseguir fechar um contrato de publicação tradicional, eles ainda precisam escrever o que é chamado de "proposta de livro" antes de poderem levar seu livro a uma editora tradicional para tentar um acordo.

Se você é um desses autores que ainda pode conseguir fechar um contrato e quer ir atrás disso, então este capítulo é para você. O que eu farei aqui é mostrar o que é uma proposta de livro, para que ela serve e como estruturá-la.

Quero apenas adverti-lo:

As propostas de livros são uma forma de escrita muito incomum, diferente de qualquer outra coisa que você fará em sua vida.

Elas são contraintuitivas. São ilógicas. E são, sinceramente, uma dor de cabeça para quem escreve.

Sei disso porque já escrevi mais de vinte propostas de livros que foram oferecidas a editoras e este capítulo lhe mostra exatamente como escrever a sua (se fizer sentido para você).

O QUE É UMA PROPOSTA DE LIVRO?

Pense em uma proposta de livro como um plano de negócios para seu livro. Ela tem um propósito: convencer uma editora tradicional a lhe remunerar para escrever o livro.

Quando você se autopublica, não precisa escrever uma proposta de livro. Para publicar com editoras tradicionais, está na verdade pedindo que elas invistam muito dinheiro em seu livro e uma proposta de livro é o documento que as convencerá a fazer isso.

Caso escreva uma excelente proposta — uma que convença a editora de que sua ideia de livro, conteúdo e plano de marketing têm sérias chances de sucesso comercial — a editora fará uma oferta monetária para você como um adiantamento contra royalties e comprará os direitos de publicação do livro (e será proprietária do livro e dos lucros também).

POR QUE AS EDITORAS QUEREM PROPOSTAS DE LIVROS?

A pergunta mais comum que recebo de novos autores é: "Não posso simplesmente escrever o livro primeiro? As editoras não querem apenas ver o livro?"

Essa é uma pergunta muito lógica. Em teoria, faria todo o sentido fazer isso.

Entretanto, na prática, não funciona assim. Apresentar um livro de não ficção já escrito como proposta é uma ótima maneira de quase garantir que você ***não*** conseguirá fechar um contrato de publicação.

É absolutamente assim que o sistema funciona. Não tente usar a razão ou a lógica para argumentar que seria melhor de outra forma. A lógica não importa quando se fala de como as pessoas realmente fazem as coisas. Embora, nesse caso, exista uma lógica, a maioria das pessoas simplesmente não consegue compreendê-la.

Por que é assim? Se você entender estas duas coisas, o formato da proposta de livro fará todo sentido:

1. REDUZIR O RISCO DAS EDITORAS AO MOSTRAR QUE VOCÊ VENDERÁ EXEMPLARES

Essa é a primeira coisa que todas as editoras tradicionais querem ver em uma proposta: uma prova de que você tem um plano claro e definitivo para vender vários exemplares do seu livro.

Por favor, não se vitimize pensando que as editoras conseguem vender livros. Elas não conseguem. Na realidade, editoras tradicionais são péssimas na venda de livros. Eu sei, parece uma loucura, mas é verdade. Elas são muito boas em vender livros para livrarias, mas não para leitores.

Editoras tradicionais querem uma proposta porque querem saber se você é capaz de fazer o trabalho que elas não conseguem (discutirei isso mais adiante, quando falarmos sobre planos de marketing).

2. SINALIZAR QUE VOCÊ ENTENDE DE PUBLICAÇÃO TRADICIONAL E MÍDIA

A irracionalidade de uma proposta de livro é na verdade uma característica, não um defeito. Perceba, por ser um processo tão incomum, que requer que uma pessoa entenda todas as intrincadas regras implícitas de um sistema "irracional", ele age como um mecanismo de filtragem.

As editoras tradicionais podem olhar uma proposta e saber, em um instante, se o formato "certo" foi seguido. Se não for, elas sabem que provavelmente deveriam desconsiderar a proposta, porque o autor não tem as conexões sociais certas para ter alguém "com conhecimento" que ensine a forma "certa" de propor um livro.

De fato, se o autor não consegue descobrir o processo das editoras, na lógica delas, ele não é a pessoa certa para publicar com uma editora tradicional.

Percebeu o que não esteve presente em toda a discussão?

A qualidade da ideia do livro.

Não estou dizendo que a ideia do livro não importa. Em algumas editoras, ideias de livros ainda importam muito. Em outras, nem tanto.

O que importa para todos os editores em editoras tradicionais é a venda. Eles estão sob intensa pressão para produzir resultados — o que, para eles, é a venda de livros. Isso significa que precisam saber se *você e seu livro conseguem vender exemplares* (para que não percam o emprego).

O objetivo de uma proposta é mostrar que você pode vender exemplares e que entende como funcionam os processos tradicionais de publicação de livros para que você seja um autor "seguro" para ser publicado.

Como eu disse, há uma lógica por trás disso. Só não é uma lógica evidente à primeira vista.

COMO ESTRUTURAR UMA PROPOSTA DE LIVRO

Cada proposta deve ter um conjunto-padrão de seções e depois há algumas que são opcionais. Começarei com as "obrigatórias" e depois explicarei as "opcionais".

SEÇÕES OBRIGATÓRIAS

1. VISÃO GERAL

Para a maioria dos editores de aquisição, essa é uma parte muito importante da proposta. Essa é a seção onde você expõe a ideia básica do livro e discute por que as pessoas vão querer comprá-lo.

O maior erro que os autores cometem nessa seção é falar muito sobre a ideia do livro, por que eles querem escrevê-lo ou por que acham que as pessoas deveriam querer lê-lo. Mais uma vez, essa parece ser a coisa lógica a ser feita aqui, mas não é a abordagem ideal.

A visão geral deve se concentrar apenas no conteúdo do livro e de forma que seja o suficiente para que o editor entenda o que o livro dirá.

Caso queira falar muito sobre o conteúdo, tudo bem, mas você deve falar sobre isso apenas em relação às necessidades, problemas e desejos de seu público.

Em suma, o editor não se importa com sua ideia, ou mesmo com seu livro. Ele só se importa com você, sua ideia ou seu livro *em relação ao problema que ele resolve para os leitores e, assim, seu potencial comercial.*

Portanto, seu livro precisa responder às perguntas na mente do editor:

- Por que as pessoas se importarão com o que você tem a dizer?
- Por que alguém se importaria com este livro?
- Qual necessidade ele atende?
- Qual é o problema que o livro resolve?

- Em última análise, por que as pessoas vão querer comprá-lo?

Pense na visão geral como uma carta de vendas. Você está vendendo ao editor uma ideia de que há muitas pessoas que têm um problema urgente que seu livro resolverá e que elas verão seu livro como a solução para esse problema.

2. SOBRE O AUTOR

O erro que os autores cometem aqui é vangloriar-se ou falar demais de si mesmos. Mais uma vez, parece natural falar de si mesmo na seção Sobre o Autor, mas isso está errado.

Tudo o que você diz sobre si mesmo deve ser enquadrado a partir da perspectiva de *por que você é a pessoa perfeita para escrever o livro para seu público.*

Então, sim, você falará muito sobre si mesmo, mas somente no contexto do livro. Provavelmente pode ignorar as coisas que fez em sua vida que não têm nada a ver com o livro (a menos que sejam realmente impressionantes, como ganhar uma medalha olímpica).

Esse não é um lugar para se enaltecer ou continuar a se vangloriar desnecessariamente. Isso envia um sinal negativo para o editor, pode parecer que você não dedica tempo suficiente se preocupando com o leitor e as necessidades dele.

3. PLANO DE MARKETING

Essa é a seção que garante ou impossibilita quase todas as propostas de livros. Deixe-me explicar o pequeno segredinho sobre o porquê de essa seção — que não costumava ser muito importante há trinta ou quarenta anos — ter se tornado tão crucial para as propostas de livros:

As editoras tradicionais não sabem como vender livros aos leitores e agora contam com o autor para realizar essa tarefa crucial.

Por isso o plano de marketing é tão importante.

O problema é que as editoras tradicionais passaram cem anos com um cliente: as livrarias. Mas o mundo mudou, e elas não mudaram com ele.

Nenhuma editora tradicional (com algumas notáveis exceções, como a Hay House, a Rodale e algumas outras) tem qualquer capacidade de vender diretamente a seus leitores. Elas não têm listas de e-mail significativas, seguidores engajados ou um grupo de pessoas que esperam ansiosamente comprar os livros que as editoras publicam.

Por causa disso, os editores que trabalham em editoras tradicionais estão em uma situação difícil. Eles precisam contar com o autor para ter um público que espera comprar seu livro.

O editor coloca sua reputação e emprego em jogo toda vez que faz uma oferta a um autor. Se os editores fecharem contratos com muitos autores cujos livros vendem bem, eles serão respeitados e manterão seus empregos a salvo. Se não fecharem contratos, acontecerá o contrário.

Antes da internet e da Amazon, os editores costumavam investir menores quantidades de dinheiro em muitos autores e ver quem poderia desenvolver um público de forma orgânica. Isso porque havia pouca competição na publicação de livros, então era fácil ganhar dinheiro.

Contudo, uma vez que qualquer um hoje pode se autopublicar e todos têm acesso a todos os livros já publicados, o jogo virou. As editoras tradicionais viram a maior parte de seus lucros fáceis serem desviados e foram forçadas a reduzir suas publicações e a se concentrar apenas nos livros de "grande sucesso".

Para você, isso significa que:

> ***Sua proposta de livro deve convencer o editor e a editora tradicional de que você tem dezenas de milhares de pessoas ansiosas para comprar seu livro.***

Muitos autores cometem o erro de tentar argumentar que o mercado potencial para o livro é imenso. Isso pode até ser verdade, mas não é assim que os editores olham para ele. Sem uma plataforma estabelecida, e sem um conjunto confirmado de leitores ansiosos para comprar o livro, o risco para uma editora tradicional é geralmente muito alto.

Não sou o único a afirmar isso. O agente literário Byrd Leavell diz o seguinte (ele já trabalhou com vários autores best-seller do New York Times que venderam dezenas de milhões de livros):

> As editoras não compram nada que não venha com um público já estabelecido que compre o livro. Elas não correm mais riscos, não apostam nos autores e só querem coisas certas. Eu nem mesmo trago um autor a editoras a menos que ele tenha um público que garanta 25 mil pré-vendas de exemplares.

É por isso que, na minha lista de quem pode conseguir fechar um contrato com uma editora tradicional, tenho certeza de que somente um grupo seleto de pessoas consegue:

- Pessoas famosas, como celebridades/atletas/músicos.
- Empresários e políticos bem conhecidos (às vezes).
- Pessoas com um público ansioso para comprar seu livro.
- Livros temáticos que abordam um tema específico em um momento específico (como livros sobre Trump durante seu mandato presidencial).

Então o que, exatamente, você deve colocar na seção de marketing? Eis o que o editor procura e o que você verá nos exemplos que eu apresentarei posteriormente:

- Todas as métricas sobre seu público. Quão grande é sua lista de e-mails, quantos seguidores em mídias sociais você tem, quão grande é seu canal no YouTube, que outras formas de mídia própria você tem etc.
- Sua presença conquistada nos meios de comunicação. Onde você escreve ou recebe cobertura regular, como isso interagirá com o livro, qual é o seu plano para usar a mídia tradicional etc.
- Aparições e palestras públicas, incluindo sua próxima palestra, quantos exemplares você planeja vender por meio de palestras ou aparições, ou qualquer coisa do gênero.
- Organizações e associações a que você pertence e como elas pretendem lhe apoiar.
- Sua rede e como você planeja utilizá-la. Suas amizades, como elas se comprometeram a ajudá-lo, que organizações o apoiam, o que farão com o livro etc.
- Opcional, mas importante: se publicou um livro antes e ele vendeu bem, coloque esses números aqui. Se publicou um livro que não vendeu bem, então explique por que isso aconteceu.

4. DESCRIÇÃO DOS CAPÍTULOS/ESBOÇO

Isso é muito simples. Você deve criar um Sumário para seu livro, com uma rápida descrição do que estará presente em cada capítulo.

O importante aqui é mostrar como sua ideia de livro flui do começo ao fim.

O grande erro que a maioria dos autores comete aqui é se aprofundar em explicações sobre o que estará em cada capítulo. Não faça isso. Lembre-se, esse NÃO é um documento informativo, é um documento de vendas.

Você quer que cada descrição de capítulo seja interessante e comprometida por si só. Esse não é o Sumário que estará em seu livro. As descrições dos capítulos devem ser divertidas de ler, cheias de aberturas, perguntas envolventes, resumos interessantes e afirmações.

5. AMOSTRA DE CAPÍTULO

Essa é uma parte muito importante na maioria das propostas de livros, mas a importância varia. Quanto melhor seu plano de marketing, menos isso importa.

Dito isso, dê sempre a si mesmo a melhor chance, escrevendo o capítulo mais envolvente. Por qual você acha que o editor e os leitores se interessarão mais? Coloque-o aqui.

SEÇÕES OPCIONAIS

LINKS DA MÍDIA

Os links da mídia também devem ser colocados aqui: uma lista de quaisquer menções significativas em meios de comunicação que você tenha recebido. Não inclua menções de pouca importância (posts em blogs, publicações desconhecidas etc.), que podem realmente funcionar contra você, fazendo seu trabalho parecer pouco expressivo — inclua apenas as mais significativas.

TÍTULOS COMPARÁVEIS

Nem todos os editores consideram isso opcional, mas já consegui muitos contratos de publicação sem essa seção. Essa é uma seção que pode ajudar muito se seu livro tiver um ângulo incomum ou um posicionamento diferente. Os editores são como ovelhas, todos eles querem seguir um líder. Então, se seu livro não apresenta um posicionamento óbvio, apresente a eles vários exemplos de livros exatamente como o seu que tiveram sucesso.

ELOGIOS ANTECIPADOS/CITAÇÕES DE INFLUENCIADORES

Só use isso se você tiver algumas citações realmente boas aqui. Essa seção é perfeita se você for uma daquelas pessoas que tem diversos amigos famosos e notórios dispostos a ajudar, mas ninguém no público em geral sabe quem você é. Caso contrário, pode pular isso.

PÚBLICO-ALVO

A melhor maneira de falar sobre o público-alvo está na narrativa da visão geral ou no plano de marketing.

Dito isso, vejo muitas propostas de livros com isso incluso. Não acho que importe, mas obviamente alguns agentes literários acham que sim. Inclua se você quiser, mas eu nunca fiz isso.

EXEMPLOS DE PROPOSTAS DE LIVROS QUE TIVERAM ÊXITO

Se você procurar na internet, terá muita dificuldade para encontrar propostas reais de livros. Não sei por que as pessoas não as publicam, mas isso remete ao que eu falei a respeito do elitismo na publicação de livros.

No link a seguir, são apresentados alguns exemplos de propostas reais de livros que realmente foram submetidas a editoras. Como você poderá ver, nem todas são iguais e algumas até violam as regras que eu apresentei. Como disse, isso é algo fluido com muitas regras "implícitas" e, em espaços como esse, você pode violar essas regras às vezes, e em certos casos, mas geralmente não dá muito certo.

Para ver exemplos e modelos, acesse: https://scribewriting.com/book-proposal-template [conteúdo em inglês].

CONCLUSÃO

PUBLIQUE SEU LIVRO

"Aquele que tem cem quilômetros para andar deve contar noventa deles como metade da jornada."

— AWA KENZO

Meu pior medo é que você leia este livro, diga a si mesmo: *Nossa, foi ótimo, agora eu sei tudo o que preciso para começar e terminar"* e depois não faça nada.

Tudo neste livro funciona. Ele foi testado com milhares de autores em seus livros, muitos deles grandes best-sellers que você já leu.

Não espere.

Você leu este livro porque tem algo a dizer para o mundo.

Contudo, se você não escrever e contar isso em um livro e apresentá-lo para o mundo, então ninguém poderá ouvi-lo nem poderá se beneficiar do seu conhecimento e sabedoria compartilhados. Não haverá impacto nem legado.

Essa é a questão.

Se você estiver realmente perdido, ou apenas precisar de alguma ajuda que não esteja no livro, pode me enviar um e-mail diretamente: tucker@scribemedia.com.

Fico sempre feliz em ajudar qualquer pessoa a escrever o próprio livro.

PARTE 9

MATERIAL DE REFERÊNCIA

9.1

EXPECTATIVAS REALISTAS E IRREALISTAS PARA UM LIVRO

Um dos problemas mais comuns que percebemos de autores são as expectativas irreais sobre o que um livro oferecerá a eles.

Diversos autores fantasiam sobre seus livros, e essas fantasias os levam a tomar más decisões sobre a obra. Um livro é uma coisa maravilhosa e pode ajudar imensamente tanto você quanto seus leitores, mas isso não dá certo a menos que tenha expectativas realistas sobre o que ele pode proporcionar.

Apresentarei as expectativas irreais mais comuns que os autores têm. Depois, explicarei as expectativas realistas para um livro de não ficção.

EXPECTATIVA IRREAL Nº 1: "MEU LIVRO VENDERÁ MILHÕES DE EXEMPLARES!"

A primeira fantasia que os autores costumam ter é quanto à venda de livros. Alguns realmente pensam que seu livro venderá milhões de exemplares.

Isso é profundamente irreal. Vejamos alguns números:

- De acordo com as melhores estimativas, em média, livros de não ficção vendem hoje menos de 250 exemplares por ano e menos de dois mil exemplares ao longo de sua vida útil.
- A concorrência pelas vendas é acirrada. A Bowker estima que, em 2015, foram publicados cerca de um milhão de livros novos (ou seja, o total de livros, não apenas obras de não ficção).
- Outras estimativas colocam o número em cerca de trezentos mil livros publicados — só nos Estados Unidos.[14]
- Isso se soma aos mais de 13 milhões de livros já impressos (novamente, todos os tipos de livros).
- Há uma grande oferta, mas não um grande mercado. O mercado total de vendas de livros de não ficção foi de apenas 256 milhões de exemplares impressos vendidos em 2013 nos Estados Unidos. Isso inclui todas as categorias de não ficção para adultos combinadas. Tal fator representa um pouco menos de um livro por pessoa vendido nos Estados Unidos.
- Segundo o BookScan, apenas cerca de 250 livros por ano chegam a cem mil exemplares vendidos.[15]
- A quantidade de livros que vendem um milhão por ano é ainda menor, provavelmente cerca de vinte (e quase todos eles são de ficção).
- A lista de livros que venderam dez milhões de exemplares na história é tão pequena que existe uma página da Wikipédia sobre eles.

---

14 Books Published per Country per Year. . Disponível em: en.wikipedia.org/wiki/Books_published_per_
country_per_year. Acesso em: 14 set. 2019.

15 KREMER, J. Books: How many people (each year) write a book that gets 100,000 copies sold? , 24 ago. 2015. Disponível em: www.quora.com/Books/Books-How-many-people-each-year-write-a-book-that-gets-100-000-copies-sold.

Os fatos são claros: poucos livros vendem várias cópias. A realidade é que vender até mesmo dez mil exemplares de um livro de não ficção é ótimo, e você deve ficar muito feliz.

Para a maioria dos autores de não ficção, o retorno sobre o tempo investido é horrível se você o medir apenas em termos do valor esperado da venda de livros. É basicamente a mesma coisa que dizer que sua estratégia de aposentadoria é "jogar na loteria". Na verdade, suas chances de ganhar na loteria são maiores do que vender um milhão de exemplares de seu livro.

O que é ainda pior, mesmo que venda um número decente de exemplares, não pode cobrar o suficiente para que os livros gerem boas receitas. O valor mais alto que você pode cobrar por um livro é geralmente cerca de 25 dólares, mais ou menos. Mesmo o melhor livro já escrito, se o preço for mais alto do que isso, não será comprado. As pessoas têm um limite baixo no valor percebido dos livros.

Há apenas um grupo de pessoas que deve se concentrar no número de exemplares que vendem: escritores profissionais (romancistas, escritores de ficção etc.). Eles precisam se preocupar em vender exemplares de livros, pois a ***venda de livros é sua principal fonte de renda!*** Eles não têm mais nada a vender, a não ser um exemplar do livro.

Entretanto, isso não se aplica para a maioria dos autores.

EXPECTATIVA REALISTA: "MEU LIVRO PODE ME FAZER LUCRAR DE MUITAS MANEIRAS DIFERENTES."

A boa notícia é que um livro pode fazer você ganhar dinheiro, se olhar para ele por uma perspectiva diferente. É assim que a maioria de nossos autores olha para os livros:

Um livro é uma ferramenta de marketing polivalente com a capacidade especial de criar autoridade e visibilidade que os autores podem transformar em lucro.

Para empreendedores, consultores, profissionais e outros empresários, o próprio livro cria credibilidade e autoridade. Esses são os meios de gerar outras oportunidades maiores que podem ser muito lucrativas.

Por exemplo, se você é um consultor e tem uma habilidade ou conhecimento que é muito valioso para as pessoas, a melhor maneira de conseguir mais clientes e cobrar mais dinheiro é escrever um livro sobre o que você sabe. Isso o estabelece como uma autoridade e lhe dá credibilidade, além de lhe fornecer um *pipeline* consistente de pessoas que procuram o tipo exato de habilidade e experiência que você oferece.

Por exemplo, você também pode usar um livro para conseguir clientes ou palestras pagas, promover sua empresa, levantar dinheiro para um fundo ou lançar uma marca. Há dezenas de exemplos de maneiras de usar um livro para ganhar dinheiro aqui.

EXPECTATIVA IRREAL Nº 2: "MEU LIVRO SERÁ UM BEST-SELLER DO *NEW YORK TIMES*!"

A lista de best-sellers do *New York Times* é a de maior prestígio (embora por razões duvidosas). Em geral, é preciso vender cerca de dez mil livros na primeira semana para ter certeza de que você entrará nela.

O que a maioria das pessoas não entende é que a lista de best-sellers é, em termos simples, um esquema. A única maneira de entrar na lista é ter um livro publicado tradicionalmente e, então, ter um grande público pré-existente (para vender organicamente tantos exemplares), ou fazer o que a maioria dos autores faz e "trapacear", comprando seus próprios livros por meio de livrarias para fazer parecer que seu livro é mais popular do que ele é.

Isso não é impossível. Pode acontecer e acontece. Tivemos até alguns autores com quem trabalhamos que fizeram isso. No entanto, atingir a lista de best-sellers do *New York Times* é custoso, demorado e exige uma quantidade imensa de trabalho árduo.

A pior parte de aparecer em uma lista de best-sellers é que isso não lhe gera muito retorno.

Assim como ter a fala "Estes pretzels me deixam com sede" em um pequeno filme indie não vai torná-lo famoso, ter um livro que fica uma semana na lista de best-sellers do *New York Times* não significa que você é famoso. Isso mal lhe gera atenção.

Segue um jogo divertido que mostra isso:

- Quais são seus três livros favoritos?
- Algum desses livros foi best-seller?

Quando pergunto isso às pessoas, geralmente há um silêncio incômodo. Depois, vem a resposta inevitável: "Uau. Na verdade… não tenho ideia."

EXPECTATIVA REALISTA: "UM LIVRO ME TRARÁ AUTORIDADE E CREDIBILIDADE EM MEU NICHO."

Muita gente gosta de dizer que "o livro é o novo cartão de visita".

Eu discordo. Você pode ir ao Office Depot e conseguir cartões de visita, mas não pode ir ao Office Depot e escrever um livro.

O que eu gosto de dizer é que "o livro é o novo diploma universitário".

Há cerca de quarenta anos, apenas cerca de 15 por cento das pessoas tinham diplomas universitários. Se você tivesse um, era um sinal importante de credibilidade e autoridade. Significava algo.

Porém, agora que mais de setenta por cento das pessoas vão à faculdade, um diploma universitário não dá tanta credibilidade, porque todos têm um. Mas um livro é uma credencial confiável e significativa. Por quê?

Porque é difícil escrever e publicar um livro — especialmente um bom livro.

É fácil escrever um livro ruim. Você pode até mesmo pagar alguém para escrever um livro razoável para você. Mas não se pode falsificar seu caminho para um bom livro. Ou você sabe do que está falando ou não sabe, ou seu livro é profissional ou não é.

Um livro dá às pessoas a oportunidade de ver seu conhecimento e avaliá-lo. Um livro mostra que você pode se comprometer com algo e seguir em frente. Ele mostra que você consegue realizar feitos difíceis e prestigiosos, que exigem muitas habilidades.

Sim, pedir para ser julgado com base em seu livro é arriscado, mas é por isso que você recebe tanto crédito por uma boa obra. Um livro o coloca em um lugar que a maioria das pessoas não está disposta a ir — ser julgado — e normalmente exige muito trabalho.

É daí que vem a credibilidade e a autoridade: bem como a dificuldade de conseguir isso.

EXPECTATIVA IRREAL Nº 3: “UM LIVRO ME TORNARÁ FAMOSO.”

Muitas pessoas querem ser famosas e pensam que um livro lhes dará fama.

Não dará.

Em primeiro lugar, há poucos autores famosos. Comece nomeando autores famosos e você perceberá rapidamente que oitenta por cento ou mais de sua lista estão mortos (Hemingway, Twain, Lee, Tolkien etc.).

As outras pessoas que você nomear serão famosas por outra coisa e você provavelmente leu o livro delas por causa de sua fama em outra área.

Os escritores simplesmente não são mais celebridades nos Estados Unidos. Na verdade, na maioria dos casos, os indivíduos ficam famosos por outra coisa primeiro, depois escrevem um livro que se torna um best-seller.

Ser famoso é geralmente o *motivo pelo qual o livro deles vende*; eles não ficam famosos por conta de seus livros.

Na verdade, existem apenas cerca de 15, talvez vinte pessoas vivas, que são famosas apenas por escrever (e nada mais). Malcolm Gladwell é uma delas. J. K. Rowling é outra. Você provavelmente pode nomear mais algumas.

Não mais do que dez. Definitivamente, não mais do que vinte.

Há muitas pessoas famosas nos EUA, mas praticamente todas elas ficaram famosas de alguma outra forma além de escrever livros.

EXPECTATIVA REALISTA: "UM LIVRO AUMENTARÁ MINHA VISIBILIDADE E ME AJUDARÁ A ATRAIR A ATENÇÃO DA MÍDIA."

Um livro por si só não o tornará famoso. Mas isso não quer dizer que ele não o ajudará a se tornar mais conhecido. Ele pode e irá.

Pense nisso: quando um meio de comunicação quer uma opinião sobre algo, a quem eles recorrem? A especialistas, certo? E como eles sabem que alguém é um especialista?

Porque especialistas escreveram um livro. Uma vez que você escreveu um livro, torna-se dez vezes mais fácil receber atenção da mídia.

Isso vai além dos livros. "Ter um livro novo" é um requisito obrigatório para os guardiões da informação que controlam o acesso às áreas de debate público que você mais deseja entrar: salas de conferência, estúdios de televisão, podcasts, salas de reunião, portais de imprensa, eventos especiais, mente das pessoas.

Larry King não diz: "Meu próximo convidado acaba de publicar um vídeo de gatinhos."

Quantas pessoas em sua área você já viu receber muita atenção simplesmente porque escreveram um livro? Mesmo que você soubesse mais do que elas, elas receberam a atenção que você não recebeu só por causa do livro.

Se você quer atenção da mídia e visibilidade em sua área, ser a autoridade e o especialista é fundamental. E, caso queira construir uma grande marca ou plataforma, um livro por si só não lhe garantirá isso, mas é uma grande parte de uma campanha maior que definitivamente fará dar certo.

EXPECTATIVA IRREAL Nº 4: "ESTE LIVRO TRANSFORMARÁ MINHA VIDA."

Seres humanos têm muitas fantasias sobre o que um livro fará por eles e quase todas elas não acontecerão. Penso que isso é resumido perfeitamente por Hugh Macleod, o renomado cartunista e autor:

> Um agente literário de sucesso que conheço me diz que pelo menos metade das pessoas que ele conhece que estão escrevendo seu primeiro livro o fazem não porque tenham algo particularmente interessante a dizer, mas porque a ideia da "vida de escritor" as atrai. Usar casacos de tweed, fumar um cachimbo, sentar-se no mirante, beber Mint Juleps e escrever pensativamente em uma velha máquina de escrever Remington preta. Ser uma

> presença espirituosa em todas as festas certas, ou o que quer que seja. Qualquer pessoa que queira escrever livros por essa razão merece sofrer. E, felizmente, muitos sofrem.

Isso não parece ser tantas outras coisas? Todos nós dizemos que queremos ser ricos, emagrecer, abrir um negócio etc.

Mas *a ideia* de ser rico ou magro, ou um empreendedor, é mais atrativa do que realmente colocar a mão na massa. A ideia parece glamorosa, e nós queremos glamour.

O problema é o seguinte: não ficamos glamorosos ao "viver a vida de escritor", ou por usar as melhores roupas de ginástica, ou por montar uma startup.

O glamour é o resultado de um trabalho árduo e de fazer algo que outras pessoas consideram valioso. Perceba o que está faltando quando as pessoas dizem isso.

Escrita real.

EXPECTATIVA REALISTA: "ESTE LIVRO ABRIRÁ PORTAS E CRIARÁ NOVAS OPORTUNIDADES PARA MIM."

Uma das coisas que temos visto consistentemente é que os livros oferecem aos autores todo tipo de oportunidades, tanto previstas quanto imprevistas.

As oportunidades previstas são ótimas, mas são as imprevistas que apanham os autores de surpresa. Normalmente é assim que isso funciona:

> O primeiro motor de busca é o Google. O segundo é o YouTube. Você sabe qual é o terceiro?
>
> A Amazon.

E ainda mais relevante para empreendedores e empresários, é o motor de busca em primeiro lugar quando se procura por produtos e serviços (com 44 por cento das buscas por produtos e serviços começando por lá).[16] Isso significa que é literalmente o *maior motor de busca para profissionais.*

Pense nisto: quantas vezes você já teve um problema e tentou resolvê-lo encontrando um livro sobre ele?

Bem, e se você fosse a pessoa que escreveu o livro sobre como resolver esse problema? Então todos que têm o problema virão até você.

É assim que funciona — ter *um livro atrai as pessoas até você.*

O livro permite que elas saibam exatamente quem você é e mostra como pode ajudá-las. É a melhor ferramenta de marketing que poderia usar, não apenas para construir sua marca, mas para atrair clientes.

Deixe-me dar-lhe um exemplo pessoal: quando abrimos nossa empresa, a Scribe, percebemos que tínhamos um foguete espacial que não sabíamos como pilotar. Precisávamos aprender como escalar nossa empresa.

O que eu fiz? Fui à Amazon para ler livros sobre o assunto.

No entanto, não havia muitos livros bons sobre como administrar profissionalmente e escalar uma empresa em rápido crescimento. O melhor que consegui encontrar foi escrito por Cameron Herold (chama-se *Double Double* [Dobro duplo], e ele tem mais dois chamados *Meetings Suck* [Reuniões são um saco] e *Vivid Vision* [Visão vívida]).

---

16 MARVIN, G. Amazon Is the Starting Point For 44 Percent Of Consumers Searching For Products. Is Google Losing, Then? , 8 out. 2015. Disponível em: marketingland.com/amazon-is-the-starting-point-for-44-percent-ofconsumers-searching-for-products-is-search-losing-then-145647.

Eu li o livro e pensei: *"Isto é genial. Mas preciso de mais. Preciso que esse cara me oriente de forma direta."*

Fui atrás de Cameron, e ele agora é conselheiro de nossa empresa (e detém parte dela). Isso mostra o quanto ele tem sido valioso.

Tudo isso aconteceu porque ele tinha um livro muito bom que me levou a ele. Há provavelmente quinhentas outras pessoas por aí que poderiam ter me ensinado as mesmas coisas, mas Cameron era o único que tinha um bom livro que eu pude ler e usar para determinar que ele era a pessoa ideal para me ensinar.

Eu nunca teria ouvido um discurso de vendas ou prestado atenção a um anúncio. Eu precisava ver provas e seu livro as apresentava. Isso me levou até ele.

A questão é que um livro não é algo mágico que o tornará rico, famoso e importante. Mas ele pode ajudá-lo a atingir muitos outros objetivos, se você o usar corretamente.

Isso significa escrever um livro que tenha conhecimento valioso para um conjunto específico de leitores e entregá-lo de uma forma que os sirva.

Na verdade, se fizer isso, você pode obter muitos benefícios e talvez até mesmo ganhar algum dinheiro e ser bem conhecido — pelo menos em seu nicho.

POR QUE EXPECTATIVAS IRREAIS PREJUDICAM SEU LIVRO?

Você pode estar se perguntando agora mesmo: "Bem, o que há de errado em sonhar grande? Alguns livros vendem milhões de exemplares e se tornam best-sellers. Por que não esperar pelo melhor?"

Não há nada de errado em querer que seu livro seja um sucesso. O problema de transformar uma expectativa irreal em um objetivo é que isso afeta sua tomada de decisão sobre que livro escrever e geralmente leva a um livro ruim.

Por exemplo, se decidir escrever seu livro para vender milhões de exemplares, você tentará torná-lo o mais genérico e acessível possível. Mas isso reduz as chances de atingir um nicho, que é o segredo para obter autoridade e credibilidade.

Ou, se você quiser escrever um livro para ser famoso, se preocupará com a forma do livro, em vez de se concentrar em seu público, que é o que faz um bom livro e lhe traz visibilidade.

Tirar o máximo proveito de um livro é muito parecido com o koan zen sobre o alvo e o prêmio:

> Concentre-se no alvo, e você o atingirá. Isso lhe dará o troféu. Concentre-se no troféu, e você errará o alvo. Isso não lhe dará nada.

Os livros funcionam da mesma maneira. Se você se concentrar em seu público e no que ele precisa, escreverá um bom livro, o que lhe trará todos os tipos de grandes resultados. Contudo, se você tiver expectativas irreais, então se concentrará nelas e não conseguirá nada.

9.2

COMO ESCREVER UM LIVRO PODE DESENVOLVER SUA MARCA

Se você está tentando desenvolver sua marca pessoal ou profissional, qual é a melhor maneira de fazer isso? Basicamente, como você pode se destacar?

Há muitas maneiras, mas uma das melhores é bem antiga: escreva um livro.

Como escrever um bom livro ajuda a desenvolver sua marca e a elevar sua carreira? Há seis maneiras diferentes de um livro ajudar você:

1. **Aumenta a visibilidade e eleva o perfil:** livros podem aumentar a visibilidade de inúmeras maneiras, como facilitar a exposição na mídia ou elevar seu perfil em seu nicho.
2. **Estabelece autoridade e credibilidade:** livros ajudam a estabelecer autoridade e a ganhar credibilidade dentro de sua área.
3. **Traz novos clientes e oportunidades:** livros podem facilmente, e de múltiplas maneiras, ajudar a gerar novos negócios e outras

oportunidades por meio de uma variedade de plataformas e locais.

4. **Gera convites de palestras:** um livro é quase uma necessidade para se tornar um palestrante pago ou, muitas vezes, para ser chamado para qualquer debate público.
5. **Cria um legado:** um livro pode cimentar seu legado e passar seu conhecimento e sua história adiante.
6. **Impacta:** provavelmente a melhor maneira a longo prazo de construir sua marca é realmente impactar outras pessoas, e não há melhor maneira de dimensionar seu impacto do que escrever um bom livro que realmente ajude outras pessoas.

Vamos decompor cada uma delas e ver exatamente como elas funcionam.

1. UM LIVRO AUMENTA SUA VISIBILIDADE E ELEVA SEU PERFIL

Sempre que os meios de comunicação querem comentar algo, a quem eles recorrem? A especialistas, certo?

E como eles sabem que alguém é um especialista?

Os especialistas são as pessoas que escreveram o livro sobre o assunto.

Um livro é o primeiro sinal de perícia. A mídia quer falar com especialistas, e os meios de comunicação julgam a perícia por quem escreveu o livro sobre o assunto.

Você deseja mais visibilidade em sua área e mais atenção da mídia? Escreva um livro que o estabeleça como um especialista e será dez vezes mais fácil atrair a atenção da mídia.

Foi EXATAMENTE assim que a obra de Jonathan Siegel lhe garantiu tanta atenção da mídia. Ele escreveu um bom livro que detalhava muitas das falácias da sabedoria convencional em startups de tecnologia, e dezenas de veículos como a *Inc.*, a *Business Insider*, e outros escreveram sobre ele. Siegel já era um especialista em sua área, ele só precisava de um livro para receber atenção da mídia.

Ocorreu o mesmo com Stephan Aarstol. Ele escreveu um livro sobre a cultura inovadora em sua empresa que permitia trabalhar cinco horas por dia, e a mídia parecia não se cansar de falar dele e de seu livro. Agora ele está em todos os meios de comunicação, com artigos na *Inc.*, *Forbes*, *Entrepreneur*, *Fast Company*, CNN, CNBC, FOX News, entre outros. Todos em seu setor sabem quem ele é.

Eu sei que você sabe disso. Quantas vezes já viu alguém em sua área receber muita atenção simplesmente porque escreveu um livro?

Mesmo que saiba mais do que essa pessoa, ela recebeu a atenção que você não conseguiu ***por causa do livro dela***.

2. UM LIVRO ESTABELECE SUA AUTORIDADE E CREDIBILIDADE

Um livro mostra que pode se comprometer com algo e seguir em frente. Ele mostra que você é capaz de fazer acontecer.

E o mais importante, ele mostra ao mundo o que você sabe. Um livro o prepara para ser julgado por seu conhecimento e trabalho reais. É muito fácil vadiar e ainda assim conseguir um diploma universitário. É realmente difícil manipular seu caminho para escrever um bom livro.

Sim, ser julgado é arriscado, mas é por isso que um livro é uma credencial válida: é um risco.

Ao escrever um livro, você está em um lugar que a maioria das pessoas não está disposta a ir — o de ser julgado — e geralmente isso requer muito trabalho. Isso exige que prove que realmente sabe alguma coisa.

Foi exatamente o que Bob Glazer fez com seu livro. Ele escreveu sobre um assunto difícil que ele tem muito conhecimento (marketing de afiliados), mas o fez de uma forma muito aberta e vulnerável, compartilhando seu conhecimento sobre seu setor. Bob conseguiu muita credibilidade e autoridade tanto da mídia e dos clientes por causa de quão bom era seu livro quanto dos "segredos" que ele compartilhava e quão sincero era.

O mesmo aconteceu com John Ruhlin. Ele é especialista em economia de oferta e compartilhou todos os seus melhores segredos em seu livro. Como resultado, o livro não só decolou, como John agora faz mais de vinte palestras por ano e já viu sua empresa dobrar de tamanho.

A maioria das pessoas não está disposta a assumir esse risco, porque temem compartilhar seus conhecimentos ou mostrar ao mundo o que sabem.

É por isso que somos muito sinceros com nossos autores: não se pode simplesmente escrever bobagens, chamar isso de livro e colher os benefícios.

Para obter credibilidade e autoridade de um livro, você precisa compartilhar conhecimentos e ideias valiosas com seus leitores.

Se puder fazer isso, você superará todos os seus contemporâneos que não têm um livro, mesmo que eles sejam tão inteligentes e bem-sucedidos quanto você.

3. UM LIVRO ATRAI NOVOS CLIENTES E OPORTUNIDADES

Quando as pessoas procuram por um especialista ou autoridade confiável, qual é a primeira coisa em que pensam? O mesmo que a mídia: todo mundo ***quer a pessoa que literalmente "escreveu o livro" sobre o assunto.***

Ter um bom livro permite às pessoas saber exatamente quem você é e como pode ajudá-las, e as traz diretamente até você. É a melhor ferramenta de marketing que poderia usar; não apenas para construir sua marca, mas para realmente atrair clientes.

A pesquisa cria oportunidades, mas os livros também facilitam o melhor marketing que existe: o boca a boca.

Quando alguém em quem confia lhe diz para usar algo, você escuta e usa. Qualquer coisa que ajude outras pessoas a falar sobre você e sua empresa é a melhor ferramenta de marketing possível.

Um livro traz mais boca a boca do que quase qualquer outra forma de marketing.

Isso porque um livro permite que coloque sua história na boca das pessoas, então, quando elas falam de você, estão literalmente dizendo o que você quer que elas digam. Caso tenha um bom livro, as pessoas repetem seus termos, frases e ideias para outras.

Se você puder escrever um livro que seja valioso para um grupo de pessoas, elas vão querer falar sobre seu livro para alguém que compartilhe esse problema.

Por quê? Porque isso faz elas parecerem pessoas melhores. É assim que funciona o boca a boca.

Há grandes exemplos disso. O livro de Melissa Gonzalez teve um ganho de 33 por cento nas vendas, ano após ano. Melissa estima que 75 por cento de seus clientes conhecem seu livro antes de contratá-la, e mais de trinta por cento já o leram.

Por causa disso, Melissa reverteu seu processo de vendas. Agora, os clientes querem se apresentar a ela para que trabalhe com eles.

O autor Douglas Brackmann tem tido uma experiência semelhante:

> Desde a publicação, meu mundo se tornou bem maior muito rapidamente. Estou alcançando pessoas que eu pensava não poder alcançar, e isso me permitiu ser muito mais seletivo sobre com quem eu trabalho. Ultimamente, na verdade, tenho diminuído a participação em palestras e na mídia porque não consigo lidar com todos os negócios. Não sei o que fazer com tantos telefonemas.

O mesmo acontece com o planejador financeiro Mark Baird, que explica muito bem a cadeia de referência do boca a boca de livros:

> Você fala, comenta sobre o livro, vende alguns exemplares e eles o encaminham para mais pessoas. É uma cadeia de referência e tem sido muito gratificante. Não creio que isso teria acontecido sem o livro.

4. UM LIVRO AJUDA VOCÊ A SUBIR AOS PALCOS

Se você quiser fazer qualquer tipo de discurso em público, especialmente palestras pagas, um livro é quase uma necessidade.

Isso porque um livro é uma credencial básica para um palestrante. É a maneira como as pessoas sabem com certeza que você está qualificado para falar ao grupo delas sobre seu tema. E então, uma vez que você sobe ao palco, sua marca muda.

Foi isso que aconteceu com Robin Farmanfarmaian. Após escrever seu livro sobre a disrupção no espaço médico, ela foi convidada a participar em mais de cinquenta conferências, incluindo Singularity e TEDx. Tantas palestras alavancaram sua marca pessoal e lhe garantiram um novo emprego em uma startup médica:

> Na primeira empresa, Invicta Medical, eu saí do palco e logo dei de cara com o fundador. Ele me viu falar e começamos a conversar. Era conselheira nas primeiras reuniões e me tornei vice-presidente depois de poucos meses.

Para Lorenzo Gomez, seu livro teve um profundo impacto sobre ele, principalmente em suas palestras. O livro detalha as dificuldades pelas quais ele passou de um graduado do ensino médio a um grande CEO de tecnologia, e lhe foi requisitado que falasse para todos os tipos de público, incluindo para calouros da Universidade do Texas em San Antonio:

> Se eu soubesse que alguém me pediria para fazer um discurso inicial, eu nunca teria escrito um livro para início de conversa. Eu fiquei aterrorizado, e ainda estou só de pensar nisso, mas foi um dos momentos mais gratificantes da minha vida.

5. UM LIVRO AJUDA A FORTALECER SEU LEGADO

Todos os exemplos anteriores têm algo em comum: ao compartilhar o conhecimento e a experiência do autor, eles fazem com que as pessoas vejam o autor de forma diferente.

Essa é, literalmente, a definição de legado.

O legado é o que se deixa para trás. Pode ser bom, mau ou indiferente. E não há melhor maneira de você realmente fortalecer o que é o seu legado, pelo menos nos negócios, do que escrever um livro.

Foi isso que aconteceu com Kirk Drake. Kirk é o principal consultor de marketing e negócios para as cooperativas de crédito, e seu livro lhe proporcionou todos os benefícios já mencionados. Porém, ele também fez mais uma coisa: conquistou seu lugar em seu setor.

É claro que Kirk não tem o tipo de fama que o faria aparecer na *People* ou no TMZ, mas ele tem algo que considera mais importante: um legado na área à qual dedicou sua vida e quer tornar melhor.

(Aliás, é precisamente por isso que um livro de nicho é melhor que um livro generalista: ele ajuda você a se concentrar. Há muitos "especialistas em marketing", mas nenhum "especialista em marketing de cooperativas de crédito", então Kirk foi capaz de se diferenciar rapidamente dominando aquele nicho único).

O mesmo é válido para Shannon Miles. Ela cofundou a empresa de assistência virtual Belay Solutions com seu marido porque queria criar outra opção para as mães e outros tipos de mulheres que queriam ter carreiras, mas desejavam flexibilidade para ficar em casa.

Seu livro, *The Third Option* [A terceira opção], expôs sua visão e ajudou a definir esse papel e espaço para as mulheres que querem escolher essa "terceira opção". Seu legado como uma mulher que ajuda outras mulheres a trabalhar da maneira que elas querem está seguro agora.

6. UM LIVRO CRIA UM IMPACTO REAL NAS PESSOAS

Por mais que eu tenha colocado isso por último, para muitos autores, é o mais importante: ***como o livro deles realmente impacta o leitor e muda sua vida?***

Vejamos algumas avaliações dos livros que mencionei.

De *Driven*, de Douglas Brackmann:

Justin

★★★★★ **Eu recomendo este livro para todos que desejam encontrar mais paz enquanto realizam seu potencial!!!**

12 de setembro de 2017
Formato: brochura | Compra verificada

Já trabalhei com Doug Brackmann pessoalmente... apareci na sua porta derrotado, vivendo com medo, alienado na maioria dos meus relacionamentos, com hábitos autodestrutivos e insatisfeito com quem eu era e qual era o meu lugar no mundo. Ele talvez se lembre de minha "convulsão" em sua cadeira, pois me sentia fraco e sozinho. As ferramentas que Doug me deu, todas as quais você encontrará em seu livro, me permitiram encontrar paz interior e felicidade e realizar meu verdadeiro potencial... Pude reconhecer minha alma novamente, me elevar e projetar a vida que sempre sonhei. Doug me ajudou a entender como minha mente funcionava e me ajudou a aproveitar as características que eu tinha para que em menos de um ano eu pudesse abrir um negócio de sete dígitos sem ajuda externa, conhecer a garota dos meus sonhos e seguir uma vida de excelência em muitas áreas distintas. Eu recomendo fortemente este livro para quem deseja encontrar paz enquanto realiza seu potencial.

De *The Third Option* [A terceira opção], de Shannon Miles:

Tandy S. Hogate

★★★★★ **Se você trabalha em casa ou está pensando em fazê-lo (ou se realmente gostaria), faça um favor a si mesmo e leia isto...**

27 de abril de 2018
Formato: Edição Kindle

Este livro abalou seriamente meu mundo. Como uma assistente virtual de longa data, tomei a decisão de trabalhar em casa anos atrás. Mas eu não tinha confiança e conhecimento para ser sábia com minhas habilidades e meu tempo. Shannon falou ao meu coração em várias ocasiões no livro, me desenvolvendo e encorajando como leitora a ter confiança em meu valor como assistente virtual. Se você trabalha em casa ou está pensando em fazê-lo (ou se realmente gostaria), faça um favor a si mesmo e leia este livro.

Na minha estante de centenas de livros, este é um dos meus prediletos.

De *The Cilantro Diaries* [Os Diários de Cilantro], de Lorenzo Gomez:

Cliente Amazon

★★★★★ **Livro maravilhoso!**

29 de outubro de 2017

Formato: Edição Kindle | Compra verificada

Eu gostaria de ter lido este livro quando era mais jovem! A maioria dos livros sobre desenvolvimento de negócios começa com: "Depois que me formei em Harvard..." Este é o livro para o restante de nós. Ele contém conselhos realmente úteis que você pode colocar em prática imediatamente. Se eu tivesse lido este livro mais cedo na vida, teria lidado melhor com mais de uma situação.

De *The Five-Hour Workday* [Jornada de trabalho de cinco horas], de Stephan Aarstol:

Wade Galt

★★★★★ **Comece a viver mais e a trabalhar menos AGORA**

3 de agosto de 2017.

Formato: Edição Kindle | Compra verificada

Já reduzi minhas horas de trabalho diárias de oito horas e meia para cinco horas e meia em um mês... Tudo isso enquanto organizava jogos de verão para meus filhos e amigos. Trabalho uma semana de trabalho de quatro dias há alguns anos, mas ainda mais horas do que gostaria. Obrigado, Stephan, por me lembrar como isso é possível. Por isso me tornei empreendedor.

De *The San Francisco Fallacy* [A falácia de São Francisco], de Jonathan Siegel:

Charles Johnson

★★★★★ **Aprenda essas falácias e evite-as ou sofra as consequências**

21 de fevereiro de 2018.
Formato: Edição Kindle | Compra verificada

Este livro me surpreendeu — eu vivi e trabalhei na cultura de startups de São Francisco e as falácias sobre as quais Jonathan nos avisa são muito comuns no mundo da tecnologia de SF.

A história pessoal do autor é inspiradora e pode apenas dar-lhe o ânimo necessário para continuar em suas dificuldades diárias, mas são as falácias e as soluções que ele oferece para enfrentá-las (ou preveni-las) que tornam este livro tão valioso.

Eu conheço pessoas que fracassaram em empreendimentos comerciais que potencialmente ainda estariam ativos e prosperando hoje se tivessem lido este livro.

Há literalmente milhares dessas avaliações. São críticas de leitores reais que foram profundamente impactados pelos livros.

Lembre-se: ***os melhores livros são vantajosos para ambas as partes.***

Quando o autor realmente se esforça, coloca seus melhores conhecimentos e histórias em seu livro e se compromete a entregar valor real ao leitor, então tanto o leitor quanto o autor colhem os frutos.

COMO UM LIVRO DESENVOLVE A SUA MARCA

Tudo se resume a isto:

> ***Um livro é uma ferramenta de marketing multiuso com habilidades únicas e especiais para atrair atenção, que você pode usar para desenvolver sua marca e carreira de múltiplas maneiras.***

9.3

COMO GANHAR DINHEIRO COM SEU LIVRO

Uma das perguntas mais comuns que recebo de autores em potencial que estão prestes a escrever um livro é:

> "Como uso meu livro para ganhar dinheiro? Como posso ter certeza de obter um ROI do meu tempo e dinheiro?"

Essa é uma pergunta razoável.

A má notícia é que você provavelmente não ganhará dinheiro (substancial) vendendo exemplares de seu livro.

A boa notícia: há inúmeras outras maneiras de ganhar dinheiro com um livro — e geralmente muito mais dinheiro do que você ganharia caso se concentrasse na venda de exemplares.

Apresentarei as formas mais comuns, mostrando exemplos.

1. SERVIÇOS DE CONSULTORIA

Na Scribe, nossa maior base de clientes são consultores. Uma vez alcançado um certo nível de sucesso, eles não podem realmente progredir mais sem publicar um livro. Um livro é o que estabelece um consultor como autoridade e aumenta sua visibilidade sobre a concorrência.

Ashley Welch e Justin Jones se encontravam nessa situação difícil. Eles tinham levado sua empresa de consultoria de vendas, Somersault Innovations, a um alto nível, mas não estavam se destacando até escrever seu livro. Isso lhes deu um espaço para falar na Dreamforce, onde fecharam um contrato com a AT&T como cliente.

Kirk Drake possuía uma empresa de consultoria de sucesso que ensinava as cooperativas de crédito a promover e vender melhor. Ele estava indo bem, mas foi só quando seu livro foi publicado que ele conseguiu comandar altas taxas de seis dígitos e fechar contratos com as maiores cooperativas de crédito do setor.

Joe Mechlinkski usou seus dois livros best-sellers, *Grow Regardless* [Cresça independentemente] e *Shift the Work* [Mude o trabalho], para fechar contratos com grandes clientes da Fortune 500 e ser nomeado o Empreendedor do Ano da EY.

Para um consultor, um livro é o melhor marketing que você pode fazer.

2. PALESTRAS PAGAS

Uma das principais maneiras de ganhar dinheiro com um livro é por meio de palestras.

É um desafio tornar-se um palestrante profissional pago sem um livro. É claro que as pessoas fazem palestras sem ter publicado livros, mas quase todos os palestrantes profissionais acabam escrevendo um livro; e, quando o fazem, a taxa que cobram geralmente triplica.

John Ruhlin é um excelente exemplo. Ele era um especialista em economia de troca corporativa de sucesso, mas só conseguia cobrar cerca de cinco mil dólares por uma participação. Ele publicou o livro *Giftology* e agora cobra regularmente trinta mil dólares ou mais por cada palestra em que é convidado a participar.

Isso porque um livro é uma credencial para um palestrante. É uma necessidade básica. Um livro é a forma como as pessoas sabem com certeza que você está qualificado para falar ao grupo delas sobre seu tema.

Kevin Kruse é outro grande exemplo. Seu blog *An Authorpreneur's First $100K* [Os primeiros cem mil dólares de um empresário autor] detalha como ele lucrou em seu primeiro ano como autor. Enquanto ele ganhou setenta mil dólares em vendas de livros, ele lucrou 170 mil dólares em taxas de palestras.

3. SERVIÇO PROFISSIONAL (MÉDICO, FINANCEIRO ETC.)

Uma das melhores maneiras de usar um livro é estabelecer sua autoridade em seu campo de atuação e depois usar essa autoridade para atrair novos clientes.

O fato é que a maioria das pessoas não tem ideia de como escolher um médico ou um consultor financeiro ou qualquer outro serviço profissional relacionado. Elas não sabem nada sobre as habilidades necessárias, o que procurar, o que evitar ou como pensar sobre o serviço. Um livro é uma ótima maneira de estabelecer sua autoridade e mostrar às pessoas como seria trabalhar com você. Além disso, ele faz um ótimo trabalho explicando a seus clientes sobre o que devem esperar, facilitando seu trabalho.

O dr. Michael Lewis tem uma clínica especializada centrada em lesões cerebrais traumáticas. Seu livro, *When Brains Collide* [Quando cérebros colidem], é uma grande introdução aos traumatismos cranianos e como tratá-los, tanto que sua clínica cresceu mais de trinta por cento desde que o livro foi lançado.

Sam Marrella viu algo muito semelhante acontecer com sua empresa de planejamento financeiro. Após escrever seu livro, ele recebeu a atenção da mídia local e convites para dar palestras e viu seu patrimônio sob gestão dobrar. Isso é bastante comum para planejadores financeiros, pois há sempre a necessidade de bons conselhos e serviços financeiros.

4. SERVIÇOS DE COACHING

Se você é um coach de qualquer tipo, é provável que as pessoas tenham problemas para diferenciar você de qualquer outro coach — o que o torna um especialista e por que elas deveriam trabalhar com você.

Um livro é uma ótima maneira de mostrar sua experiência e explicar como seria seu trabalho com elas.

Um grande exemplo disso é Ben Bergeron. Ele é um dos melhores coaches de CrossFit do país, mas era um pouco desconhecido. Então ele escreveu um livro sobre como treinar os melhores CrossFitters e agora recebe muitas oportunidades.

Isso não funciona apenas com coaches esportivos. Tomemos Cameron Herold, por exemplo. Ele é um dos coaches de CEO mais renomados do mundo e tem clientes como o CEO da Sprint — e conseguiu isso apresentando tudo o que sabia sobre escalar e dirigir empresas em quatro livros diferentes.

5. CLIENTES PARA SUA AGÊNCIA

Todo dono de agência sabe o quanto a aquisição de um cliente pode ser dolorosa. Um livro não resolve esse problema com mágica, mas torna muito mais fácil encontrar e fechar contratos com novos clientes.

Deb Gabor teve esse problema com sua agência de branding e usou um livro não apenas para resolvê-lo, mas para levar sua agência ao próximo nível. Ela agora trabalha com empresas como Dell, NBC e Microsoft e credita seu livro como a razão pela qual sua agência se destacou.

Melissa Gonzalez fez a mesma coisa com seu projeto e sua agência de varejo pop-up. Ela colocou a maior parte do que sabia sobre o varejo pop-up em seu livro, e isso dobrou seu negócio em dois anos. Além disso, foi a razão pela qual ela foi contratada por muitos grandes varejistas: Macy's, Chanel e Marc Jacobs têm trabalhado com Melissa desde o lançamento de seu livro.

6. VENDA UM PRODUTO FÍSICO

Procure na Amazon livros para "emagrecer" ou "dieta paleo". Você encontrará milhares de exemplares. Muitos deles são essencialmente guias de compra de produtos físicos como suplementos, empresas alimentícias ou produtos únicos.

Mark Sisson é um dos melhores nesse espaço. Ele criou a Primal Blueprint e publicou quase uma dúzia de livros sobre sua versão da dieta paleo. São excelentes livros. Ele os vende na Amazon e também em seu site.

Mark não só ajuda as pessoas a comer bem, mas também tem uma linha completa de suplementos da Primal Blueprint e alimentos que as pessoas podem comprar. Elas não precisam comprar esses produtos, mas eles estão lá e são fáceis de adquirir, e os livros e produtos se encaixam perfeitamente.

Pense nisto: você responderia a um anúncio sobre suplementos? Provavelmente não.

Que tal um livro que lhe ensina que suplementos tomar, quando e por quê? Se você confiar no livro, confiará nas recomendações de suplementos.

Mark tem excelentes livros sobre alimentação nos quais você pode confiar, o que automaticamente dá mais credibilidade às suas recomendações de suplementos.

7. COMUNIDADE PAGA/GRUPOS MASTERMIND

Há muitas pessoas que já pagaram a grupos mastermind. Muitos de seus clientes querem participar porque escreveram livros que mostram a todos o quanto sabem e o que podem ganhar com a entrada em seu grupo.

James Maskell dirige a Cúpula Evolução da Medicina e o grupo mastermind em que dezenas de milhares de profissionais de saúde se encontram e discutem tópicos. Seu livro *The Evolution of Medicine* [A evolução da medicina] tem sido uma ótima maneira para ele encontrar e recrutar novos membros.

Ari Meisel dirige o grupo mastermind Less Doing. Muitos de seus clientes conhecem ele e seu grupo pelos seus livros.

8. CLIENTES DE FREELANCERS

Se você é um freelancer, escrever um livro é um facilitador. Na verdade, o problema é que, assim que você publica um livro, recebe tantos trabalhos que não consegue lidar com todos.

Isso é exatamente o que aconteceu com David Kadavy. Ele escreveu um livro chamado *Design for Hackers* [Design para hackers].

Ele o escreveu para um público muito especializado, e isso acabou sobrecarregando-o. Ele recebeu muitas demandas de trabalhos de design. Então, precisou abrir uma agência para cuidar de tudo e contratou alguém para dirigi-la para ele (e criou um curso que também deu muito certo).

Caso seja um excelente freelancer ou tenha uma habilidade específica que oferece a clientes, escrever um livro que explica aquilo que você faz cria uma oferta quase interminável de clientes.

Pense nisto: se estou procurando um freelancer, não tenho ideia de como escolher um em vez do outro, não tenho ideia do que devo procurar ou como decidir.

Por que não escolher aquele que escreveu o livro?

9. WORKSHOPS E ENSINO EM GRUPO

Além de palestrar, muitos consultores e palestrantes também fazem "workshops em grupo". Uma empresa os traz para ensinar seu método aos funcionários e treiná-los durante um dia ou uma série de dias. É bastante fácil conseguir empresas relativamente maiores para lhe pagar para ensinar a seus funcionários o que você sabe em um workshop de um dia.

A maioria dos empregadores sabe que, se eles distribuírem um livro, seus funcionários não o lerão. Entretanto, se conseguirem que o autor compareça, faça uma apresentação e responda a perguntas por um dia, ele pode ensinar o conteúdo.

Mona Patel escreveu o livro *Reframe* [Ressignifique] e agora ministra workshops baseados na aplicação dos princípios contidos em seu livro. Eles se esgotam rotineiramente, e tanto o livro quanto os workshops se reforçam mutuamente. O livro leva as pessoas ao workshop, e ela vende exemplares de seu livro para as pessoas que participam do workshop.

10. ANGARIE DINHEIRO DE INVESTIDORES

É difícil levantar dinheiro para projetos de investidores. Eles estão confiando a você seus ativos, então querem conhecê-lo e entender quem você é e no que acredita. Uma vez que o façam, é muito mais provável que queiram lhe dar seu dinheiro suado.

Para Jorge Newbery, isso foi uma revelação. Ele era um investidor imobiliário de sucesso que tinha vivido tempos difíceis, depois reencontrou a trilha do sucesso, mas não conseguia fazer com que os investidores entendessem isso. Então ele escreveu um livro sobre sua jornada, *Burn Zones* [Zonas de queimada].

A obra teve tanto êxito que Jorge agora tem o problema de angariar MUITO dinheiro. Esse é um problema que todos os empreendedores gostariam de ter.

11. RECRUTE PESSOAS PARA TRABALHAR EM SUA EMPRESA

Isso só se aplica a empresários e executivos de alto nível, mas quase não há melhor maneira de conseguir que excelentes pessoas trabalhem em suas empresas do que expor sua visão para a organização em um livro.

Stephan Aarstol usou seu livro *The Five-Hour Workday* [Jornada de trabalho de cinco horas] para expor sua visão de uma maneira diferente de trabalhar para uma empresa. Sua visão tocou o coração de várias pessoas e, como resultado, ele recebeu muita atenção tanto para sua empresa quanto para a venda de seus produtos. Contudo, o mais importante, ele recebeu uma avalanche de pedidos de emprego. Milhares de pessoas se candidataram para trabalhar com ele.

Outro grande exemplo disso é o livro de Jeff Kavanaugh, *Consulting Essentials* [Os fundamentos da consultoria]. Jeff é sócio da Infosys, uma grande empresa de consultoria, e professor adjunto da Universidade do Texas, Dallas. Ele escreveu esse livro para ajudar seus alunos a entender o que os consultores faziam e como fazê-lo e teve a consequência não intencional de atrair centenas de candidatos muito qualificados para sua empresa.

12. PROMOVA SERVIÇOS "FEITOS PARA VOCÊ"

Bob Glazer tem uma empresa incrível que ajuda grandes marcas a usar o marketing de afiliados — mas isso é realmente difícil de mensurar. Então, ele apresentou suas ideias em um livro. E, em menos de um ano, fechou contratos com dezenas de grandes marcas e ampliou sua empresa para mais de cem funcionários.

A mesma coisa aconteceu com Phillip Stutts. Ele dirige uma agência de marketing que ajuda políticos a usar o marketing digital. Ele percebeu que suas táticas funcionam extremamente bem para as empresas, por isso escreveu um livro sobre como a maioria das empresas de marketing não servem seus clientes e como uma empresa pode auditá-las para obter melhores resultados. O que aconteceu? O lado corporativo de seu negócio mais do que dobrou em um ano.

13. VENDA UM PRODUTO DE CURSO EM VÍDEO/INFORMAÇÃO

Se seu livro ensina algo que tem um alto ROI para o leitor, você pode criar o que equivale a uma versão avançada que é entregue como um curso em vídeo, cobrar muito mais dinheiro por ele, então usar o livro para direcionar as pessoas para esse curso.

Um dos principais benefícios é que, embora as pessoas não paguem mais do que cerca de 25 dólares por um livro, elas frequentemente pagarão quinhentos dólares ou mais por um curso em vídeo do MESMO conteúdo.

Isso tem lógica, porque muitas pessoas aprendem mais facilmente com materiais audiovisuais do que com livros.

Josh Turner escreveu um livro chamado *Connect* [Conecte], que alcançou a lista de best-seller do *Wall Street Journal*. Seu livro é sobre como usar o LinkedIn para conduzir as vendas em sua empresa, e o livro, além de ser muito bom, acaba levando muitas pessoas ao seu curso avançado em vídeo.

Jason Fladlien fez a mesma coisa. Ele tem os melhores cursos em vídeo e treinamento on-line do mundo sobre *webinars*, e usou seu livro como um "topo de funil" para ganhar milhões de dólares com seus cursos.

14. VENDA UM PRODUTO DE SOFTWARE/SAAS

Um livro é uma ótima maneira de uma empresa vender software, especialmente software SaaS.

O melhor exemplo é a HubSpot, a empresa que inventou o inbound marketing. O que ela fez para promover esse conceito? Entre outras coisas, ela publicou um livro chamado *Inbound Marketing*.

O livro apresenta minimamente a HubSpot e, depois, faz um grande anúncio de seu método de marketing (inbound marketing), e adivinhe o que mais?

O uso de seu software é a maneira mais fácil de realmente fazer inbound marketing. O livro não apenas fornece um valor real ao leitor, mas acaba convertendo muitos leitores em clientes.

Outro exemplo é Mark Organ. Sua empresa, Influitive, ajuda empresas e marcas a aproveitar o poder de seus fãs para criar novos canais de "defensores de marketing". O software que eles criaram para facilitar isso é muito eficaz, mas muitas vezes é preciso um salto mental para que as pessoas entendam como o "defensor de marketing" realmente funciona.

Mark escreveu seu livro *The Messenger is The Message* [O mensageiro é a mensagem] para explicar isso, e ele tem visto um crescimento incrível desde seu lançamento.

15. MUDANÇA DE CARREIRA

Mesmo que você não tenha aspirações empreendedoras ou queira ter seu próprio negócio, um livro pode ajudá-lo a progredir substancialmente em sua carreira, seja dentro de sua empresa atual ou ajudando-o a mudar completamente de área.

Simon Dudley fez isso com seu livro, *The End of Certainty* [O fim da certeza].

Ele era um grande influenciador no espaço de teleconferência em vídeo, mas, devido a várias mudanças tecnológicas, ele não acreditava mais na área. Ele achava que as empresas do setor sofreriam disrupções e não acreditava que elas mudariam.

Ele queria sair da área de teleconferência por vídeo, por isso escreveu um livro sobre suas teorias a respeito da mudança tecnológica e como se adaptar a ela, nunca mencionando a teleconferência. Dessa forma, ele poderia procurar outras empresas, dizendo: "Escute, eu sei exatamente como você sofrerá disrupções, e posso ajudá-lo."

Ele abriu uma empresa chamada Excession Events e obteve sucesso como consultor em mudanças tecnológicas. Ele essencialmente criou uma nova carreira.

Eis a suprema ironia: ninguém no ramo da teleconferência o ouviu antes de ele escrever o livro. Desde que escreveu — embora nunca tenha mencionado teleconferência no livro, os paralelos eram óbvios —, a metade de seu negócio de consultoria foi formada por empresas do ramo de teleconferência que não o contratariam antes.

Jeb White está fazendo a mesma coisa. Ele foi um advogado de muito sucesso, mas isso não lhe agradava mais, e ele queria uma nova profissão. Então, escreveu um livro sobre algo que ele fazia em seu tempo livre: ajudar crianças pobres e desprivilegiadas a entrar nas melhores escolas.

Esse livro lhe permitiu ganhar hoje uma remuneração anual de seis dígitos como consultor universitário e abandonar seu emprego como advogado.

16. CONSIGA OPORTUNIDADES DE INVESTIMENTO E SEJA CONVIDADO A PARTICIPAR DE DIRETORIAS

Considere o livro de Cliff Lerner, *Explosive Growth* [Crescimento explosivo]. Cliff foi um dos *growth hackers* originais de crescimento, tendo transformado sua minúscula empresa de encontros na empresa pública de crescimento mais rápido há uma década.

Ele queria orientar startups, mas só quando seu livro foi lançado é que as pessoas entenderam o gênio que ele era e o quanto ele podia ajudá-las.

Assim, ele escreveu um livro explicando como fazer o que ele fez. Quando se deu conta, estava sendo convidado a participar de diretorias de empresas e a investir em empresas de ponta: exatamente no que ele estava interessado.

Aconteceu quase a mesma coisa com Jonathan Siegel. Ele havia aberto e vendido quase uma dúzia de empresas de software e queria começar a investir. Assim, ele escreveu um livro sobre todos os erros e informações ruins por aí, escrito para ajudar os novos fundadores.

Agora, ele é seletivo sobre quais investimentos e empresas deseja ajudar.

17. PROMOVA UMA FACILIDADE OU CONFERÊNCIA

Os fundadores do Hall da Fama do Empreendedor de Kentucky queriam chamar mais atenção para sua causa, por isso escreveram *Unbridled Spirit* [Espírito desenfreado], um livro sobre todos os famosos kentuckianos que abriram grandes empresas.

O livro decolou, e eles dobraram as contribuições e aumentaram a atenção da mídia quase dez vezes, como resultado do livro.

Os livros são uma via de marketing subexplorada para conferências. Ajudamos uma conferência chamada LDV Summit, que é voltada à tecnologia da visão e une capitalistas de risco nesse espaço com os inventores e líderes de pensamento, para escrever um livro sobre sua conferência.

Então, o anfitrião da conferência faz duas coisas:

1. O dono da conferência (Evan Nisselsen) envia exemplares do livro para pequenos sócios ou potenciais empresários, e ele recebe todos os benefícios de escrever um livro sem ser aquele que realmente o escreve.
2. Ele inclui um exemplar do livro quando envia os convites físicos para a conferência de cada ano. Ele triplicou sua taxa de atualização.

Ao gastar cinco dólares para enviar um belo livro aos participantes anteriores, ele consegue que eles gastem quinhentos dólares ou mais em uma conferência que está a mais de seis meses de distância. Um excelente negócio.

A TED também faz isso. Eles até mesmo têm sua própria gráfica editorial.

18. ATRAIA CLIENTES DE ALTO PATRIMÔNIO LÍQUIDO

Se está no negócio de vender para pessoas de alto patrimônio líquido, você sabe como pode ser difícil atraí-las e vender para elas. Ter um bom livro facilita muito esse trabalho.

Um exemplo é Alex Andrawes, um agente de vinhos de alto valor que ajuda as pessoas a investir em vinhos finos. Ele era bem-sucedido antes de escrever um livro, mas, após publicar sua obra sobre investimento em vinhos finos, ele dobrou seu número de leads e triplicou seus clientes de alto patrimônio líquido — em apenas um ano.

Nik Tarascio é dono de um negócio de corretagem de aviões. Há poucas pessoas que podem comprar um avião, e ele usou seu livro para ajudá-lo a atrair e fechar vendas com numerosos compradores.

19. IMPOSTOS E BAIXAS

Essa é uma forma contraintuitiva de ganhar dinheiro com seu livro que bem poucos proprietários de empresas usam — e você pode usar, além de qualquer uma das estratégias anteriores.

Se você usar seu livro como uma ferramenta de marketing legítima para promover um negócio, os custos de produção imediata são cem por cento dedutíveis. Isso significa que tudo em que você gasta dinheiro como parte da criação do livro pode ser deduzido, por exemplo:

- Design da capa do livro.
- Diagramação.
- Todos os custos de impressão.
- Edição e revisão.

- Qualquer serviço profissional que você utilize para ajudar a criá-lo.
- Etc., etc., etc.

É tudo cem por cento dedutível como despesas de marketing comercial. Assim como você pode deduzir o que você gasta em anúncios do Facebook e designers de sites, um livro se enquadra na mesma categoria.

Observação: estou falando das leis tributárias nos Estados Unidos. Embora isso seja o que meu CPA e muitos outros advogados tributários me disseram, você nunca deve aceitar conselhos jurídicos de alguém que não conhece as leis de sua jurisdição específica. Não apenas isso, eu moro no Texas — é legal atirar em porcos selvagens com metralhadoras de helicópteros aqui. Nós somos diferentes.

20. VENDAS DE LIVROS

Eu disse anteriormente que a venda de livros não é a melhor maneira de se ganhar dinheiro. Nunca disse que não se pode ganhar NENHUM dinheiro com ela.

Uma vez que você tenha um livro que apela para uma população específica, há muitas maneiras de ajudar a estimular a venda de livros:

1. Os anúncios do Facebook podem muitas vezes se converter em vendas de livros.
2. Com promoções agrupadas, você pode oferecer coisas grátis para incentivar as pessoas a comprar livros.
3. Você pode vender presencialmente em eventos (nos quais é um palestrante, por exemplo).
4. Postagens de convidados que apresentam lições-chave do livro também podem despertar interesse na obra.

Não perderei muito tempo falando sobre como implementar diretamente essas coisas porque sinceramente não vale a pena para a maioria dos autores.

Se você posicionou seu livro corretamente, não precisa se preocupar em vender exemplares, só precisa se preocupar em como o livro se converte para o que realmente importa para você.

Entretanto, se as pessoas compram, você tem uma ferramenta de marketing que lhe faz ganhar dinheiro. O que é ótimo.

9.4

QUAL É O IMPACTO (INTANGÍVEL) DE UM LIVRO?

Quando perguntamos aos autores por que eles querem escrever um livro, a maioria deles se concentra em sua marca ou objetivos de negócios. Tais objetivos são legítimos, e os livros ajudam muito em ambos.

Porém, esses não são os únicos objetivos. Muitos autores também querem atingir objetivos intangíveis, como "ajudar as pessoas" e "crescimento pessoal".

Eles os mencionam frequentemente como um aparte, quase como se tivessem vergonha de ter esse tipo de objetivo. Como se não fosse apropriado que uma pessoa de negócios tenha emoções.

Porém, quando falamos com nossos autores depois que seus livros são publicados, quase todos eles são os mais afetados por esses benefícios "intangíveis" de seus livros.

As coisas pelas quais eles se desculpam por desejar no início são as que os deixam mais felizes após a publicação.

Eu adoro essas histórias.

Embora os aspectos de negócios e de branding dos livros impulsionem o retorno econômico do investimento e sejam importantes, penso sinceramente que o "impacto intangível" é o mais importante para os autores a longo prazo.

Por que digo isso?

Porque os livros ajudam as pessoas a melhorar suas vidas de formas que não podem ser medidas apenas pelo dinheiro.

Foi por isto que escrevi esta seção: para que os autores entendam quais podem ser os benefícios intangíveis de um livro e que não é apenas aceitável querê-los — eles são muitas vezes o objetivo de escrever um livro.

CRESCIMENTO PESSOAL

Um livro ajuda você a crescer como pessoa de muitas maneiras, embora nem sempre sejam fáceis de entender antes do tempo:

1. Mudança de identidade e evolução: antes de escrever um livro, você é apenas uma pessoa normal como qualquer outra.

Mas, após escrever e publicar seu livro, adquire uma nova identidade: você é um autor.

Esse é um grande feito. Ser um autor significa que você é alguém que tem ideias valiosas que podem ajudar as pessoas, o que significa que você dedicou tempo para parar, escrevê-las e publicá-las, o que significa que você as compartilhou com o mundo. Significa que você entrou na arena. Tornou suas ideias reais, em um formato que permite que outros as avaliem, analisem e debatam — e isso leva VOCÊ para o próximo nível de aprendizado e expansão. Em essência, pode ser a confirmação de que o trabalho que você faz é importante para outras pessoas.

Tal mudança de identidade faz você subir um nível na vida. Agora, você está em uma liga diferente e tem um novo grupo de pares. Publicar um livro significa que está escalando suas ideias: você está levando-as a um público maior do que poderia sozinho, e isso convida a um novo diálogo e conexão com pessoas que se prendem às mesmas ideias.

Joey Coleman foi um grande exemplo disso. Tornar-se um autor best-seller do *Wall Street Journal* impulsionou sua carreira a um nível superior que transformou sua vida e seus negócios.

2. Confiança e orgulho de realização: escrever um livro é difícil; como resultado, a maioria das pessoas não o faz. Fazer isso requer coragem e, quando feito, proporciona uma imensa quantidade de confiança e orgulho.

Isso significa que você superou um obstáculo em sua vida. Não importa quão fácil seja escrever um livro para você, ainda é difícil, e fazê-lo significa que você fez algo difícil que valeu a pena. Para escrever um livro, você precisa acreditar que suas ideias são válidas e dignas de serem compartilhadas, e qualquer coisa que atrapalhe seu senso de autoestima e sabedoria se tornará um desafio a ser enfrentado no caminho para finalizar e publicar seu livro.

A finalização de seu livro permite que você risque isso da sua lista de desejos. É uma conquista valiosa que nunca poderá ser tirada de você.

Escrever um livro significa que você terá feito algo em sua vida que importa — não só para você, mas para outras pessoas. Você terá tornado o mundo um lugar melhor, e pode se orgulhar disso.

3. Autoaperfeiçoamento e desenvolvimento de habilidades: escrever um livro vai, por sua própria natureza, forçá-lo a melhorar em muitas coisas. Você se tornará um melhor escritor, um melhor editor e um melhor contador de histórias.

Assim como entenderá melhor suas ideias. Muitas pessoas que entendem como fazer o que fazem nem sempre sabem como explicar isso a outras pessoas. Escrever um livro lhe força a ser articulado — não apenas sobre o que faz, mas sobre como comunica isso às pessoas de forma eficaz.

4. Efeito terapêutico: um livro também pode ajudar você a crescer de forma terapêutica. Os livros muitas vezes forçam os autores a enfrentar questões emocionais difíceis enquanto escrevem.

Escrever um livro pode trazer à tona emoções complexas ou coisas em que você não pensa há anos. Pode também forçá-lo a enfrentar seus medos. Medo do fracasso, medo do sucesso, medo de ser julgado etc. Isso muda a vida de muitos de nossos autores.

Mary Hagerman passou por essa exata transformação com seu livro, o que a ajudou a superar muitos de seus medos.

5. Realização criativa: um livro, por sua própria definição, é uma realização criativa. Escrevê-lo não só ajudará a melhorar sua criatividade, mas é também um sinal de criatividade e uma expressão de si mesmo.

Se você quer ser mais criativo e se expressar mais autenticamente, um livro é uma das melhores maneiras de fazer isso.

O livro de Janet Newman lhe deu todas essas coisas e muito mais. Ela agora se vê de uma nova maneira, desbloqueou sua criatividade e ajudou seus leitores a melhorar sua saúde e suas vidas.

AJUDE AS PESSOAS

Muitos autores mencionam isto, dizendo: “Só quero que meu livro ajude as pessoas.”

O único problema é que, quando pressionados, muitas vezes não pensam em como seu livro pode ajudar. Não é que não possa, eles simplesmente não sabem especificamente como.

Seguem algumas maneiras comuns de como os livros podem servir aos leitores:

1. **Resolver um problema/oferecer algo que eles querem:** essa é geralmente a principal maneira e pode variar em uma grande diversidade de benefícios, mas a questão é que cada leitor compra seu livro porque supõe que ele oferecerá algo *desejado* — então o que seria isso que seu livro ajudaria os leitores a conseguir?
2. **Adquirir conhecimento/sabedoria/informação:** às vezes, o leitor quer aprender alguma coisa com o livro. Às vezes, isso está ligado à solução de um problema, mas nem sempre. Muitas vezes, o leitor desejará aprender por muitas razões diferentes.
3. **Inspirar/motivar/empoderar:** trata-se de como os leitores se sentirão ao terminar a leitura. Você quer ajudá-los a mudar sua mentalidade ou seu estado emocional.
4. **Nova perspectiva:** não é tão comum quanto as anteriores, mas ainda é frequente. Muitos leitores procuram uma maneira inteiramente nova de ver algo.

Essas quatro maneiras de ajuda não são mutuamente exclusivas, e alguns livros podem oferecer tudo isso. Na verdade, se você realmente quer ajudar as pessoas com seu livro, essas quatro formas de ajuda são apenas maneiras diferentes de responder a uma questão central:

Que transformação o leitor obterá a partir de seu livro?

É assim que autores e livros ajudam as pessoas — eles dão as informações, habilidades, motivação ou perspectiva para mudar algo em suas vidas para melhor.

Um dos meus exemplos favoritos é o livro de Jeb White. Embora tenha somado seis dígitos em vendas diretas ao seu negócio, o que mais deixou Jeb animado foi que crianças menos favorecidas passaram a ler seu livro para entrar nas faculdades de seus sonhos.

Outro grande exemplo é Robin Farmanfarmaian. Ela teve problemas de saúde durante anos, e seu livro foi fundamental para ajudar pacientes no campo médico a tomar o controle de sua saúde.

DIMENSIONE SEU IMPACTO

Causar um novo impacto sobre as pessoas é um dos principais fatores, mas ligado a isso está escalar o impacto que você já causou.

O que significa escalar seu impacto?

É praticamente o mesmo que escalar uma empresa, por exemplo, tornando-a maior. Pense em sua vida agora: pode ser que esteja ajudando muitas pessoas, mas é provável que você conheça todas essas pessoas, ou que elas estejam de alguma forma ligadas a você ou a sua comunidade direta.

O que aconteceria se você pudesse ajudar pessoas que nem conhece? Ou pessoas que nunca conhecerá?

Esse é o poder de um livro. Os livros podem alavancar exponencialmente seu alcance e impacto sobre as pessoas, pois permitem que elas o encontrem e obtenham ajuda de você sem que você precise passar nenhum tempo com elas.

Um grande exemplo é Nic Kusmich. Nic é dono de uma das melhores agências de publicidade do Facebook no mundo. Ele tem ajudado diretamente centenas de empresas a crescer e escalar. Mas seus serviços e seminários são caros. Uma das razões pelas quais ele escreveu um livro foi para ajudar as pessoas que não tinham condições de pagá-los. Certo dia, isso valeu a pena quando um garçom de 17 anos usou seu livro para abrir seu próprio negócio.

Shannon Miles fez algo semelhante. Seu livro teve um enorme impacto sobre sua marca e seus negócios, mas ela está muito entusiasmada com a forma como alguém que nunca trabalhou com ela pessoalmente usou seu livro para ter a coragem de tentar um emprego remoto, o que lhe permitiu trabalhar de casa e estar com seus filhos.

Os dois estão ajudando pessoas que nunca conheceram, em lugares que nunca foram. É isso que um livro pode ajudar você a fazer em escala.

MELHORE RELACIONAMENTOS

Os livros são ótimas maneiras de aprimorar todos os tipos de relacionamentos.

1. Facilitam relações de negócios: livros facilitam muito as relações de negócios em vários níveis diferentes. Em primeiro lugar, os livros o estabelecem como uma autoridade e um especialista credenciado. Isso significa que, quando alguém o encontra, o relacionamento começa com você em um nível elevado aos olhos do outro. Você não precisa se provar ou perder muito tempo se explicando ou se promovendo.

Em segundo lugar, livros atraem pessoas a você. Uma vez que você escreva um livro, terá compartilhado com o mundo o que faz e a quem pode ajudar — essas pessoas muitas vezes usarão seu livro como o caminho para encontrá-lo.

Um grande exemplo disso é como o livro de Jesse Cole o ajudou a aumentar exponencialmente o número e a qualidade de suas relações de negócios de maneiras que ele nunca poderia ter imaginado antes.

2. Melhoram as relações entre a equipe ou empresa: um livro pode ajudá-lo a unir sua equipe atual e atrair novas pessoas para sua empresa ou organização. Ele faz isso estabelecendo aquilo em que você acredita, qual propósito e missão sua empresa serve e por que ela é importante para o mundo. A melhor maneira de encontrar pessoas com a mesma opinião é falar sobre o que você está fazendo e por quê e pedir que elas se juntem a você.

O livro de Mark Organ é um grande exemplo disso. Seu livro literalmente expõe as crenças de sua empresa e funcionários, e eles o utilizam para atrair todo tipo de talento de ponta.

3. Melhoram as relações familiares: livros podem conectar famílias. Isso muitas vezes surpreende os autores, mas é um impacto muito valorizado.

Isso acontece principalmente porque um livro dá clareza às pessoas em sua vida; elas finalmente compreendem o que você faz e por que é importante.

Para muitos de nossos autores, seus filhos e familiares não entendem o que eles fazem. Não é culpa deles, nós apenas vivemos em um mundo onde a maioria dos trabalhadores do conhecimento tem trabalhos muito complicados, difíceis de entender para quem é de fora. Um livro conecta o que você faz com a realidade deles; mostra o impacto que você tem no mundo e por que seu trabalho é importante.

O livro de Sam Marrella é um grande exemplo disso. Ele ganhou muito dinheiro com seu livro, mas se preocupa mais com a maneira como isso ajudou sua filha a vê-lo com outros olhos.

Um exemplo ainda mais surpreendente disso é o livro de Doug Brackmann. Mesmo tendo quadruplicado sua receita, ele está muito orgulhoso de como sua obra literalmente ajudou a salvar vidas e a se reconectar com seu pai.

DEIXE UM LEGADO

Como se deixa um legado?

Fazendo coisas que melhoram a vida de outras pessoas.

Há muitas maneiras de melhorar a vida de outras pessoas — e um livro é uma das melhores.

Isso porque — como já discutimos muitas vezes — um livro é escrito para ajudar outras pessoas. Se você o escreve com seu público em mente, e compreende a transformação que ele procura, então é inevitável que seu livro ajude as pessoas.

Sim, você pode ajudar muitas pessoas em sua vida normal, mas um livro escalona seu impacto e o ajuda a alcançar mais pessoas de uma forma mais profunda.

Pense nisto: ***se você pode ajudar centenas de pessoas em seus negócios, pode ajudar milhares com seu livro.***

É também uma forma de garantir que sua missão e seu legado sobrevivam quando você partir. Se você só ajuda pessoas em sua esfera de influência imediata, não há nada de errado com isso, mas essa ajuda termina quando você morre. Um legado deixado em um livro pode continuar depois que você se for, por gerações.

Por exemplo, todos nós somos influenciados pelo legado de Sócrates, Tomás de Aquino ou Malcolm X, tudo porque eles colocaram seus conhecimentos em um livro.

Muitas pessoas realizaram grandes feitos, mas nem todas escreveram livros sobre isso. Escrever um livro significa que será visto com respeito e admiração. Você terá tornado o mundo um lugar melhor e poderá se orgulhar disso — e isso é um legado.

O livro de Lorenzo Gomez é um grande exemplo disso. É claro que o livro proporcionou todo tipo de sucesso de negócios para ele, mas Lorenzo ficou muito feliz com a forma como seu livro o levou a dar aulas para crianças hispânicas do interior da cidade, que vinham dos mesmos bairros pobres em que ele viveu. Ele sabe que seu legado se tornará muito maior do que ele mesmo.

Myra Evans-Manyweather também deixou um legado ao ajudar mulheres a abrir seus próprios negócios.

QUANDO O INTANGÍVEL SE TORNA TANGÍVEL

Como você pôde ver, há muitos impactos intangíveis de um livro sobre você mesmo, seu leitor, sua família e sua comunidade.

Entretanto, você notou um padrão nos estudos de caso dos autores? A maioria dos objetivos intangíveis que os autores alcançaram acabou levando a alguns impactos muito reais e muito tangíveis.

Ainda há pouco, apresentei o exemplo de Lorenzo Gomez. "Ajudar as pessoas" pode ter sido uma ideia abstrata para Lorenzo no início, mas ensinar crianças hispânicas do interior da cidade certamente não é intangível. Nem atrair novos talentos para sua empresa para Mark Organ, nem para Sam Marrella se conectar com sua filha.

Uma razão pela qual essas metas "intangíveis" são importantes e devem ser aceitas é que elas frequentemente apresentam resultados muito reais e tangíveis.

Não, nem todas elas podem ser medidas em um balanço patrimonial ou em uma conta bancária, mas isso não é a única coisa que importa.

O que também importa é o impacto real sobre pessoas reais que seu livro pode causar.

Isso é possível. Você já viu uma dúzia ou mais de exemplos neste capítulo, e esses autores começaram em um lugar não tão diferente de onde você está agora.

9.5

QUANTO VOCÊ DEVE "ENTREGAR" EM SEU LIVRO? CONTEÚDO PUBLICITÁRIO VS. CONTEÚDO EDITORIAL

Você gosta quando as pessoas tentam lhe vender algo descaradamente? Especialmente quando não é sobre isso que você quer ouvir falar?

É claro que não. *Todos odeiam isso.*

No entanto, quando chega a hora de escrever seu livro, muitos autores esquecem essa verdade universal e, em vez disso, usam sua obra para promover seu produto ou serviço.

Isso é desagradável, irritante e, o pior de tudo, ineficaz.

Não importa o que seu livro peça que seus leitores façam a seguir — *especialmente* se você pretende que eles comprem seus produtos ou serviços — é fundamental que o conteúdo de seu livro *não* venda, mas que, em vez disso, eduque e informe.

Em termos de escrita de livros, isso é chamado de informação "editorial" em vez de "publicitária".

O conteúdo editorial fornece aos leitores informações sobre um tema ou explica algo a eles. Ele educa os leitores e oferece valor. O conteúdo editorial, em sua essência, *fornece valor ao leitor*.

É por meio de informações editoriais que você compartilha sua experiência com os leitores e divide informações valiosas. Você dá aos leitores informações que eles podem colocar em prática, o que trará confiança, e, por sua vez, realmente impulsionará mais vendas do que vendas ostensivas. Isso o tornará memorável e digno de confiança.

Contraste isso com o conteúdo publicitário, que é um argumento de venda ostensivo. Em vez de fornecer aos leitores as informações que os fizeram comprar seu livro, você está dizendo a eles para pagar por elas. É a pior maneira de atingir seu objetivo, porque os leitores se sentirão enganados e não confiarão em você. Eles ficarão chateados e você parecerá terrível. Seus leitores percebem a autenticidade, assim como você faz quando lê.

Este é o ponto-chave a ser lembrado: os leitores compram seu livro sob o contrato implícito de que você respeitará a decisão deles e entregará valor por seu investimento de dinheiro e tempo. Quando força algo, eles sentem como se você tivesse traído a confiança deles.

Se fizer um ótimo trabalho em seu livro e apresentar conhecimentos e informações que beneficiem o leitor, você cumpriu seu objetivo mais importante:

> ***Os leitores lhe respeitarão e confiarão no que você disser. Alguns deles podem vir até você em algum momento no futuro, seja para contratá-lo como palestrante ou consultor ou para comprar seu próximo livro. Também é provável que eles recomendem seu livro a outros leitores interessados em suas ideias.***

A melhor maneira de conseguir isso é deixar claro para os leitores seu valor, fornecendo informações que eles podem imediatamente colocar em prática.

QUANTO VOCÊ "ENTREGA" EM SEU LIVRO?

Isso é simples: coloque o máximo de seus conhecimentos em seu livro.

Digo novamente, sem reservas: COLOQUE O MÁXIMO DE SEUS CONHECIMENTOS EM SEU LIVRO.

As razões para isso são duas:

1. Se você realmente se importa em servir a seus leitores, isso deve ser óbvio. Você está escrevendo o livro para eles e, para servi-los, deve realmente compartilhar o conhecimento que tem.
2. Mas, melhor ainda, compartilhar o que você sabe *normalmente lhe ajuda a atingir seus objetivos.*

Assim como citado na discussão "conteúdo publicitário vs. conteúdo editorial", seu livro deve construir confiança com seu leitor. Como você pode fazer isso sem mostrar o que você sabe e como você pode ajudar os leitores?

Este livro que você está lendo agora mesmo é um grande exemplo do que estou falando.

A Scribe é uma empresa que vende vários serviços diferentes para ajudar pessoas a escrever livros (além de outros serviços criativos de valor agregado).

No entanto, em nenhum momento deste livro eu empurrei esses serviços para cima de você, ou mesmo insinuei que você deveria comprá-los. Na verdade, eu só os menciono de passagem para contar histórias que exemplifiquem meus ensinamentos (como estou fazendo agora).

Indo além, este livro revela todos os "segredos" que temos. Você pode seguir as instruções deste livro *e fazer tudo o que fazemos, sem nós.*

Por que faríamos isso como uma empresa? Por que "entregaríamos" o processo que vendemos?

Por várias razões:

1. **Autoridade:** se não estamos dispostos a explicar completamente o que fazemos, se não podemos mostrar a um leitor o que sabemos — por que alguém confiaria em nós ou nos contrataria? Este livro é a melhor prova possível de que somos bons em nossos trabalhos.
2. **Credibilidade:** se tentássemos vender algo a você, isso diminuiria muito a credibilidade do livro, as informações nele contidas e a nós mesmos. Se você acreditar que escrevemos apenas para nosso benefício, não prestará atenção no conteúdo; assim como não irá nos considerar, ou a nossa informação, como confiável — tampouco deveria.
3. **Reputação:** se de fato compartilharmos grandes informações, então os leitores nos respeitarão e falarão muito bem de nós. Esse é o tipo de marketing boca a boca que é incrivelmente eficaz e não pode ser comprado — deve ser conquistado.
4. **Interesse de clientes:** nossos serviços são caros. A maioria das pessoas não pode pagar por eles. Por que vender para pessoas que não podem nos pagar? As pessoas que nos contratam fazem isso por duas razões: 1. Somos especialistas que fornecem orientação de livros de alto nível (o que este livro ajuda a provar), e 2. Elas querem poupar tempo, e este livro as ajuda a ver como esse processo é demorado e como nossos serviços podem ser va-

liosos. Para o tipo de pessoas que nos contratam, este livro nos promove sem jamais tentar fazer isso.

5. **Autorrespeito:** acreditamos que todos com conhecimento para compartilhar devem escrever um livro. A missão de nossa empresa é "destravar a sabedoria do mundo". Se realmente acreditamos nisso, então como poderíamos escrever um livro que fosse algo menos do que *tudo o que* alguém precisava para escrever um bom livro? Fazer isso seria intelectualmente desonesto e não poderíamos viver com nós mesmos se fizéssemos algo assim.

Não posso dizer o que fazer com seu livro, mas o convido a seguir uma abordagem semelhante. Compartilhe seus melhores conhecimentos em seu livro e não tente vender às pessoas — deixe que elas venham até você porque seu conhecimento é muito útil para elas.

Não só porque é o mais ético, mas também porque é a forma mais eficaz.

9.6

QUANTO DE SUA HISTÓRIA PESSOAL DEVE ESTAR EM SEU LIVRO?

Todo autor tem conflitos com o quanto de sua história pessoal deve estar em seu livro. Alguns querem expor muito de sua história pessoal, enquanto outros não querem expor nada dela.

Então, quanto é o correto? A resposta básica é:

> **Seu livro deve ter o suficiente de sua história pessoal para ajudar o leitor a conseguir o que deseja do livro, *mas nada mais.***

Analisaremos os dois erros que os autores cometem com sua história pessoal, o que deve esclarecer o equilíbrio ideal.

NÃO EXPONHA MUITO SUA HISTÓRIA PESSOAL

Isto vai parecer duro, mas é a coisa mais importante que você aprenderá com este livro (e vou repetir isso muitas vezes):

> ***Seus leitores não se importam com você, sua história ou seu livro.***

Eles não compram ou leem seu livro por sua causa, mas para conseguirem algo que querem. Portanto, sim, isso significa que seus leitores ***só se preocupam com o que seu livro proporcionará a eles.*** Os leitores veem o seu livro, você e sua história somente com essa perspectiva.

Alguns de nossos autores querem produzir um livro sobre eles mesmos. Eles querem escrever tudo sobre suas vidas e suas histórias pessoais e descrever a si mesmos, seus medos, suas ansiedades, suas conquistas… mas ninguém se importa com isso.

Não me interprete mal, eles têm absolutamente o direito de escrever um livro dedicado a eles mesmos. Mas ninguém o lerá ou se importará. [Sim, há algumas exceções para certos tipos de livros de memórias, mas isso está além do escopo deste livro.]

Digo isso não para julgar memórias ou livros que são muito autocentrados. Basta saber que, se fizer isso, escreverá seu livro somente para você mesmo. Se está ciente e aceita isso, então ótimo. Faça.

Mas, se você quiser que seu livro encontre um público e tenha um impacto sobre os leitores, então você deve começar com a intenção de que o foco do livro seja o que é relevante para o leitor.

Sim, você é o autor do seu livro… mas ele não é para você. É para o leitor.

COLOQUE AS PARTES DE SUA HISTÓRIA PESSOAL QUE SÃO IMPORTANTES PARA O LEITOR

O que estou prestes a dizer parecerá contraditório. Mas não é:

> ***O leitor quer ouvir sua história… mas somente as partes que são relevantes para o porquê de ele ler seu livro.***

Temos muitos autores que não querem colocar nenhuma de suas histórias pessoais no livro. Eles acham isso arrogante, não querem falar sobre si mesmos ou temem ficar vulneráveis ou compartilhar emoções. Parece que esses autores pensam que existe uma distinção clara entre livro de memórias e livro de negócios, e que um livro de negócios não pode ter nada de pessoal.

Isso não é verdade e, de fato, um livro sem nada sobre o autor raramente dá certo.

Se ajudar o leitor a entender por que deve ler o livro e como o livro pode se relacionar com ele ao apresentar partes específicas de sua história pessoal, então você deve incluir essas partes da sua história pessoal no livro.

Isso se deve a um simples fato da biologia humana: os seres humanos aprendem por intermédio da história e do exemplo.

Os leitores escolhem seu livro porque ele tem conhecimentos e informações que podem ajudá-los a resolver um problema ou oferece algo que eles queiram.

Mas os leitores leem, se envolvem e fazem uso dos livros por conta das histórias pessoais que ensinam, inspiram, motivam e ajudam a compreender e aplicar conhecimentos.

Na medida do possível, seu livro deve apresentar seus ensinamentos e conhecimentos via histórias. Elas podem ser suas próprias histórias ou histórias de outras pessoas. Qualquer uma delas funciona.

QUAIS PARTES DE SUA HISTÓRIA PESSOAL DEVEM ESTAR EM SEU LIVRO?

Este é um teste bastante simples para ajudá-lo a entender se uma história específica deve ser incluída no livro:

> ***Esta história agrega valor para o leitor?***

Literalmente, basta fazer essa pergunta a si mesmo. Se não agrega nenhum valor para o leitor, então não faz parte do livro. Caso contrário, ela deve permanecer no livro.

A troca entre você e o leitor é que ele lhe dá atenção e você oferece conhecimento e sabedoria que ele acha valiosos. Portanto, sua história precisa incorporar e mostrar isso, e, caso consiga, você acertou em cheio.

QUÃO VULNERÁVEL VOCÊ DEVE SER? QUANTA EMOÇÃO MOSTRAR?

A outra coisa que os autores perguntam é o quão vulneráveis eles devem ser em suas histórias pessoais. A resposta é, novamente:

> ***Seja tão vulnerável quanto você precisa ser para escrever a história pessoal mais impactante para o leitor.***

Por exemplo, se você escrever um livro sobre gestão financeira, seria ótimo contar uma história sobre como entrou com um pedido de falência. Isso é difícil de admitir e é algo vulnerável de se dizer em um livro.

Contar essa história em um livro sobre gestão financeira beneficiará muito o leitor. Isso fará com que ele confie em você, e parecerá confiável porque mostrará que já passou por dificuldades e pode ajudá-lo a superar sua vergonha e suas questões financeiras.

Mas, se o livro é sobre tricô, não tenho certeza do quanto faz sentido falar sobre falência. Isso não faz o leitor entender nada. Nesse caso, parece uma libertação emocional para o autor, mas irrelevante para o leitor.

Seu livro nunca deve ser um lugar em que você despeja suas emoções no leitor. Se escrever um livro funciona como terapia para você, tudo bem. Mas você não deve pedir ao leitor para ser seu terapeuta.

Pense nisso como qualquer tipo de compartilhamento com um amigo. Se seu amigo tem um dia ruim e compartilha isso, você escuta e sente empatia. Então, se você teve um dia ruim, também compartilha isso. Vocês estão compartilhando, estão sentindo empatia um pelo outro, tudo bem, certo?

Mas, se você apenas fala sobre todos os seus problemas, e depois que seu amigo começa a falar, você se levanta e sai — isso não é sentir empatia; é egoísmo.

Há uma grande diferença.

Mas há uma última coisa que eu recomendo: fale de suas cicatrizes, não de suas feridas abertas.

Ou seja, não coloque em seu livro coisas ainda não resolvidas. Ele serve para compartilhar o que você sabe, não para compartilhar seus problemas mal resolvidos.

Mesmo que busque processar seus problemas por escrito, tudo bem, apenas assegure-se de que o que estará no livro seja sabedoria arduamente conquistada, não liberação emocional que só serve a você.

Mostrar emoção — especialmente na escrita — pode ser muito difícil. Não sei dizer quantas vezes trabalhamos com autores que descreveram um acontecimento horrível — um tipo de trauma significativo — com total desapego.

Talvez eles tenham falido e perdido tudo, tiveram alguém da família que faleceu ou perderam um negócio para um sócio traiçoeiro, mas, quando falam sobre o assunto, apenas descrevem os fatos. Eles não falam sobre como se sentiram ou como isso os afetou.

Pressionamos esses autores para depois falarem sobre seus sentimentos. Quando isso aconteceu, o que você sentiu? Como foi? Como isso o afetou?

Se for contar histórias como essas, você deve falar sobre suas emoções, na medida em que elas sejam relevantes. Na verdade, para muitos autores, temos que primeiro contar que sua história nos impacta profundamente, antes que eles se deem permissão para falar sobre suas emoções e sentimentos.

Quando faz isso como autor, você permite ao leitor sentir essa emoção e se envolver com ela. Que é o que você está tentando fazer com seu livro.

Você não está lá como um autor para apenas dar os fatos. Os fatos são ótimos. Os fatos são importantes, os fatos são a base de seu livro — mas as pessoas não aprendem nem se envolvem por intermédio de fatos.

As pessoas aprendem por intermédio da história e do exemplo. Elas tomam decisões sobre como mudar sua vida com emoção. Isso é o que é preciso fazer para escrever um bom livro. Ele deve conter essas duas coisas.

Se você não tiver certeza sobre isso, responda a estas perguntas:

1. Qual é seu livro favorito?
2. Qual é sua parte favorita em seu livro favorito? O que mais lhe impactou?

Neste momento, você provavelmente está pensando em uma parte do livro que lhe despertou uma profunda emoção. Não era um fato. Foi uma história, curiosidade ou episódio que trouxe algo à tona em você.

Faça a mesma coisa com seu livro. Conte histórias e relatos pessoais que despertem emoção, porque isso atrairá o leitor e fará com que os fatos fiquem gravados em sua mente.

Quanto mais você mostrar o lado ruim, disser as coisas que todos pensam, mas não dizem, mostrar seu verdadeiro eu e seus verdadeiros pensamentos — melhor será seu livro.

9.7

NÃO COLOQUE TUDO O QUE VOCÊ SABE EM UM SÓ LIVRO

Almôndegas são deliciosas.

Sorvete é delicioso.

Porém, quando você os combina em um "sundae de almôndegas"... fica nojento.

Apesar de serem ótimos separadamente, eles não combinam.

Isso é o que muitos autores tentam fazer com seu livro: criar um sundae de almôndegas. Eles fazem isso misturando várias ideias distintas em uma única obra.

Isso nunca funciona.

Antes de mais nada, isso cria uma má experiência de leitura. As pessoas leem livros para obter conhecimentos especializados que as ajudarão a resolver um problema específico. Ninguém lê livros para obter informações desconectadas.

Além disso, ter muitos ângulos diferentes e demasiada informação no livro dificulta o posicionamento e o marketing. Na verdade, a maioria dos problemas de posicionamento que vemos vem do fato de que o autor está tentando combinar dois ou três livros diferentes em um e assim falar para múltiplos públicos diferentes. Isso torna quase impossível ter um posicionamento claro.

A maioria dos autores tenta combinar tudo o que sabe em um único livro porque acha que não tem informações suficientes. Eles sentem-se inseguros em relação ao livro e tentam compensar, enchendo-o com tudo o que é possível.

Como disse, essa é a pior coisa que se pode fazer, pois resulta em uma bagunça inchada e sinuosa que é difícil de descrever para as pessoas e não tem um público natural.

UM EXEMPLO DE UM SUNDAE DE ALMÔNDEGAS

Trabalhamos com uma dupla de autores, Bryan e Shannon Miles, que juntos abriram a empresa de assistência virtual de maior sucesso nos Estados Unidos (Belay Solutions), conectando grandes assistentes virtuais com um processo que funciona em escala para empresas e empreendedores ocupados. Eles também desenvolveram uma cultura incrível na Belay, sendo nomeados pela *Entrepreneur Magazine* como a cultura de empresa número 1 nos EUA e ainda oferecem incríveis oportunidades para mães que queiram trabalhar em casa.

Eles estavam justamente orgulhosos dessas três coisas e tinham uma visão de um livro que falava sobre como a assistência virtual mudará o trabalho; como desenvolver uma excelente cultura de assistência virtual; e como usar essa cultura para atrair mais mulheres. Eles tinham uma ideia geral, mas muito vaga, de como seu livro poderia falar sobre todas as três coisas.

Isso não poderia dar certo. São três ideias muito distintas. Tentamos encontrar um posicionamento para um livro, até que finalmente eu disse:

> Acho que vocês têm pelo menos dois livros aqui, talvez três. Há um sobre como os assistentes virtuais revolucionarão o trabalho. Outro sobre como desenvolver uma incrível cultura empresarial. E há um livro sobre como as mulheres podem usar o trabalho dos assistentes virtuais para mudar suas vidas.

São todos grandes livros — mas são três livros diferentes, não um só.

Eles concordaram, e Bryan trabalhou conosco para escrever um livro sobre como os assistentes virtuais mudarão a força de trabalho moderna, chamado *Virtual Culture* [Cultura virtual].

Shannon escreveu seu próprio livro sobre as mulheres e o trabalho de assistência virtual: *The Third Option* [A terceira opção].

Como um benefício extra, ao escrever dois livros em vez de um, eles mais do que duplicaram o impacto em sua empresa.

Cada livro possibilitou uma campanha de mídia separada e distinta. E cada livro serviu a um propósito diferente — o de Bryan fez um ótimo trabalho atraindo clientes, e o de Shannon fez um trabalho incrível atraindo assistentes virtuais qualificadas para servir a esses clientes.

(Outro ponto importante que se liga ao posicionamento: eles decidiram NÃO escrever o livro sobre a cultura da empresa. Em vez disso, muitas dessas ideias foram utilizadas no livro de Shannon. Isso porque os ajudamos a ver que escrever um livro sobre cultura empresarial os levaria a receber muitos pedidos de palestras e consultorias sobre cultura, o que *eles não queriam*. Eles queriam apenas se concentrar em seus negócios.)

COMO SE CONCENTRAR EM UM LIVRO

Se você está fazendo isso em seu posicionamento — combinando dois ou três livros em um só — não se deixe abater. É muito comum.

Na verdade, muitas vezes pode acabar sendo uma coisa boa (uma vez que você corrige o posicionamento).

É uma coisa boa porque ambos o ajudarão a se concentrar em encontrar o melhor livro para você, e depois o ajudarão a ver seu(s) próximo(s) livro(s).

O segredo aqui é focar seu leitor e como melhor ajudá-lo. Se você for absolutamente claro sobre qual leitor seu livro servirá, e como o livro servirá ao leitor, então a ideia perfeita para chegar a esse público deve surgir. Uma vez que você descobrir isso, ficará fácil notar se outras ideias se encaixam ou não e então concluir sua ideia de livro.

A realidade é que, se for um profissional bem-sucedido com profunda experiência em sua área, provavelmente tem vários livros dentro de você. Não há problema em ter vários livros que são específicos, focados e que entregam coisas diferentes. Na verdade, isso é preferível.

Quase todos os autores com quem trabalhamos têm mais de um livro, se eles optarem por escrevê-los. Você sempre pode escrever outro.

Não tente colocar tudo o que você sabe no primeiro. Concentre-se antes no livro que faz sentido para você, depois concentre-se em como fazer com que esse livro seja o melhor possível para o leitor.

9.8

TUDO O QUE VOCÊ PRECISA SABER SOBRE CAPÍTULOS DE LIVROS

Quando comecei a ensinar as pessoas a escrever seus próprios livros de não ficção, fiquei surpreso com quantas delas me faziam perguntas sobre capítulos de livros.

> *Qual deve ser o tamanho dos meus capítulos?*
>
> *Quantos capítulos devem ser escritos em meu livro?*
>
> *Devo dividir o livro por partes e capítulos?*

Fiquei meio perplexo quanto ao porquê de haver tantas perguntas sobre capítulos, então um autor deixou tudo claro:

> *Estou apenas confuso e procurando algumas regras a serem seguidas.*

Ah, sim. Quando a ansiedade ataca, as pessoas simplesmente anseiam por certeza.

O problema é o seguinte: não há "regras" para capítulos de livros.

Existem alguns padrões e convenções que a maioria dos autores segue, mas para qualquer "regra" que você possa encontrar, eu posso mostrar exceções que não a seguem e dão muito certo.

Nesta seção, responderei a perguntas comuns sobre capítulos e tentarei dar algumas diretrizes básicas para ajudá-lo enquanto você escreve seu livro.

O QUE É UM CAPÍTULO DE LIVRO?

Parece uma pergunta boba, mas na verdade é importante estabelecer isso para o resto desta seção.

Um capítulo é uma das principais maneiras de dividir e separar ideias distintas dentro de um livro. Os livros modernos de não ficção sempre têm capítulos. Esse nem sempre foi o caso. Muitas obras antigas não eram organizadas por capítulos e eram ou um texto longo como *Beowulf*, ou organizadas em versos, como *Política* de Aristóteles.

Um capítulo moderno é geralmente:

- Uma ideia coesa.
- Uma etapa no processo que você está descrevendo.
- Um único argumento ou posição.

Pode ser uma ou todas essas coisas.

QUAL É A DIFERENÇA ENTRE UMA PARTE E UM CAPÍTULO?

Livros com diversos capítulos muitas vezes são agrupados em várias "partes", como subdivisões.

Uma parte é simplesmente um conjunto de capítulos que juntos refletem uma ideia maior. Por exemplo, no Sumário de um livro, podem ser apresentadas três partes, cada uma com alguns capítulos.

Parte 1:	**Onde começar com seu negócio de serviços**
Capítulo 1:	Empreendedorismo
Capítulo 2:	Objetivos
Capítulo 3:	Gestão de tempo (já chegamos?)
Parte 2:	**Tomando medidas em seu negócio de serviços**
Capítulo 4:	Promovendo seu negócio
Capítulo 5:	Construindo uma comunidade
Capítulo 6:	Vendas
Capítulo 7:	Rejeição
Parte 3:	**Técnicas de negócios de serviços avançados**
Capítulo 8:	Mentalidade financeira/O dinheiro importa
Capítulo 9:	O apoio é condicional

QUANTOS CAPÍTULOS DEVEM CONSTAR EM UM LIVRO?

A maioria dos livros de não ficção tem entre cinco e vinte capítulos.

Se forem menos de cinco, seus capítulos podem ser longos ou podem conter muitas ideias.

Dito isso, há uma abundância de livros com trinta ou quarenta capítulos. Alguns, geralmente com capítulos muito curtos, cinquenta ou mais.

Não há uma resposta "certa" para essa pergunta. Existe a convenção já mencionada, mas essa não é uma regra inquestionável, definitiva. Você precisa decidir o que funciona em seu livro.

QUÃO LONGOS DEVEM SER OS CAPÍTULOS?

Depende de dois fatores: quanto você precisa dizer, e que tipo de teor e ritmo quer em seu livro?

Capítulos longos podem ser informativos, mas também podem ser arrastados e sobrecarregados de informações e perder a atenção do leitor.

Você pode combater isso com capítulos curtos que prendam a atenção do leitor e tenham ritmo, mas isso também pode ser confuso.

Se quiser algumas diretrizes, você pode presumir que a média de livros de não ficção é de cinquenta mil palavras, e que eles têm 12 capítulos, então em torno de quatro mil palavras seria um capítulo de tamanho "médio". Esse número realmente se alinha muito bem com os dados que temos sobre isso, mas, novamente, esse número não deveria ser nem um objetivo tampouco uma restrição. É apenas uma convenção.

Capítulos podem ter quinhentas ou mesmo dez mil palavras. Tudo depende de quanto você se aprofunda em uma ideia e até onde você vai com ela.

EXISTE UM TAMANHO MÁXIMO OU MÍNIMO PARA UM CAPÍTULO?

Não. Um capítulo é um único argumento, ideia ou etapa em seu processo. Ele pode ser tão longo ou tão curto quanto necessário.

A única palavra de cautela é considerar que, se o capítulo for inferior a mil palavras, pode não ser uma ideia ou um capítulo inteiro e, na verdade, fazer parte de outra coisa.

E, se forem mais de dez mil palavras, podem ser dois ou mais capítulos.

TUDO BEM SE OS CAPÍTULOS TIVEREM TAMANHOS DIFERENTES?

É claro que sim. Se um capítulo tem cinco mil palavras, e o seguinte, 1,2 mil, e o seguinte, três mil, e o seguinte, mil, tudo bem.

Na verdade, isso pode ser benéfico. Variar o fluxo pode melhorar a leitura do livro, dependendo do que você diz.

Direi isto novamente: é muito mais importante preocupar-se com o fluxo de ideias para o leitor do que preocupar-se com "regras" inexistentes para os capítulos. Seu livro é escrito para seu leitor, portanto, tome decisões sobre os capítulos com base no que torna o livro melhor para ele.

9.9

COMO VENCER O BLOQUEIO CRIATIVO?

Já se sentou para escrever alguma coisa e nada veio à cabeça?

Se isso nunca aconteceu, significa que você não escreve muito (ou tem algum poder mágico que ninguém mais tem).

Todo escritor com quem falei ou trabalhei (incluindo eu mesmo) lidou com o bloqueio criativo. De fato, alguns dos maiores escritores de todos os tempos — Rafa Ellison, Harper Lee — enfrentaram esse problema durante décadas, o que afetou suas carreiras (nenhum dos dois escreveu um segundo livro).

Após décadas escrevendo livros profissionalmente e trabalhando com milhares de autores para ajudá-los a superar essas questões, desenvolvi uma abordagem do bloqueio criativo que é diferente da maioria, que — se aplicada corretamente — quase sempre funciona.

O QUE É O BLOQUEIO CRIATIVO?

O termo "bloqueio criativo" foi criado nos anos 1950 por um psiquiatra chamado Edmund Bergler, em um artigo chamado "O bloqueio criativo existe?". Bergler era da escola freudiana de psicanálise e argumentou que um escritor é como um psicanalista, afirmando que um escritor "inconscientemente tenta resolver seus problemas internos pelo meio subliminar da escrita".

Um escritor com bloqueio criativo está na verdade bloqueado psicologicamente — e o caminho para "desbloquear" esse escritor é pela terapia. Resolva o problema psicológico pessoal e você se livrará do bloqueio criativo.

Por que isso importa?

Porque desde então foram escritos diversos textos sobre bloqueio criativo, e a maior parte está errada.

Bergler acertou em cheio (basicamente).

O QUE CAUSA O BLOQUEIO CRIATIVO?

Embora a causa do bloqueio criativo sempre se resuma a um "problema psicológico pessoal", esses problemas psicológicos se enquadram em três principais categorias.

A primeira é a maior e totalmente óbvia:

MEDO

Escritores são humanos e, portanto, são temerosos. Eles temem correr riscos, temem ser julgados, temem escrever um livro ruim, mas principalmente — temem parecer tolos. Essa é a condição humana, e a melhor coisa a fazer é, se for verdade — admitir que você tem medo. Então você pode lidar com isso (discuto soluções na próxima seção).

O segundo medo não é tanto um medo direto, mas um medo indireto. Você conhece a reação de "lutar ou fugir"? Bem, no meio acadêmico isso é na verdade chamado de reação de "lutar, fugir ou congelar", e "congelar" é muito significativo no bloqueio criativo. Costumo me referir a isso como:

UM PLANO RUIM

A maneira mais simples de descrever é que os humanos anseiam por certeza, e, se há muita incerteza sobre a tarefa de escrita, então ela congela as pessoas. Alguma hesitação subconsciente sobre o plano, tema ou qualquer coisa fará com que a maioria das pessoas simplesmente não o faça.

Eu vejo isso acontecer o tempo todo com clientes da Scribe; eles sabem que têm um livro dentro deles e não têm nenhum problema em escrever, uma vez que sabem sobre o que devem escrever. Mas, sem a organização e a estrutura adequadas antes de começar, eles congelam.

O terceiro problema é algo que acontece mais do que se possa pensar:

VOCÊ GENUINAMENTE NÃO QUER FAZER ISSO

Isso é mais comum na escrita relacionada ao trabalho ou à escola, ou em qualquer lugar onde a escrita é compelida por uma força externa e não vem de um desejo do escritor.

(Se você quiser se aprofundar no bloqueio criativo, o melhor livro sobre o tema é *Conceptual Blockbusting* [Bloqueio conceitual]. Ele foi publicado há trinta anos e está em sua quinta edição (ele é tão bom quanto parece).)

A MELHOR ESTRATÉGIA PARA VENCER O BLOQUEIO CRIATIVO

Tenho duas estratégias diferentes que se mostraram muito eficazes ao longo do tempo: a melhor e as outras.

A melhor é muito simples. Quando tenho um bloqueio criativo, faço a mim mesmo a seguinte pergunta:

> ***Do que eu tenho medo?***

Dica: é quase sempre algum medo que você não quer enfrentar (segue uma lista de medos comuns: scribewriting.com/book-writing-fears [conteúdo em inglês]).

Mas acontece o seguinte — isso não funcionará se você não for sincero consigo mesmo. E, claro, você precisa ser autoconsciente o bastante para saber quando não está sendo sincero consigo.

Isso dá certo para mim (na maioria das vezes), porque passei muitos anos em diferentes formas de terapia e me tornei bastante decente em enxergar minhas próprias besteiras (novamente, na maioria das vezes, nem sempre).

Se você não é assim — e a maioria das pessoas não é — essa estratégia não dará certo. Você vai apenas fazer racionalizações elaboradas para se convencer de que existe uma razão VERDADEIRA, e que não é algum medo que você deixou de enfrentar.

Mas, se você fizer isso, se puder realmente entender o medo que causa seu bloqueio, então pode resolvê-lo. Eu mostro exatamente como vencer seus medos de escrever livros neste artigo: scribewriting.com/book-writing-fears [conteúdo em inglês].

OUTRAS ESTRATÉGIAS PARA VENCER O BLOQUEIO CRIATIVO

Eu sei que disse que quase sempre a causa é o medo prévio, mas eu usei o modificador "quase".

Há momentos em que o bloqueio criativo *não* é causado pelo medo. Às vezes, você tem dificuldades por outras razões. Para esses momentos, estas são as estratégias que descobri que funcionam (tanto comigo quanto com os milhares de autores que ajudamos):

1. **Fale sobre isso:** o bloqueio de escritor é real. Não existe tal coisa como o bloqueio de palestrante. Você sempre pode falar. Se você realmente se sente sem criatividade, arranje alguém para entrevistá-lo sobre o que impossibilita sua escrita. Uma vez que você tenha que falar sobre isso, as ideias e as palavras fluirão.
2. **Faça algo mais:** você conhece o ditado: "o telefone só toca quando você está no chuveiro"? Bem... vá para o chuveiro. Metaforicamente. Caminhar também dá muito certo. Assim como brincar com meus filhos. Basicamente, abstrair sua mente permite que seu subconsciente trabalhe no problema, e você pode voltar a ele depois.
3. **Foco no leitor:** John Steinbeck disse tudo: "Esqueça seu público generalizado. Em primeiro lugar, o público sem nome e sem rosto o deixará morrendo de medo, e, em segundo lugar, ao contrário do teatro, ele não existe. Na escrita, seu público é um único leitor. Descobri que às vezes ajuda escolher uma pessoa — alguém real que você conhece, ou uma pessoa imaginária, e escrever para ela."
4. **Mudança de contexto:** isso me ajudou antes — mudo o local onde escrevo. Vou a um café, a um restaurante ou a qualquer outro lugar. Não importa, eu apenas mudo o contexto em que me encontro.
5. **Continue escrevendo:** eu odeio isso, mas às vezes funciona. Muitas vezes, me vi com um bloqueio criativo e continuei escrevendo, mesmo que fosse inútil, e isso me levou a continuar. A falta de ânimo quase sempre oculta um medo, mas, às vezes, basta seguir em frente para conseguir produzir algo bom.

Essas são as estratégias que eu vi funcionarem para mim e para outros autores. Entretanto, mais uma vez, faça aquilo que funciona para você. Essa é a única regra para escrever.

9.10

O ÚNICO SOFTWARE DE QUE VOCÊ PRECISA PARA ESCREVER UM LIVRO JÁ ESTÁ NO SEU COMPUTADOR

Pense em seus autores favoritos — aqueles cujos livros afetaram profundamente sua vida. Você sabe o que todos eles tinham em comum?

> ***Nenhum deles usou um software especial para escrever seu livro.***

No entanto, é aqui que começam muitos escritores iniciantes e amadores. Eles perdem tanto tempo procurando o software de escrita de livros "perfeito" (entre outras ferramentas) que, por magia, tornarão sua escrita melhor.

Deixe-me poupar-lhe tempo e dinheiro: ***software não é uma consideração relevante para escrever um bom livro.***

Na verdade, a maioria dos softwares de escrita acrescenta complexidade sem nenhum valor.

O que não quer dizer que softwares de escrita nunca serão relevantes. Isso pode acontecer. Mas, após testar e experimentar todos eles, ainda não encontrei um que *ajude* a escrever um livro.

O QUE REALMENTE ESTÁ ACONTECENDO

Todos nós conhecemos esta pessoa: ela decidiu começar a jogar golfe (ou a fazer CrossFit, MMA, ioga ou tricô; não importa) e depois passou semanas pesquisando o equipamento perfeito. Depois gastou muito dinheiro nisso, mostrou o equipamento novo a todos os amigos, tirou algumas fotos legais para postar no Instagram... e, então, nunca mais usou o equipamento.

Pessoas obcecadas com ferramentas geralmente têm medo do trabalho.

Para a maioria das pessoas obcecadas com softwares de escrita, essa é uma forma de evitar a escrita propriamente dita. É compreensível — escrever um livro pode trazer à tona muitos medos. Digo isso não como um julgamento, mas como uma pessoa que já fez isso muitas, muitas vezes, em outras áreas da minha vida. Afinal de contas, é divertido comprar equipamentos e fantasiar sobre o sucesso. Tirar fotos é uma maneira super fácil de obter o benefício da atenção do trabalho duro sem precisar sofrer com o trabalho duro de verdade.

Mas a ÚNICA maneira de realmente realizar qualquer coisa é fazendo o trabalho duro... e isso é assustador.

Mais uma vez, digo isso sem julgamento. Já fui o autor com medo de escrever um livro e o que usou uma distração para evitar esse medo muitas vezes. E tenho visto muitos autores com medo de escrever um livro por várias razões (que geralmente se resumem ao medo de parecerem estúpidos), então eles instalam um assistente de escrita, mas nunca escrevem uma página.

Escrevi um post no blog que detalhava os seis medos de escrita de livros e como vencê-los. Mas novamente, saber que você tem medo, e conectar esse medo à sua interminável busca por algo que o distraia, não é uma coisa fácil de se fazer.

Se você está procurando um software de escrita de livros, eu recomendo muito que você se faça esta pergunta: ***essa busca é necessária ou estou me distraindo do meu medo?*** Dito isso, há razões muito válidas para querer encontrar e usar boas ferramentas para ajudá-lo a facilitar o processo de escrita. Para isso, segue a minha avaliação de algumas das ferramentas mais comuns.

PROCESSADORES DE TEXTO

Todo processador de texto é essencialmente o mesmo. Você deve usar aquele de que mais gosta.

Eu gosto do Google Docs porque é simples de usar e torna a colaboração muito fácil.

Você talvez goste mais do Microsoft Word ou do Pages. Tudo bem.

No entanto, juro que não há aqui uma escolha "certa". O segredo é a familiaridade e o conforto. Escrever um livro é um trabalho duro — você não quer que um software confuso o atrase, então use o que você conhece e considera ser o mais adequado.

GRAMMARLY

Todo processador de texto verificará sua ortografia e gramática em busca de erros básicos. O que a verificação ortográfica não ajudará você a fazer é tornar sua escrita curta, simples e direta.

Se você gostaria de ajuda com isso, confira o Grammarly.com, um assistente de escrita gratuito que se integra ao Google Docs e ao

Microsoft Word. Se você tiver um Mac, pode baixar o aplicativo desktop, e ele se integrará a quase tudo que você usa para escrever.

Há planos pagos disponíveis, mas a versão gratuita é suficiente para escrever um livro.

Eu testei o Grammarly por um tempo e o achei confuso, mas sei que muitos escritores excelentes o adoram. Teste-o e veja se você gosta.

HEMINGWAY EDITOR

Um assistente de escrita alternativo é o Hemingway Editor.

Você pode copiar/colar seus textos no editor on-line ou baixar o aplicativo desktop.

Alguns escritores adoram o Hemingway Editor, outros não. Eu até gosto, mas não o uso. É útil para a estrutura das frases e áreas problemáticas comuns: voz passiva, advérbios excessivos e má escolha de palavras.

Uma característica exclusiva desse software é que ele atribui um nível de legibilidade à medida que você escreve.

Isso não reflete necessariamente seu público-alvo, mas o nível escolar necessário para entender sua prosa. A obra de Hemingway, embora escrita para adultos, foi classificada como compreensível para estudantes da quinta série. Parece ruim? Errado. Isso é ótimo. Quanto mais simples e direta for sua escrita, melhor ela será.

Caso, como a maioria das pessoas, você tenha conflitos com o excesso de escrita, pode ser que goste dessa ferramenta.

FERRAMENTAS DE BLOQUEIO DE DISTRAÇÕES

Para ser franco, acho bloqueadores de distrações bastante estúpidos.

Se você bloquear sites em seu computador enquanto escreve, pode sempre pegar seu telefone para conferir o Instagram. Opções como o Freedom, que se sincronizam pelos seus dispositivos, cobram uma taxa mensal.

Dito isso, se você sabe que é propenso à distração, um programa como o WasteNoTime ou FocalFilter pode valer a pena. Se ele ajudar você a se manter concentrado e escrevendo, por favor, use-o!

AGORA BASTA ESCREVER

É o que você precisa fazer, em vez de perder tempo se preocupando com qual é o melhor software de escrita.

9.11

COMO AS PESSOAS REALMENTE JULGAM UM LIVRO

Vejo que os autores passam anos escrevendo seu livro, terminando o original — e vendo-o nunca encontrar um público. Isso é bastante deprimente.

A pior parte é que isso é completamente evitável. De fato, ***é possível saber com um alto grau de certeza se seu livro encontrará ou não um público.***

Para fazer isso, primeiro é preciso entender como as pessoas julgam os livros. Afinal, se o objetivo do livro é encontrar um público, você deve entender como o público enxerga os livros.

Esta seção explicará o processo mental pelo qual um leitor passa ao decidir comprar um livro e o preparará para entender como posicionar seu livro para oferecer a melhor chance de alcançar o público que você deseja.

AS INFORMAÇÕES QUE AS PESSOAS REAIS USAM PARA JULGAR UM LIVRO

Deixe-me explicar isso nos termos mais claros possíveis:

Quase todo leitor em potencial julgará se deve ou não comprar e ler seu livro antes de ter lido uma única palavra.

Com base em muitas pesquisas empíricas e décadas de experiência no mercado editorial, temos uma imagem clara do que acontece na mente de um leitor em potencial ao julgar um livro.

Embora tenhamos um mapa bastante bom de como as pessoas decidem comprar um livro (que esboçaremos em breve), você deve compreender algo de suma importância: ***esse processo quase nunca é consciente.***

Essas decisões de compra são uma série de julgamentos instantâneos e, em sua maioria, inconscientes. Elas são feitas em menos de sessenta segundos, e são feitas em conjunto, cada uma influenciando a outra, não individualmente. O leitor muitas vezes não sabe (ou acredita) que eles estão avaliando o livro dessa maneira — mas estão. Esses julgamentos são reais e substantivos; na maioria dos casos, eles são os principais gatilhos de avaliação e compra.

Um leitor em potencial considerará estas informações sobre um livro, (geralmente) nesta ordem:

1. O título.
2. A fonte de recomendação.
3. A capa.
4. A descrição do livro.
5. Os elogios.
6. As avaliações de clientes.
7. A biografia e a foto do autor (dependendo de onde a foto é colocada).
8. O tamanho do livro.
9. O preço (embora isso possa vir mais cedo).
10. O próprio texto do livro (a função on-line “dê uma olhada”).

Retomemos como criar cada uma dessas partes. Vejamos cada passo para desmistificar os julgamentos inerentes do leitor.

TÍTULO

A maioria das pessoas acha que a capa é a primeira coisa que alguém julga. Isso só é verdade se estiverem visitando uma livraria física, o que raramente acontece hoje em dia. Atualmente, a maioria dos livros são descobertos ou por boca a boca ou on-line. Em ambos os casos, qual é a primeira informação que os leitores recebem?

O título.

A partir daí as pessoas avaliam instantaneamente se o livro parece relevante, se é para elas e se soa interessante. É por isso que eu recomendo dedicar tanto tempo para garantir que o título seja o correto.

Sejamos claros: um bom título *não* fará com que seu livro se saia bem, mas um título ruim provavelmente *impedirá* o sucesso dele. Muitos leitores em potencial param de considerar um livro após ouvirem o título e nada mais.

FONTE DE RECOMENDAÇÃO

Se Marc Andreessen ou Bill Gates recomendam um livro, então milhares de seus leitores ávidos correm para comprá-lo. Se uma pessoa aleatória sem seguidores no Twitter recomenda um livro, ninguém o compra.

Isso porque a *credibilidade da fonte* é uma peça extremamente importante do quebra-cabeça de recomendações. Na maioria dos casos, as pessoas transferirão a credibilidade de quem fez a recomendação para o livro.

Tudo depende de *quem está recomendando*. Isso se aplica também a amigos. Se você tem um amigo que é muito rico, bem-sucedido e inteligente, é muito mais provável que você ouça a recomendação de livro dele do que a de alguém que está desempregado e vivendo com os pais.

O ótimo nisso é que, se a credibilidade do referente for grande o suficiente, quase qualquer título funcionará, e não precisa preocupar-se com o resto dessa lista. Porém, esse raramente é o caso, então você ainda quer ter certeza e dar a si mesmo a melhor chance possível.

CAPA DO LIVRO

Se o leitor ainda estiver interessado após ouvir o título e levar em conta a fonte de referência, ele irá agora à Amazon (ou, em casos mais raros, a uma livraria) e olhará o livro.

O leitor em potencial faz mais julgamentos sobre sua relevância e seu interesse com base nessas informações.

O mais importante nesse ponto é que o leitor não seja repelido. A maioria das pessoas está procurando razões para NÃO comprar o livro, e você não pode lhes dar nenhuma até agora.

DESCRIÇÃO DO LIVRO

Nesse ponto, se a capa for do interesse do leitor, ele olhará ao lado da descrição do livro na página Amazon (ou olhará o verso do livro em uma livraria). A descrição do livro deve dar ao leitor uma forte noção do assunto da obra, aflorando sua curiosidade de forma breve.

ELOGIOS

Se o leitor ainda estiver interessado, ele olhará os elogios (às vezes para um livro físico, ele fará isso antes de ler a descrição do livro).

Note que a maioria dos leitores observa mais de perto de *quem* são os elogios do que o que eles dizem. Eles presumem que os endossos são positivos, então querem identificar o nível de status social do mesmo, e se ele foi feito por alguém que eles conhecem e respeitam.

AVALIAÇÕES DO LEITOR

Se o leitor está na Amazon (ou barnesandnoble.com ou GoodReads etc., mas não em uma livraria), ele agora lê avaliações de clientes.

Normalmente, ele repara primeiro no número total de avaliações — como um indicador de popularidade — e depois confere a classificação média. O leitor pode, então, conferir o conteúdo das avaliações. Quando isso acontece, ele normalmente lê (mais provavelmente passa os olhos) uma ou duas delas, e, se for como a maioria das pessoas, pula as positivas e lê uma negativa antes de voltar para uma positiva.

BIOGRAFIA E FOTO DO AUTOR

Às vezes, mas nem sempre, as pessoas olham para o Sobre o Autor. Isso geralmente ocorre em situações em que ainda não se decidiram, estão hesitantes em comprar o livro e precisam de mais informações. Olhar para a página do autor visa entender a credibilidade e o status relativo do autor.

Há casos em que essa é uma das primeiras coisas que o leitor observa (quando nunca ouviu falar do autor). Alguns leitores querem saber imediatamente quem é o autor e olham para a biografia primeiro.

Após coletar todas essas informações, a grande maioria das pessoas já tomou sua decisão. Note que isso ocorre antes que elas interajam com *qualquer coisa* dentro do livro. Elas ainda não leram uma única página e já decidiram se comprarão ou não o produto.

TAMANHO

Essa é uma daquelas coisas que parecem ser geracionais ou divididas por status socioeconômico. Algumas pessoas, geralmente leitores vorazes, nunca pensam sequer em verificar o tamanho do livro. Enquanto outras sempre o verificam; muitas não querem se comprometer com um livro de mais de trezentas páginas.

Não há muito que você possa fazer aqui — seu livro é o tamanho que ele tem — mas encontramos em nossos dados que, para livros de não ficção, aqueles entre cem e duzentas páginas vendem melhor e são os mais lidos.

PREÇO

Alguns olharão para o preço. Por alguma razão, parece que as pessoas estão muito mais conscientes do preço dos e-books do que dos livros físicos. A razão para isso é a percepção de valor. De modo geral, recomendamos manter em mente seus objetivos para seu livro quando fixar o preço.

O TEXTO DO LIVRO

Há *algumas* pessoas que realmente usam a função "Dê uma olhada!" na Amazon para conferir as primeiras páginas e se envolver com o conteúdo do livro em si. Se estiverem em uma livraria, elas abrem o livro e o leem um pouco. Elas podem até mesmo fazer mais pesquisas para encontrar artigos on-line sobre o livro.

Esses são os compradores de alta informação, mas eles são uma minoria distinta. Provavelmente menos de dez por cento de seus compradores fazem o que todos dizem querer fazer: julgam um livro pelo conteúdo e não pela capa.